Bunt · Musiktherapie

Leslie Bunt

Musiktherapie

Eine Einführung für psychosoziale und medizinische Berufe

Übersetzung aus dem Englischen und Vorwort
von Hartmut Kapteina und Erika Decker

Deutsche Bearbeitung von Hartmut Kapteina

Beltz Verlag · Weinheim und Basel

Titel der Originalausgabe: Music Therapy. An Art beyond Words. © 1994 Leslie Bunt. First published in 1994 by Routledge, London und New York. Reprinted 1994.

Leslie Bunt, Jg.1952, ist Musiktherapeut. Er betreut verschiedene musiktherapeutische Forschungsprojekte an der Universität Bristol auf den Gebieten der Kindertherapie und der Behandlung psychisch kranker Erwachsener. Außerdem leitet er »Music-Space«, ein Projekt kultureller Gemeinwesensarbeit, bei dem musiktherapeutische, musikpädagogische und kulturelle Angebote zusammengeführt werden.

Gesetzt nach den neuen Rechtschreibregeln
Lektorat: Richard Grübling

© 1998 Beltz Verlag · Weinheim und Basel
Herstellung: Lore Amann
Satz: Satz- und Reprotechnik GmbH, Hemsbach
Druck: Druckhaus Beltz, Hemsbach
Umschlaggestaltung: Federico Luci, Köln
Umschlagabbildung: Rambow + van de Sand, Frankfurt a.M.
Printed in Germany

ISBN 3-407-55811-2

Inhaltsverzeichnis

Vorwort zur deutschen Ausgabe (Hartmut Kapteina/Erika Decker)   9
Einleitung. 11

Die Entwicklung der Musiktherapie. 13

Einleitung. 13
Die Entstehung der Musiktherapie in den USA und Großbritannien 13
Was ist Musiktherapie? 16
Arbeitsgebiete 18
Ausgewählte historische Bezugspunkte der Musiktherapie. 20
Forschung und Musiktherapie. 22
Zusammenfassung 24

Die Beziehungen zwischen Musiktherapie und anderen Therapiekonzepten 27

Einleitung. 27
Eine Einzelsitzung. 27
Reflektion der Einzelsitzung. 30
Eine Gruppensitzung 33
Weitere Reflektionen über die Gruppensitzung 36
Musiktherapie und das medizinische Modell. 39
Musiktherapie und psychoanalytische Theorien 44
Musik als »Wissenschaft des Verhaltens« 49
Musiktherapie und humanistische Psychologie 53
Zusammenfassung 54

Klang, Musik, Musiktherapie. 56

Einleitung. 56
Klangfarbe 58
Lautstärke. 61
Tonhöhe 64
Dauer und Zeit 67
Rhythmus. 72

Melodie und Intervall 76
Harmonie. 80
Einige Bemerkungen über den Ursprung und die Bedeutung von Musik 81

Musiktherapie bei Kindern 86

Einleitung. 86
Pränatale musikalische Erfahrung 86
Musik in der frühen Kindheit – Teil 1 88
Der Fall Alex 88
Musik in der frühen Kindheit – Teil II. 91
Die Geschichte von M. 94
Musiktherapie und die Verbindungen zu kindlichen Entwicklungsprozessen . 101
Nachahmung/Imitation 104
Wechselseitiges Handeln und Stimmverhalten. 104
Sich auf das Kind einstellen 105
Sehverhalten. 106
Andere Aspekte nonverbaler Kommunikation. 108
Musikmachen als die Entwicklung förderndes Spiels 108
Beweis einer Entwicklungsabfolge: Musik in der späteren Kindheit 110
Musiktherapie mit älteren Kindern 113
Robert und Julian 117
Abschließende Punkte. 120

Musiktherapie und die Gesundheit des Kindes. Ein Forschungsüberblick 122

Einleitung. 122
Das Hammersmith-Projekt (1978–1980) 124
Das Isling/Haringey-Projekt (1980) 133
Das Hackney-Projekt (1981) 137
Zusammenfassung 142
Schlussfolgerungen 142

Musiktherapie und Gesundheit bei Erwachsenen 145

Einleitung. 145
Das musikalische Profil des Erwachsenen. 145
Der Einfluss musikalischer Ausbildung. 146
Improvisation in der Erwachsenenmusiktherapie 148
Ziele der Improvisation in der Musiktherapie 149
Musiktherapie und psychische Gesundheitspflege bei Erwachsenen 151

Projekt 1: Musiktherapie in einer großen Institution 153
Projekt 2: Musiktherapie in einem Allgemeinkrankenhaus. 159
Musiktherapie und Geriatrie 165
Musiktherapie am Krebszentrum Bristol 166
Der Einsatz der Musik durch die Lebensspanne – Das Bild der Spirale 172

Musiktherapie als Ressource für die Gemeinde. 176

Einleitung. 176
Musiktherapie mit geistig behinderten Erwachsenen 177
Kurzer Überblick über andere musiktherapeutische Arbeitsgebiete. 180
Beziehungen zu anderen Disziplinen 181
Musiktherapie und Physiotherapie 181
Musiktherapie und Logopädie 183
Einwände gegen gemeinsame Behandlungen und kreative Lösungen im
psychischen Gesundheitswesen 185
Musiktherapie und Musikunterricht. 186
Einige Gedanken über den zukünftigen Status der Musiktherapie im
Gemeinwesen. 187
Der Aufbau eines musikalischen Lebensraumes (»MusicSpace«). 188
Weitere Herausforderungen an Musiktherapeut/innen von heute. 190

Musiktherapie als Synthese von Kunst und Wissenschaft: Orpheus als Symbol 191

Einleitung. 191
Ausdruck und Ordnung in der Musiktherapie. 192
Forschung als Synthese von Kunst und Wissenschaft 194
Das Problem der Sprache. 198
Ein Raum-Zeit-Zugang zur Gesundheit 199
Über das Antike und das Neue in der Musiktherapie 200
Orpheus – der rationale Schamane 203

Adressen. 205
Literaturverzeichnis 206

Vorwort zur deutschen Ausgabe

Leslie Bunts Buch über Musiktherapie stellt heute noch eine Ausnahmeerscheinung auf dem deutschen Musiktherapie-Markt dar. Es diskutiert Musiktherapie als komplexes Therapieverfahren, dessen Wirksamkeit zwar im Rahmen bestehender psychotherapeutischer Konzepte erklärt werden kann, das aber dennoch weit über diese Konzepte hinausreicht. Bunt greift die musiktherapeutische Fachdiskussion aus dem Blickwinkel verschiedener psychotherapeutischer Schulen zwar auf, indem er zeigt, wie musiktherapeutische Erfahrungen in ein medizinisches Theoriemodell eingeordnet werden können, ebenso in ein psychoanalytisches, ein verhaltenstherapeutisches, ein humanistisches; er macht aber zugleich deutlich, dass Musiktherapie immer mehr ist als eine der genannten Psychotherapien und keineswegs eine der genannten Therapien lediglich mit musikalischen Mitteln. Und dieses »Mehr« zu bestimmen ist ein Anliegen dieses Buches. Es gelingt dem Autor auf eindrucksvolle Weise.

Bunt entwickelt den spezifischen Effekt, den nur Musiktherapie hervorzubringen vermag, aus einer differenzierten Betrachtung der musikalischen Ereignisse, die sich im musiktherapeutischen Prozess begeben: Klänge, Rhythmen, Zeitgestalt, Melodie, Geste, Zusammenklang usf., und arbeitet einen Zentralbegriff heraus, der das musiktherapeutische Geschehen bestimmt: Wechselbeziehung (»turn-taking«):

- Ob es das schwerst mehrfachbehinderte Kleinkind ist, das unter der Qual von schmerzhaften Spasmen dem Klang einer Zimbel das Köpfchen zuwendet, mit seinen Blicken nach dem zauberhaften Ding sucht, das so nach ihm zu rufen scheint, und im erneuten und immer wieder erneuten Horchen seine Spasmen lösen und sich einem Rhythmus hingeben kann und »resonniert«, Resonanz zeigt und auf seine Resonanz Antwort erhält, wie sie nur ein Musiktherapeut zu geben vermag (oder eine gute Mutter), in Klang, in Rhythmus und melodischen Gestalten, die neugierig machen auf das Leben und auf Begegnung;
- ob es sich um das aggressive und verhaltensauffällige Kind handelt, das seine unbändige Wut an allem auslässt, was es im Therapieraum vorfindet, und im lauten Klang seines Gegenübers erstmals erfährt, dass seine Wut geteilt und nicht verboten und reglementiert wird, und so ganz allmählich auch die weichen und verletzten Seiten seiner Person erkennen kann; oder
- ob es die Gruppe von psychosekranken Patienten ist, die in den Klängen eine Möglichkeit entdeckt, das Unausgesprochene und Unaussprechliche mitzuteilen und in der therapeutischen Gemeinschaft aufgehoben zu wissen.

Immer wieder begegnet uns dabei der Begriff »*turn-taking*«. Das musiktherapeutische Schlüsselereignis, bei dem das Gegenüber in den Klängen vernimmt: Ich bin gemeint, ich bin gewollt, ich bin beachtet, und das auf einer Ebene »jenseits der Worte«, wo nur die Sprache der Liebenden hinzureichen vermag. In klingender Beziehung kann sich Gestörtes neu ordnen, Unterdrücktes wachsen, Krankes und Gekränktes heilen; kann jemand den Mut fassen, sich dem Leben neu zu stellen.

Dass das Grundphänomen der Musiktherapie etwas Transzendentes hat und wenn überhaupt mit Worten, dann eher mit lyrischen zu beschreiben ist, zeigt Bunt in seinen höchst sensiblen Fallbeschreibungen und Deutungen; er fasst aber ebenso entschieden ins Auge, dass es sich bei der Musiktherapie um eine wissenschaftliche Disziplin handelt und Musiktherapeut/innen Forschungsmethoden entwickeln, die dem Wesen der Musiktherapie gerecht werden und dennoch die Standards empirischer Forschung erfüllen und mit deren Hilfe es gelingt, überzeugend nachzuweisen, dass und wie Musiktherapie bei der Behandlung verschiedenster Störungen und Krankheiten wirkt. Folgerichtig ist jedes Kapitel untergliedert in die Beschreibung der Praxis (mit Kindern, mit Jugendlichen, mit Erwachsenen), eine theoretische Fundierung und einen Überblick über den Stand der Forschung sowie über neuere Forschung, die der Autor selbst durchgeführt hat.

Und noch in einer dritten Hinsicht ist Bunts Monografie über Musiktherapie (jedenfalls für deutsche Verhältnisse) ungewöhnlich und von besonderer Bedeutung; sie reflektiert Musiktherapie nicht nur im klinischen Bereich sondern erfasst auch die Prävention, soziale und kulturelle Psychohygiene; das, was Musik im Kern ausmacht, ist etwas, was alle Menschen benötigen, um ihre Gesundheit zu erhalten. Musik wird in den modernen Industriegesellschaften *konsumiert* und nicht mehr genutzt, um menschliche Begegnung und Beziehung zu verfeinern und persönliches Wachstum zu fördern; in erster Linie sind da Musikpädagogen im schulischen und außerschulischen Bereich, Sozialpädagogen und Kulturschaffende gefordert.

Bunt betont nachdrücklich, dass der Job von Musiktherapeut/innen nicht an der Kliniktür endet, sondern, dass er seine Kunst als Ressource für die Psychohygiene des Gemeinwesens zur Verfügung stellen muss. Mit »MusicSpace«, dem Bunt als Direktor vorsteht, wird ein solches Projekt vorgestellt, das ambulante musiktherapeutische Leistungen, integrative musikpädagogische Angebote und kulturelle Veranstaltungen unter einem Dach vereinigt.

Wir legen dieses Buch in deutscher Sprache vor, weil wir davon überzeugt sind, dass es deutschen Gesundheits-, Kultur- und Sozialpolitikern, Sozialplanern, Sozialarbeitern und Sozialpädagogen, Musikpädagogen und nicht zuletzt natürlich Musiktherapeut/innen bei der Planung, theoretischen Fundierung, Praxis und Erforschung dieser neuen Form einer ganzheitlichen Psychotherapie maßgebliche Impulse und Hilfestellungen zu geben vermag.

Siegen, im März 1998   *Hartmut Kapteina und Erika Decker*

Einleitung

Musiktherapie ist eine relativ neue Disziplin. Sie findet immer mehr Anerkennung; in einer Zeit, in der es eine zuvor nicht gekannte Vielfalt an Musik gibt, die so vielen Leuten zugänglich ist. Wir können regelmäßig Konzerte oder Opernaufführungen besuchen, zu einem Jazzklub oder Popkonzert gehen. Wir können Mitglied eines Chors, einer Band oder eines Orchesters sein. Musik aller Stilrichtungen ist auf Knopfdruck in unseren eigenen vier Wänden erhältlich. Es gibt kaum jemanden, der sich überhaupt nicht für Musik interessiert.

Das Bedürfnis, Musik zu erleben, zeigt sich auf verschiedene Art und Weise: in der Familie oder mit Freunden singen oder musizieren; bei den meisten religiösen oder weltlichen Feiern und Ritualen; in Oper und Konzert. Anthony Sher, ein bemerkenswerter Autor seiner Generation, schreibt: »Es gibt nichts Aufregenderes, als Livemusik zu erleben; Fantasie auf ihre exzessivste und mitreißendste Art.« Es ist schwierig, sich vorzustellen, wichtige Lebensereignisse ohne unsere Lieblingsmusik zu feiern. Lieblingsmelodien haben so viele Assoziationen für uns; wir können sie sogar willentlich heraufbeschwören und sie in unseren Köpfen hören. Manchmal kriegt man sie gar nicht mehr aus dem Kopf heraus. Unsere Musikpräferenzen sind individuell verschieden, von unserem persönlichen und musikalischen Hintergrund abhängig. Es gibt ein gewaltiges Repertoire an niedergeschriebener komponierter Musik und traditioneller Musik, die mündlich überliefert wurde. Unsere Lebensspanne würde nicht ausreichen, um auch nur mit einem Bruchteil all dieser Musik vertraut zu werden.

Worin besteht die Beziehung zwischen uns und der Musik? Im Vergnügen des Hörens; der Wärme und Freundschaft in der musizierenden Gruppe; der Stimulation und Befriedigung durch regelmäßige Ausübung und Probe; der intellektuellen Freude beim Erkunden der musikalischen Formen und Strukturen; der physischen Energie, die beim Spielen und Hören von Musik entsteht und die uns oft zur Bewegung oder zum Tanz inspiriert. An der Wurzel all dessen liegt die Tatsache, dass sich Musik mit unserem innersten emotionalen und spirituellen Selbst verbindet. In der Musik erleben wir das Wesen unserer menschlichen Existenz, das Verstreichen von Lebenszeit und die Verbundenheit miteinander. Ohne uns als Hörer oder Spieler gäbe es keine Musik. Wir sind der notwendige Faktor für die rhythmische, melodische und harmonische Bedeutung der variierenden Frequenzen, Dauer, Intensitäten und Qualitäten, die die physikalische Welt des Klangs ausmachen.

Ein zentrales Anliegen dieses Buches liegt darin zu zeigen, wie das Erleben von Musik wesentlich die Gesundheitsfürsorge für Kinder und Erwachsene bereichern kann. Ob es sich um ein Kind mit schweren Sprachproblemen handelt, einen Erwachsenen in depressivem Zustand, einen geistig oder körperlich behinderten Menschen; das Erleben von Musik, rezeptiv oder aktiv vollzogen, ermöglicht die Überwindung alltäglich erlebter Kommunikationsbarrieren und erschließt den Zugang zu seelischen Ressourcen, mit deren Hilfe neue Möglichkeiten der Lebensbewältigung und -gestaltung erschlossen werden können. Musik ist sehr flexibel, wir können sie anpassen, um Kontakt zu Menschen in jedem Alter und mit unterschiedlichen Fähigkeiten aufzunehmen. Wir können beobachten, wie sie im musikalischen Setting handeln und hilfreiche therapeutische Interventionen entwickeln. Schließlich sollen auch Wege aufgezeigt werden, wie Musik als Psychohygiene und gesunder Ausgleich zu den Belastungen des modernen Alltagslebens genutzt werden kann.

Ich hoffe, es findet sich für jeden etwas, der an diesem neu entstehenden Berufsfeld interessiert ist: Musiktherapeut/innen und Studenten, Professionelle in benachbarten Feldern und alle, die von diesem Rätsel, das wir Musik nennen, fasziniert und angezogen sind.

Die Entwicklung der Musiktherapie

Einleitung

Musik wurde schon immer umfassend genutzt, um zu heilen bzw. Krankheit und Not zu lindern, aber erst in jüngster Zeit entwickelte sich Musiktherapie als Wissenschaftsdisziplin.

Dieses Kapitel will die Entstehung der Musiktherapie verfolgen, wobei der Schwerpunkt auf der Entwicklung in den USA und Großbritannien liegt. Es soll definiert werden,

- was Musiktherapie ist und was nicht,
- die Einsatzmöglichkeiten untersucht,
- einige historische Bezüge zusammengefasst und der
- Bedarf weiterer Forschung aufgezeigt werden.

Die Entstehung der Musiktherapie in den USA und Großbritannien

Der Begriff Musiktherapeut/innen taucht Mitte bis Ende des 20. Jh. in der vielfältigen Welt des Musiklebens auf. Erste Anzeichen liegen um die Jahrhundertwende. William B. Davis dokumentierte die Tätigkeiten des »Guild of St. Cecilia«, die 1891 von Canon Harford, einem ausgebildeten Musiker, gegründet wurde. Einer großen Zahl von Patienten wurde beruhigende Musik in Londoner Krankenhäusern vorgespielt. Gruppen von Sängerinnen und Instrumentalisten (Violine und Harfe) beiderlei Geschlechts wurden angestellt, um in Räumen neben den Krankenzimmern zu spielen. Die Musiker sollten die Patienten nicht sehen und nicht mit ihnen reden (vgl. Davis 1988, S. 10–17, vgl. ebenso Alvin 1975). Die Guild wurde von den führenden zeitgenössischen Reformern, einschließlich Florence Nightingale, unterstützt und erhielt in den Medien ein hohes Maß an Aufmerksamkeit. Große Pläne entstanden: Musikgruppen sollten anderen Provinzstädten zur Verfügung gestellt werden, um mit dem Einsatz von beruhigender und anregender Musik zu experimentieren; eher exzentrisch war der Plan, Lifemusik über Telefon zu »verabreichen«. Trotz der Unterstützung einiger Ärzte, Darstellungen in der medizinischen Fachpresse (Lancet und British Medical Journal) und einigen Berichten über offensichtliche Erfolge schloss die Guild schließlich doch unter dem Druck der Kritik von musikalischer und medizinischer Seite, dem Mangel an Geld und wegen Harfords eigenem schlechten Gesundheitszustand. Davids fügt hinzu, dass am Anfang des 20. Jahrhunderts in den USA einige ähnliche Verbände aufgebaut wurden. Wie die Guild blühten sie dank des Engagements einzelner Enthusiasten allerdings nur kurz auf.

In den ersten Jahren des 20. Jahrhunderts wurde Musik in den Krankenhäusern hauptsächlich als unspezifischer Beitrag zur Rekonvaleszenz und unterhaltsame Ablenkung eingesetzt (vgl. Blair 1964, S. 26). Ärzte luden Musiker ein, für große Patientengruppen zu spielen, und nahmen an, dass dies metabolische Funktionen aktivieren und mentalen Stress verringern könnte (vgl. Feder/Feder 1981). Musikhören sollte als hoch gewertete ästhetische Erfahrung und humane Beschäftigung die freie Zeit des Patienten füllen (vgl. Licht 1946, Podolsky 1954, Schullian/Schoen 1948, Van de Wall 1936). Es schien ein allgemeiner Konsens darüber bestanden zu haben, dass es in jedem Fall positive Wirkung habe, wenn Patienten Musik ausgesetzt seien. Podolsky zitiert z.B. den Fall eines schizophrenen Musikers, dem tägliche »Dosen« von Chopin verabreicht wurden (1954, S. 18).

Der hohe Anteil an Veteranen des 2. Weltkrieges in den Krankenhäusern beeinflusste die Entwicklung der Musiktherapie nachhaltig. Musiker und Musiklehrer wurden als reguläre Teammitglieder in Krankenhäusern eingestellt. Die medizinische und wissenschaftliche Welt ließ sich nicht einfach von den ersten anekdotischen Erzählungen über Patienten überzeugen, die durch Musik erreicht wurden, wo vorher nichts anderes angeschlagen hatte. Musiker wurden herausgefordert, ihre Arbeit zu verifizieren und zu systematisieren, den Einfluss der Musik auf das Verhalten zu beurteilen und die Ergebnisse musikalischer Interventionen bei spezifischen Indikationen zu untersuchen. Ainlay berichtet, dass bis in die 40er und 50er-Jahre sowohl Ärzte als auch Musiker wenig Verständnis für den therapeutischen Wert der Musik besaßen (vgl. 1948, S. 322–351). Den Musikern fehlte verständlicherweise das hierzu erforderliche medizinische und psychologische Hintergrundwissen sowie eine geeignete Ausbildung.

Deshalb entstanden Schulungskurse für Musiker, die ihre Fähigkeiten im therapeutischen Gebrauch von Musik weiterbilden wollten. Erste Eckdaten waren in den USA:

- 1944 wird ein erstes Curriculum an der Michigan State University entwickelt,
- 1945 bildet das National Music Council (nationaler Musikrat) ein Musiktherapie-Kommitee,
- 1946 erster akademischer Lehrgang an der Kansas University, Texas,
- 1950 Gründung des National Association of Music Therapy (NAMT, die nationale Vereinigung für Musiktherapie),
- 1971 Gründung der American Association of Music Therapy (AAMT, der Amerikanische Verband für Musiktherapie)[1].

1 Für die Entwicklung der modernen Musiktherapie in Deutschland legten Christa Kohler und Christoph Schwabe mit ihrer Zusammenarbeit an der Psychiatrischen Klinik der Universität Leipzig in den Sechzigerjahren die Grundlagen für eine Musiktherapie als indikationsspezifisches Behandlungsverfahren (vgl. Kohler 1971, Schwabe 1969). Neben Methoden der aktiven Musiktherapie wurde mit der Regulativen Musiktherapie das bedeutendste rezeptive Behandlungsverfahren in der Musiktherapie entwickelt. Die ostdeutschen Musiktherapeut/innen bildeten eine eigenständige Untergruppierung in der Gesellschaft für ärztliche Psychotherapie der DDR, in der sie ihre fachliche Weiterentwicklung und die berufsbegleitende Ausbildung der Musiktherapeut/innen

Die NAMT und AAMT fördern derzeit akademische Aus- und Weiterbildungen und vergeben nach einer »Assistenzzeit die Berufszulassung« (weitere Einzelheiten über die Entwicklung des Berufs in den USA: s. Fleschman/Fryrear 1981; Gaston 1968; Michel 1976).

Pionierin in Großbritannien mit internationalem Ruf als Konzertcellistin, Lehrerin und Musiktherapeutin war Juliette Alvin. Die Musiktherapie-Entwicklung in Großbritannien ist eng mit ihr verbunden:

- 1958 Gründung der Gesellschaft für Musiktherapie und Heilende Musik; bald umbenannt in Britische Gesellschaft für Musiktherapie (British Society for Music Therapy, BSMT). Wie in Amerika organisierte die BSMT Tagungen und Workshops, half die Publikation einer Fachzeitschrift zu finanzieren und Informationen über Musiktherapie zu verbreiten. In dieser Gesellschaft kann jeder Mitglied werden.
- 1968 An der Guildhall School of Music and Drama führt Juliette Alvin den ersten Lehrgang für Musiktherapie durch. Der Lehrgang an der Guildhall wurde in Zusammenarbeit mit der BSMT entwickelt und wird heute von der York Universität anerkannt.
- 1974 Am Goldie Leigh Hospital wird der erste Lehrgang von Paul Nordoff und Clive Robbins durchgeführt. Dieser Lehrgang findet jetzt im Nordoff-Robbins Music Therapy Centre statt und wird seit 1984 von der City University, London anerkannt. Er ist Ausgangspunkt für eine entsprechende akademische Musiktherapie-Ausbildung an der Universität Witten-Herdecke.
- 1976 Gründung des Berufsverbandes für Musiktherapeut/innen (Association of Professional Music Therapists, APMT). Der Berufsverband vertritt die beruflichen Interessen qualifizierter Musiktherapeut/innen.
- 1981 Am Southland College, London, wird ein neuer Lehrgang von Elaine Streeter etabliert. Dieser Lehrgang wird derzeit vom Roehampton Institute anerkannt.
- 1991 Erster Teilzeit-Lehrgang an der Bristol University.

Seit 1982 gibt es eine eigene gesetzlich geregelte Berufs- und Besoldungsstruktur für Musik- und Kunsttherapeut/innen in Großbritannien. Danach gelten Musiktherapeut/innen neben Logopäd/innen, Physiotherapeut/innen und Beschäftigungsthera-

---

organisierten. Sie waren fachlich und berufsrechtlich als Psychotherapeut/innen in das Gesundheitswesen der DDR integriert. Nach der Wende gründeten sie einen eigenen Berufsverband, die Deutsche Musiktherapeutische Vereinigung Ost (DMVO) mit einer eigenen Ausbildungsstätte, der Akademie für Angewandte Musiktherapie Crossen.
Die neuere Entwicklung der Musiktherapie in Westdeutschland geht auf verschiedene informelle Intiativen in musikpädagogischen Berufsverbänden zurück, bis sich in den Siebzigerjahren unter Anleitung britischer Kollegen eine erste Generation von Musiktherapeut/innen beim Ersten Mentorenkurs in Herdecke zu Musiktherapeut/innen qualifizierte. 1980 wurde die Deutsche Gesellschaft für Musiktherapie (DGMT) gegründet, noch heute mit ca. 900 Mitgliedern der größte Musiktherapeutische Fachverband in Deutschland. Seit 1980 gibt er die Musiktherapeutische Umschau heraus, das bedeutendste musiktherapeutische Fachorgan in deutscher Sprache.

peut/innen als anerkannte Mitglieder einer paramedizinischen Profession und nicht mehr als eine Ad-hoc-Gruppe, mit der man nach Belieben verfahren kann.[1]

Was ist Musiktherapie?

Für viele Menschen ist die Verbindung zwischen den Worten »Musik« und »Therapie« offensichtlich, vor allem wenn sie neben ihrem Unterhaltungswert entdeckt haben, wie Musik zur eigenen psychischen Stabilisierung beiträgt.

In der Musiktherapie versuchen wir, über Musik Kontakt zu anderen Menschen herzustellen. Wir können beobachten, wie Klienten die Musik benutzen, um Probleme in der Kommunikation zu überwinden.

Musiker mögen daran interessiert sein, mehr darüber zu erfahren, wie Musik den Bedürfnissen verschiedener Menschen angepasst wird. Dann ginge es um Kompositions- und Improvisationstechniken. Krankenhausmanager müssen eher von der Wirksamkeit der Musiktherapie überzeugt werden. Hier ginge es darum, therapeutische Ergebnisse aufzuzeigen, die die medizinische Wirksamkeit der Musiktherapie nachweisen. Definitionen haben sich über die Jahre hinweg in ihrer Betonung so verändert wie sich der Beruf den verschiedenen Bedürfnissen und Kontexten angepasst hat. Über viele Jahre galt als Standard der britischen Musiktherapie die Definition von Juliette Alvin, derzufolge Musiktherapie als der gezielte Einsatz von Musik bei Behandlung, Rehabilitation, und Erziehung von Kindern und Erwachsenen, die an physischen, psychischen und emotionalen Störungen leiden, gilt (vgl. 1975, S. 4).Die Definition verfolgt insgesamt einen eher therapeutenzentrierten Ansatz, bei dem die Therapie an Kindern und Erwachsenen vollzogen wird. Ähnlich orientiert ist Bruscias Definition der Australischen Musiktherapie-Vereinigung: Musiktherapie sei der gezielte Einsatz von Musik, um therapeutische Ziele bei Kindern und Erwachsenen zu erreichen, die bestimmte soziale, emotionale, körperliche oder intellektuelle Probleme haben (vgl. 1989, S. 172). Der Ausdruck therapeutische Ziele (»therapeutic aims«) steht ebenso im Mittelpunkt der vom NAMT veröffentlichten Definition (1980, S. 1). Musiktherapie ist der Einsatz von Musik, um die therapeutischen Ziele: Wiederherstellung, Erhaltung und Verbesserung der geistigen, psychischen und physischen Gesundheit zu erreichen.[2]

---

1 Die Position der deutschen Musiktherapeut/innen ist wesentlich unsicherer. Für Absolventen von Fachhochschulen soll eine Eingruppierung entsprechend Sozialpädagogen gelten, meist liegt sie jedoch darunter. Die Einstellung von Musiktherapeut/innen in Kliniken liegt im Ermessen der jeweiligen medizinischen Leitung; Musiktherapeut/innen sind im Personalplan nicht vorgesehen. Sie werden folglich auf andere Stellen des Personalplans eingestellt und auch dementsprechend bezahlt. Niedergelassene Musiktherapeut/innen können die »auf Psychotherapie eingeschränkte Erlaubnis zur Ausübung der Heilkunde« nach dem Heilpraktiker-Gesetz erhalten und entsprechend bei den Krankenkassen abrechnen. Mit dem Inkrafttreten des 1997 im Bundestag verabschiedeten Psychotherapiegesetzes wird es fraglich, wie lange diese Regelung noch möglich ist.
2 Ähnliche Definitionen wurden auch für die deutsche Musiktherapie formuliert. So versteht Wolfgang Strobel unter Musiktherapie »die wissenschaftlich fundierte bzw. zu fundierende Nutzung von Musik oder musikalischen Elementen zu Heilzwecken«. Sie versuche ihre Ziele »stets via Kommu-

Auch andere Definitionen heben bei durch Musiktherapie bewirkten Verhaltensänderungen die Bedeutung der Kommunikation hervor (vgl. Fleshman/Fryrear 1981, S. 59). Solche Verhaltensänderungen sollen innerhalb des kreativen Kontextes einer sich entwickelnden Beziehung ermöglicht werden. Dieser Faktor durchdringt den beziehungsorientierten Ansatz von P. Nordoff und C. Robbins (1971, 1975, 1977). Ebenso schreibt Alvin: »Erfolg oder Versagen der Musiktherapie hängen sowohl von menschlichen wie musikalischen Faktoren der Beziehung ab.« (1975, S. 82)

Schneider u.a. sehen die Entwicklung der Musiktherapie in den USA auf drei Stufen:

- Zuerst lag die Betonung auf der Musik: die Bedeutung des Therapeuten wurde nicht gesehen;
- sodann wurde die Musik vernachlässigt zu Gunsten einer sich entwickelnden therapeutischen Beziehung;
- schließlich pendelte sich das Selbstverständnis der Musiktherapie irgendwo zwischen den beiden Extremen ein (1968).

Diese verschiedenen Schwerpunkte bestimmen die Diskussionen weiterhin auf nationaler und internationaler Ebene. In Großbritannien standen Musik und Musiker als Musiktherapeut/innen immer im Mittelpunkt der Überlegungen. In anderen Ländern wird Musiktherapie von Musikpsychologen, Ärzten und Pädagogen ausgeübt; die Musik wird von ihnen eher als Mittel einer anderen psychotherapeutischen

nikation« zu erreichen (1991, S. 172). In jüngster Zeit arbeiten Vertreter aller deutschen Musiktherapie-Vereinigungen in einer ständigen Konferenz (»Kasseler Konferenz«) an einer für alle Verbände zutreffenden Definition der Musiktherapie. Derzufolge ist Musiktherapie »eine praxisorientierte Wissenschaftsdisziplin, die in enger Wechselbeziehung zu verschiedenen Wissenschaftsbereichen steht, insbesondere der Medizin, den Gesellschaftswissenschaften, der Psychologie, der Musikwissenschaft und der Pädagogik.
Der Begriff »Musiktherapie« ist eine summarische Bezeichnung für unterschiedliche musiktherapeutische Konzeptionen, die ihrem Wesen nach als psychotherapeutische zu charakterisieren sind, in Abgrenzung zu pharmakologischer und physikalischer Therapie.
Musiktherapeutische Methoden folgen gleichberechtigt tiefenpsychologischen, verhaltenstherapeutisch-lerntheoretischen, systemischen, anthroposophischen und ganzheitlich-humanistischen Ansätzen.
Merkmale der Tätigkeiten von Musiktherapeut/innen sind: interdisziplinäre Teamarbeit bei Diagnose- und Indikationsstellung, eigenverantwortliche kontextbezogene Planung und Durchführung von musiktherapeutischer Einzel- und Gruppenbehandlung, Dokumentation, Evaluation und Forschung, Angehörigenbetreuung sowie weitere institutionell bedingte Aufgabenfelder.
Musiktherapie wird in Institutionen des Sozial- und Gesundheitswesens durchgeführt:
– im klinischen Bereich (z.B. in psychotherapeutischen Spezialkliniken für Kinder, Jugendliche und Erwachsene, in stationären und semistationären Kliniken, in somatischen Fachkliniken),
– im rehabilitativen Bereich (z.B. in Fördereinrichtungen für psychisch, geistig und/oder körperlich behinderte Kinder, Jugendliche und Erwachsene, in ambulanten psychiatrischen Nachsorgeein richtungen),
– im präventiven Bereich (z.B. in der prophylaktischen und metaphylaktischen Arbeit bei Kindern, Jugendlichen und Erwachsenen in allen Lebensabschnitten)
– und in freier Praxis.
Musiktherapeut/innen erwerben ihre Qualifikation in staatlichen Ausbildungen auf Hochschul- und Fachhochschulebene und in anderen vergleichbaren deutschen und europäischen Ausbildungen« (1998).

Methode, eher als Teil eines übergeordneten Behandlungsansatzes denn als eigenständige therapeutische Intervention angesehen. Bruscia unterscheidet in seinem Buch über Improvisations-Modelle zwischen »Musik in der Therapie« und »Musik als Therapie« (Bruscia 1987, S. 9). Der brasilianische Musiktherapeut Benenzon meint, dass ein Musiktherapeut als solcher besonders ausgebildet sein muss, nicht aber notwendigerweise ausgebildeter Musiker sein muss (vgl.1981, S. 50). International bestehen unterschiedliche Ausbildungsstandards mit unterschiedlichen akademischen und berufsrechtlichen Abschlüssen. Manche Studiengänge lassen nur Musiker mit Hochschulabschluss und langjähriger Praxiserfahrung zu, andere bilden Studenten direkt nach der Schule aus. Mit der internationalen Ausweitung des Berufes, etwa im Rahmen der Europäischen Union, wird es immer wichtiger, gemeinsame Grundlagen und international anerkannte Standards zu entwickeln. Dabei werden verschiedene Länder verschiedene Definitionen für Musiktherapie entwickeln, die sich auf ihre eigene Musik- und Kulturgeschichte und die Besonderheiten ihres Gesundheitswesen beziehen, und der jeweilige philosophische und politische Kontext darf keineswegs übergangen werden.[1]

Zurück zu den Definitionen: Pamela Steele betont, die Leistung der Musiktherapeut/innen liege besonders in der »Bereitschaft und Fähigkeit zuzuhören« (1988, S. 3). Hinzu komme eine besondere Fähigkeit der musikalischen und emotionalen Begleitung und differenzierter Interaktionen im klanglichen und psychischen Geschehen (vgl. auch Kenny 1982, S. 6). Insofern stellt Musiktherapie einen Kontext her, in dem sich über gemeinsame musikalische Erfahrungen eine gegenseitige Beziehung zwischen Klienten und Therapeuten bildet, die ermöglicht, dass sich Veränderungen ereignen sowohl auf Seiten des Klienten als auch im therapeutischen Prozess selbst (vgl. APMT 1990). Wir können also abschließend Musiktherapie definieren als den gezielten Einsatz von Klängen und Musik in einer sich entfaltenden Beziehung zwischen Klient und Therapeut, um das körperliche, geistige, soziale und emotionale Wohlergehen zu fördern.

Arbeitsgebiete

Ein Rückblick auf die Entwicklung der Musiktherapie in Großbritannien zeigt, dass Musiktherapie zunächst bei geistig behinderten und psychisch erkrankten Erwachsenen angewandt wurde. Die historischen Gründe hierfür liegen in der Tatsache, dass ein Teil der ersten voll ausgebildeten Musiktherapeut/innen in großen Institutionen angestellt waren, in denen diese beiden Klientengruppen behandelt wurden. Musiktherapie wurde als eine Möglichkeit der Kontaktaufnahme für viele Bewohner von

---

1 In Deutschland werden Musiktherapeut/innen an den Universitäten Münster, Siegen und Witten-Herdecke, an den Musikhochschulen Berlin und Hamburg sowie an der Stiftungsfachhochschule für Rehabilitation in Heidelberg ausgebildet. Darüber hinaus gibt es verschiedene privatrechtliche Ausbildungen. Weitgehend unumstritten ist es, dass eine musiktherapeutische Ausbildung zu etwa gleichen Anteilen musikpraktische, medizinisch-psychologische, lehrmusiktherapeutische Anteile und Praktika mit Klienten oder Patienten enthalten muss.

Langzeiteinrichtungen entdeckt, die an schwersten körperlichen und seelischen Behinderungen oder chronischen Schizophrenien litten. In den Pionierjahren der Musiktherapie in den USA wurden diese Erwachsenen einzeln oder in Gruppen zur Musiktherapie überwiesen in der Annahme, dass es jedenfalls gut tun muss, Musik unter Anleitung eines Therapeuten zu erleben – vergleichbar dem grundsätzlich positiven Effekt, den man der Arbeitstherapie zusprach. Allmählich erst wurden genauere Indikationsstellungen und Wirksamkeitsnachweise entwickelt. Musiktherapeutische Behandlungen erwiesen sich zunehmend als indiziert bei Lernschwierigkeiten, bei der Entfaltung körperlicher Fähigkeiten, kognitiven Potenzials, von Motivation, Sprech- und Sprachfähigkeit, nonverbalem Ausdruck und sozialen Fähigkeiten, Entscheidungsfähigkeit und Unabhängigkeit. In der Erwachsenenpsychiatrie konnten Stimmungsänderungen, Spannungslösung, Ausdruck von Gefühlen, soziale Interaktion in der Gruppe, Entwicklung von Selbstwertgefühl als Folge musiktherapeutischer Behandlungen erwartet werden. Musik galt als ein Medium, über das Gefühle ausgedrückt und mitgeteilt werden können und die verbale Bearbeitung von Lebensthemen angebahnt wird. Darüber hinaus wurde sie als Beitrag zur allgemeinen Bereicherung der Lebensqualität verstanden. Hier wird ein Anfang spezifischer Beiträge zu einem therapeutischen Behandlungsmodell sichtbar. Ich werde später weiter ausführen, dass es in der Musiktherapie nicht darum geht, Menschen beizubringen, wie man ein Instrument spielt oder wie man singt und wie man sich erholt. Dies geschieht zwar oft, stellt aber aus musiktherapeutischer Sicht nur einen Nebeneffekt dar.

Bald entwickelten sich andere Arbeitsgebiete: Kinder mit allen Formen von Lernschwierigkeiten, Sprachstörungen und anderen kognitiven, emotionalen und sozialen Entwicklungsproblemen; Kinder und Erwachsene mit Seh- und Hörbeeinträchtigungen; alte Menschen, einschließlich Menschen mit sowohl neurologischen als auch psychiatrischen Problemen; erwachsene Straffällige. Zur Zeit entstehen musiktherapeutische Interventionen auf dem Gebiet der Hospizarbeit sowohl in der Krebsbehandlung als auch bei Aids- und HIV-positiven Patienten, in der Intensivmedizin oder auch bei sexuellem Missbrauch.

Britische Musiktherapeut/innen arbeiten heute in Krankenhäusern und in Einrichtungen für Kinder und Erwachsene mit geistigen und körperlichen Behinderungen, psychischen Störungen, in Schulberatungsstellen und Kindertagesstätten, in Sonderschulen, in Tagesstätten, Krankenhäusern und Wohnheimen für ältere Menschen, in Zentren für Seh- und/oder Hörgeschädigte, im Gefängnis und in der Bewährungshilfe, in Hospizen und in privater Praxis (s. Tabelle 1: Aufteilung auf Arbeitsgebiete). In dem Maß, in dem Musiktherapie bekannt wird, erweitert sich das Spektrum der Klientengruppen. In vielen Ländern haben die Musiktherapeut/innen bereits eine deutlich umrissene professionelle Identität.

Ich werde viele der traditionellen und neueren Anwendungsgebiete der Musiktherapie in späteren Kapiteln genauer beschreiben, ebenso die Weise, in der Musiktherapeut/innen auf politische Veränderungen bei der Behandlung von Erwachsenen und Kindern reagiert haben.

Tabelle 1: Arbeitsgebiete der APMT-Mitglieder (Berufsverband der Musiktherapeuten im UK)[1]		
Arbeitsgebiet		**Anzahl**
Nationaler Gesundheitsdienst	Erwachsenenpsychiatrie	36
	Erwachsene mit Lernschwierigkeiten	43
	Allgemein	2
Local Authority Social Services	Psychiatrie	1
	Geistige Behinderung	13
	Körperbehinderung	1
Erziehung – Sonderschulen		41
Freie Mitarbeiter		25
Wohlfahrtspflege		41
Andere nicht spezifizierte Gebiete		11
Quelle: Association of Professional Music Therapists Survey of Members, 23. Oktober 1990 (Untersuchung des Berufsverbandes über Mitglieder)[2]		

Ausgewählte historische Bezugspunkte der Musiktherapie

Viele der ersten Pioniere der Musiktherapie bezogen sich auf Quellen aus der Mythologie, aus der Bibel und den Gebrauch von Musik in der Stammesmedizin und in anderen Kulturen. Es gibt eine reichhaltige Literatur über diesen historischen Musikgebrauch (vgl. dazu Soibelman 1948; s. auch Alvin 1975; Licht 1946; Kümmel 1977; Linke 1977; Möller 1971, 1974). Hier sei flüchtig darauf Bezug genommen, ich werde im letzten Kapitel auf das Thema zurückkommen. Es wird oft darauf hingewiesen, dass Musik die älteste Kunstform ist, die mit Heilungsvorgängen in Zusammenhang gebracht wird. Nach Benenzon wird der Gebrauch von Musik zur Körperbeeinflussung schriftlich erstmals in ägyptischen Papyrusrollen über Medizin erwähnt, die auf 1500 v. Chr. datiert sind (vgl. Benenzon 1981, S. 143). Die Griechen entwickelten das harmonikale Konzept kosmischer Ordnung (Phytagoras, Plato) und der kathartischen Befreiung von schädigenden Affekten (Aristoteles), nach denen sie Musik zur Heilung und Linderung anwandten. Sie gelten als Vorläufer der Musiktherapie :[12]

---

1 Zusätzlich zu den oben erwähnten Gebieten waren
   – 17 außerordentliche Mitglieder, die entweder nicht als Musiktherapeut/innen oder in anderen Ländern arbeiten,
   – 28 studentische Mitglieder,
   – 5 Mitglieder im Ruhestand.
2 Eine entsprechende Aufstellung liegt vom DBVMT, dem Deutschen Berufsverband der Musiktherapeutinnen und Musiktherapeuten, vor. Demzufolge arbeiten von 110 Kolleg/innen 94 in Einrichtungen des Gesundheitswesens (Kliniken für Psychiatrie, Psychosomatik, Kinder- und Jugendpsychiatrie, Onkologie u.a.m. sowie für Rehabilitation), 8 in pädagogischen Einrichtungen (Heimen, Schulen) und 32 in freier Praxis. Etwa 35 arbeiten mit verhaltensauffälligen Kindern und Jugendlichen, 20 mit geistig behinderten Kindern, Jugendlichen und Erwachsenen und etwa 60 mit erwachsenen Neurose- und Psychosepatienten.

Wenn auch die griechische Medizin noch rein erfahrungsorientiert empirisch und subjektiv war, ... verstanden es die griechischen Ärzte, die Symptome einer Erkrankung aufmerksam zu beobachten ... Die Griechen wandten Musik systematisch als heilendes und präventives Mittel an, da sie davon ausgingen, dass ihre Auswirkung auf den körperlichen und geistig-seelischen Zustand des Menschen voraussagbar war (Alvin 1975, S. 38).

In die psychiatrische Behandlung wurde im Verlauf der Geschichte immer auch Musik einbezogen. Goodman verfolgte dies von den frühen arabisch-hebräischen Traditionen an (vgl.1981, S. 564–583). Ein weiterer historischer Bezugspunkt ist die Geschichte des süditalienischen Tarantismus vom Mittelalter an bis in die jüngere Vergangenheit. Musik und ekstatischer Tanz sollten – oft über einige Tage und unter Beteiligung verschiedener Musikgruppen praktiziert – die Folgen (Ekstase gefolgt von Apathie) des giftigen Stichs der Tarantel-Spinne kurieren. Der Tanz heißt deshalb Tarantella (Sigerist in Schullion/Schoen 1948, S. 96–116; s. auch Alvin 1975; Möller 1974, S. 142ff.).

Musik wurde während der Renaissance zunehmend säkularisiert. Die Entdeckungen der Anatomisten ermöglichten eine außerordentliche Entwicklung der wissenschaftlichen und physiologischen Basismedizin. Trotzdem hielt sich noch lange der alte Glaube, dass Böses in einer Erkrankung steckte, insbesondere geistig-seelische Erkrankungen seien Ausdruck des Bösen. Von Bedeutung für die emporkommende Musiktherapie wurde, dass Musik als individueller und elementarer menschlicher Ausdruck verstanden wurde (Affektenlehre). Man begann die physischen Wirkungen der Musik zu untersuchen, und es wuchs das Interesse, Musik zur Heilung und Prävention von Krankheiten einzusetzen (Alvin 1975, S. 48).

Diese frühen Versuche des gezielten Einsatzes von Musik litten unter dem Mangel, dass sie nicht kontinuierlicher und strenger Forschung unterzogen waren. Noch bis in die Mitte dieses Jahrhunderts musste die Musiktherapie davor gewarnt werden, dass »ihre ernsthaften Versuche nur dahin führen könnten, die Musik als therapeutisches Agens in Misskredit zu bringen. Die Akzeptanz, die ihr aus ihren Erfolgen erwächst, kann ihr nur allzu leicht streitig gemacht werden, wenn sie an unangemessenen Ansprüchen gemessen wird« (Licht 1946, S. 18).

In der neuen amerikanischen Musiktherapie-Entwicklung nahmen physiologische Effizienzstudien bei unterschiedlichen Klientengruppen großen Raum ein. Wir erleben zur Zeit eine erneute Wertschätzung dieser frühen Forschungsarbeit, die sich auf messbare und vorhersagbare körperliche Wirkungen von Musik, Klängen und Vibrationen konzentriert (s. dazu die beiden folgenden Kapitel).

Aus dieser physiologischen Forschung konnte ein medizinisches Modell der Musiktherapie abgeleitet werden, das einen Bezugspunkt für die sich entwickelnde Profession liefert (vgl. Spintge/Droh 1983, S. 1992). Die Psychoanalyse und die Arbeiten von Freud/Jung und ihren Nachfolgern stellen einen anderen Bezugspunkt dar.

Andere Musiktherapeut/innen wandten sich der Verhaltenstherapie zu. In sorg-fältig geplanten Forschungsarbeiten wurden die positiven Wirkungen von Musik auf ein breites Spektrum von Verhaltensweisen und Fähigkeiten dokumentiert und be-schrieben. Wir werden sehen, wie dieser Ansatz der Musiktherapie wachsende Aner-kennung in den 50er und 60er-Jahren, insbesondere in den USA einbrachte und sie in den Rang einer Verhaltenswissenschaft erhob.

Während der letzten Jahrzehnte entwickelte sich die humanistische Psychologie zwischen den zwei Pfeilern Psychoanalyse und Verhaltenstherapie. Viele Ausdrucks-therapeut/innen, einschließlich Musiktherapeut/innen, würden zustimmen, dass ihre Arbeit humanistische Ziele verfolgt, wie etwa »dem Einzelnen helfen, seine Fähigkeiten umzusetzen« (Feder/Feder 1981, S. 43) und die therapeutischen Kern-variablen Empathie, Akzeptanz und Authentizität (vgl. Rogers 1976). Weitere mu-siktherapeutische Ansätze kommen von Therapeuten, die eher kognitiv orientiert sind, und der riesigen Anzahl von Untersuchungen über Interaktionen zwischen Erwachsenen und Kindern, die hauptsächlich in den 60er- und 70er-Jahren durch-geführt wurden. Arbeiten über Mutter-Kind-Interaktionen im Besonderen bilden den Rahmen für die Erörterung von Einsatz und Wirkung der Musiktherapie bei Kindern (s. Kapitel »Musiktherapie bei Kindern«).

Die Bindung der Musiktherapie an eine medizinische oder psychotherapeutische Richtung ist nicht unproblematisch, wie noch gezeigt wird. Eine Hauptmotivation, dieses Buch zu schreiben, bestand für mich darin nachzuweisen, dass die Musikthe-rapie eine Entwicklungsstufe erreicht hat, auf der sie beginnen kann, ihre eigene Methodik zu bilden und trotzdem engen Kontakt mit verwandten Feldern halten kann. Ich bin darüber optimistisch, stimme aber immer noch mit Even Ruud überein: »Während das Endziel der Musiktherapie die Etablierung einer eigenen Disziplin ist, war es bis jetzt notwendig, die der Musiktherapie zugrunde liegenden Prozesse zunächst mit Hilfe von psychologischen und psychotherapeutischen Theorien zu beschreiben« (1980, S. 1).

Forschung und Musiktherapie

Eine allgemeine Kritik, die der Musiktherapie entgegengehalten wird, ist der Mangel an empirischen Forschungen, die die Effektivität der Interventionen nachweisen.[1] Man könnte argumentieren, der Beruf sei geradezu moralisch dazu verpflichtet. Welche Verbindungen bestehen zwischen den therapeutischen Problemstellungen,

---

1   In Deutschland erhielt diese Ansicht in den letzten Jahren besonderen Nachdruck durch ein für die Beratungen eines Psychotherapie-Gesetzes erstelltes Gutachten, in dem der Musiktherapie be-scheinigt wird, dass ihre Wirksamkeit nicht nachgewiesen sei und sie demzufolge (wie im Übrigen alle künstlerischen Therapien, aber auch humanistische Verfahren wie die Gestalttherapie) nicht in den Katalog der Psychotherapieverfahren aufzunehmen sei. Die engen empiristischen Standards der Gutachter wurden ihrer Ansicht nach nur von Psychoanalyse und Verhaltenstherapie erfüllt (vgl. Meyer u.a. 1991). Diese Auffassung wurde in der entsprechenden Gesetzgebung 1997 auch politisch umgesetzt.

dem musiktherapeutischen Prozess und den möglichen Ergebnissen? Eltern fragen, wie die Musiktherapie ihrem Kind hilft. Wenn ich zu einem Therapeuten gehe und mich auf eine Zeit intensiver persönlicher Therapie einlasse, möchte ich wissen, was ich davon erwarten kann, und ich möchte die theoretische Orientierung des Therapeuten verstehen. Kurz: Ich möchte wissen, was ich für mein Geld bekomme. Öffentliche Mittel können erst bereitgestellt werden, wenn erkennbar ist, dass die Einstellung von Musiktherapeut/innen einen nutzbringenden Beitrag für die Klienten liefert, zumal in Zeiten knapper Finanzmittel.

In den USA gibt es bereits eine längere Forschungsgeschichte zur Effizienz musiktherapeutischer Maßnahmen; andere Länder stehen erst am Anfang. Eine Übersicht der in den einschlägigen musiktherapeutischen Fachzeitschriften veröffentlichten Forschungsergebnisse von 1952 bis 1991 im angloamerikanischen Bereich zeigt, dass beschreibende Studien (gemeint sind Einzel- und Gruppenfallstudien, Beschreibungen von Arbeitsbedingungen und Trainingsprogrammen) neben philosophisch-spekulativen deutlich den Anteil experimenteller Arbeiten überwiegen.

Sie verwendete folgende Kategorien:

a) *philosophisch:* Analyse, Kritik, Spekulation,
b) *historisch:* Rückblick, Übersicht über frühere Informationen,
c) *deskriptiv:* derzeitiger Musiktherapiestatus: Einzel- und Gruppen-Fallstudien, Beschreibungen von Arbeitsbedingungen und Trainingsprogrammen; Indikatoren für Wachstum der Profession,
d) *experimentell:* Ergebnisse strukturierter Forschung, Darstellung von Forschungsplänen (Jellison 1973, S. 114–129).

Tabelle 2: Kategorisierung der Musiktherapie-Studien in den Zeitschriften BJMT, JMT, und JBMT und Prozentangabe				
Zeitschrift	deskriptiv	philosophisch	experimentell	historisch
BJMT (68–82) n =115	62	25	8	5
BJMT (82–87) n=19	63	27	5	5
JBMT (87–91) n=41	41	27	27	5
JMT (52–72) n=485	57	31	11	1
JMT (73–78) n=115	42	18	39	1
n = Anzahl der Artikel Untersuchung: BJMT(1968–82); JMT (1952–1972); JMT (1973–1978)				

Auch das spätere amerikanische Gutachten von Gilbert belegt die Entwicklung (vgl. 1981, S. 102–110), dass in dem Maß, wie mehr klinische Arbeit zur genauen Beschreibung und Analyse zur Verfügung steht, sich systematische Forschung und Theoriebildung entwickeln. Wie in jedem anderen neuen Beruf geht die Praxis der Forschungsentwicklung voraus, und »in dem Maß, in dem mehr klinisches Material verfügbar wird und der Berufsstand wächst, kann mit einer Zunahme an Forschung gerechnet werden. Das war zu Beginn der 80er-Jahre in Amerika so, und ich habe dies bereits 1984 für Großbritannien vorausgesagt« (Bunt 1984, S. 3).

An den Veröffentlichungen des neueren »Journal of British Music Therapy« von 1987–1991 ist dieser Trend nachweisbar; die Zahl der empirischen Studien hat mit den philosophischen gleichgezogen und zu den beschreibenden hin deutlich aufgeholt. Ähnliche Entwicklungen zeigt die Studie von Gilbert 1979 für die USA: Der Prozentsatz des deskriptiven Materials ist fast identisch mit der Zahl der experimentellen Studien.

Artikel von eher geschichtlicher Natur liegen in allen amerikanischen und britischen Gutachten auf der untersten Position. Den Schwerpunkt bildet die Beschreibung der Arbeit, Behandlungsmethoden und -settings sowie die Darstellung verschiedener Arbeitsfortschritte. Diese Arbeit wird zur geschichtlichen Vergangenheit des Berufs: »Die Musiktherapie ist eine junge Disziplin; im Heranreifen schafft sie ihre eigene Vergangenheit; dementsprechend werden historische Studien später an Bedeutung gewinnen, wenn es darum geht, aus der Vergangenheit die Zukunft zu entwickeln.« (Jellison 1973, S. 7) Als abschließende Beobachtung sei erwähnt, dass philosophische Abhandlungen im Gutachten der neuen JBMT immer noch großen Raum einnehmen; darin könnte die britische und europäische Vorliebe für Philosophie und Theoriedebatten zum Ausdruck kommen.

Zusammenfassung

Auf der Tagung des NAMT 1988 verglich Carolyn Kenny die Fortentwicklung der Musiktherapie mit der eines Menschen. Während er in den Windeln lag und in seiner Kindheit lernte der Berufsstand die Grundregeln des Überlebens, eignete sich alle notwendigen professionellen Werkzeuge an und erschloss Arbeitsplätze für die frisch ausgebildeten Therapeuten. In seiner Pubertät wurde viel geforscht und untersucht und mit verschiedenen Arbeitsstilen und Berufsbild-Entwürfen experimentiert, so wie der Heranwachsende herausfindet, welche Kleidung zu ihm passt. Kenny glaubt, dass die Musiktherapie in den USA nun im reifen Erwachsenenalter steht und in der Lage ist, auf eigenen Beinen zu stehen, wobei Anzeichen einer sich anbahnenden Midlifecrisis zur Reevaluation der Vergangenheit und der Suche nach neuen Orientierungen herausfordern (Kenny 1988).

In Großbritannien kann die BSMT stolz auf die ersten 30 Lebensjahre zurückblicken, und die APMT kommt in die späten Teenagerjahre. Die Tage der Zersplitterung in kleine Cliquen, die für sich die einzig gültige Weisheit beanspruchen, sind vorbei. Wir beginnen, viele verschiedene Arbeitsstile, Annäherungen und Meinungen zu respektieren und zu unterstützen. Wir können unsere Praxis darstellen und Forschungsansätze in einem Klima vortragen, das von gegenseitiger Anerkennung bestimmt ist. Wir brauchen uns nicht länger zu sorgen, dass es einen Musiktherapie-Kollegen in Schwierigkeiten bringt, wenn wir die Ergebnisse seiner Arbeit hinterfragen. Wie unsere amerikanischen Kollegen haben wir ein Stadium erreicht, in dem wir genug Selbstvertrauen haben, um unsere eigenen Stile und Forschungsmethoden zu entfalten. Die Musiktherapie ist eine eigenständige Disziplin geworden. Die Fragen, die sie heute vorrangig bewegen, sind:

- Wie sehen Beobachtung, Aufzeichnung und Beschreibung der Arbeitsergebnisse aus?
- Wie können Informationen effektiver verbreitet werden?
- Wie können mehr Arbeitsmöglichkeiten geschaffen werden?
- Ist die neue Musiktherapie-Dienstleistung kosteneffektiv?
- Welches ist der Angelpunkt der Veränderung: die Musik, die therapeutische Beziehung oder die Interaktion zwischen ihnen?
- Welche Verbindungen gibt es zwischen den musikalischen Prozessen und den therapeutischen Ergebnissen?
- Welche Sprache sollte verwendet werden, um diese Veränderungen zu beschreiben?
- Wie können äußere Anzeichen von Reaktionen auf Musik beobachtet werden, die oft zutiefst persönlich und individuell sind?

Keine zwei Menschen reagieren auf Musik identisch. Kein Musikstück wird jemals gleich gespielt oder erscheint beim nächsten Hören gleich. Bei der Notation eines improvisierten Musikstücks haben Musiker große Schwierigkeiten, sich über die Länge, die relative Lautstärke der Klänge und die Weise, in der jedes Ereignis aufgezeichnet wird, zu einigen. Dies weist auf das einmalige und ausdrucksstarke Potenzial der Musik hin. Es zeigt aber ebenso die grundsätzlichen Schwierigkeiten für das Verstehen ihrer Natur und therapeutischen Anwendung.

Musiktherapie bietet die Möglichkeit der Interaktion auf gleichberechtigter Basis. Eine grundlegende Herausforderung in der Arbeit mit Menschen jeden Alters und aller Arten ist die Frage: Welche musikalische Interaktion ist für welchen Menschen in welcher Situation hilfreich? Zum Beispiel können sich in der Arbeit mit einem konzentrationsschwachen Kind die Reaktionen auf kurze musikalische Interaktionen verändern. Es wäre unangemessen, ein solches Kind mit sehr komplexer Musik zu bombardieren, die es nur noch mehr verwirren würde. Es kann für den Anfang ausreichen, mit ein oder zwei wunderschönen Klängen zu arbeiten. Eine ältere Person mit einer langen Musikgeschichte mag demgegenüber eine komplexe Musik brauchen und einen ausgewählten Musikstil.

Musik diente lange als Ausdruck der Identität von Gruppen und Einzelnen. Laufen wir Gefahr, über unsere Fixierung auf künstlerische Höchstleistung und

Perfektion diese westliche Tradition zu vergessen? Eine andere Frage ist, ob Musik eine besondere Rolle spielen kann bei der Integration psychisch Behinderter nach dem Prinzip der »gemeindenahen Psychiatrie«, indem wieder auf die musikalischen Resourcen der Familie, des Freundeskreises und kommunaler Einrichtungen zurückgegriffen wird. Welche Rolle kann Musiktherapie spielen, um Menschen zu helfen, soziale Kontakte herzustellen? Hat sie das Potenzial Menschen, jeglichen Alters zu integrieren, sowohl Behinderte als auch nicht körperlich Behinderte gleichermaßen? Der Beruf Musiktherapeut/in hätte sich nicht zu einer bedeutsameren Zeit der Veränderungen in der Gesellschaft und in der Musik selbst entfalten können. Im gemeinsamen Erleben von Musik und musikalischer Aktivität können sozialtherapeutische und präventive Aufgaben der Gesellschaft gelöst werden.

Die Beziehungen zwischen Musiktherapie und anderen Therapiekonzepten

Einleitung

Wie sieht Musiktherapie in der Praxis aus? Was geschieht tatsächlich in einer Sitzung? Am Anfang dieses Kapitels wird eine Einzelsitzung mit einem Kind beschrieben. Diese Sitzung wird unter verschiedenen Perspektiven betrachtet, um auf bestehende Gemeinsamkeiten mit anderen therapeutischen Interventionsformen und musiktherapiespezifische Bereiche hinzuweisen. Es folgt dann die Beschreibung einer Gruppensitzung mit Erwachsenen. Einige der Merkmale, die Gruppenmusiktherapie mit anderen Formen therapeutischer Gruppenarbeit verbindet, werden untersucht und einige musiktherapiespezifische Beiträge herausgearbeitet.

Die beschriebenen therapeutischen Vorgänge werden zu etablierten Therapiemodellen wie der Medizin, Psychoanalyse, Verhaltenstherapie und humanistischen Psychologie in Verbindung gebracht. Meine eigene therapeutische Orientierung wird dabei klar werden. Am Ende des Kapitels wird, so hoffe ich, deutlich sein, dass Musiktherapie viel zur Gesundheit von Kindern und Erwachsenen beitragen kann und dass sie eine rationale Disziplin ist, die der Musik eine neue Dimension hinzufügt und Kunst, Wissenschaft und Mitgefühl zusammenbringt (Alvin 1975, S. 3).

Eine Einzelsitzung

Es handelt sich um Johns zweite Musiktherapiesitzung, als er zusammen mit seinen Eltern zur diagnostischen Abklärung im pädiatrischen Zentrum war. Sie besuchten ein Team von Spezialisten: Arzt, Logopäde, Psychologe, Physiotherapeut, Ergotherapeut, Psychotherapeut, Musiktherapeut und Sozialarbeiter und am Ende setzten sich die Therapeuten mit den Eltern zusammen und diskutierten die Ergebnisse in einer Fallkonferenz unter Leitung eines Kinderarztes

John ist dreieinhalb Jahre alt. Seine Eltern sind besorgt, weil er nicht spricht; zu Hause wird englisch und eine afrikanische Sprache gesprochen. Sie machen sich auch Sorgen, weil er zeitweise ziemlich zurückgezogen wirkt und es für ihn schwierig ist, mit anderen Kindern und Erwachsenen der Umgebung in Kontakt zu treten. Er scheint nicht an den ihm während der Beurteilungsphase angebotenen Spielen und Spielsachen interessiert. Der Ergotherapeut beobachtet, wie John auf die Tischplatte klopft, und regt Musiktherapie als geeignetes Medium an, um sein Verhalten zu beobachten.

Die ersten beiden diagnostischen Musiktherapiesitzungen fanden an einem Tag statt, eine morgens und die andere nach dem Mittagessen. Er kam mit seiner Mutter. Die zweite Sitzung wurde zur späteren Beobachtung gefilmt. Diese Beschreibung, wie John die zweite Sitzung für sich nutzte, entstand aus häufigem Betrachten des Videos und Diskussionen mit Studenten und Kollegen. Meine Gedanken und Gefühle während und nach der Sitzung fließen als zusätzlicher Kommentar zu Johns Musikmachen ein. Sie bilden den intuitiven und subjektiven Teil der Beschreibung.

Die Sitzung findet in einem kleinen Raum statt. Ich sitze am Klavier. Eine Trommel und ein freistehendes Becken stehen neben dem Klavier. Ich habe diese Anordnung auf Grund der Erfahrungen aus der ersten Sitzung gewählt. John spielte die meiste Zeit auf diesen beiden Instrumenten.

John kommt herein, geht schnell auf die Trommel und das Becken zu, nimmt die Schlagstöcke, die ich ihm anbiete, und fängt an zu spielen. Der Kontakt mit dem Instrument ist unmittelbar vorhanden. Er spielt in kurzen, scharfen, lauten Klangfolgen. Ich erkunde auf dem Klavier verschiedene musikalische Ideen, um etwas von seiner Erregung und Energie aufzunehmen und den Kontext zu gestalten. Seine Mutter, die hinter ihm sitzt, lacht und lächelt und ermutigt ihren Sohn mit Worten. Von mir gespielte oder gesungene Musik, die auf abwechselnde Quarten und Quinten im Bass und klaren, kurzen Melodien basiert, scheint seine Aufmerksamkeit am meisten zu gewinnen, sein Trommeln zu unterstützen, sodass er es fortsetzt. Es ist, als ob diese kurzen Ideen musikalische Rufe oder reflektive Echos seines eigenen Spiels sind. Dann singe ich seinen Namen und kurze Sätze wie: »Hallo John. John spielt seine Trommel.« Unsere Musik ist laut, die Phrasen werden länger und die Musik ausdauernder. John beginnt, einen sich wiederholenden Strom von »da, da, da …« zu singen, in einem gewissen rhythmischen Grundmuster, das mit seinem Trommeln in Verbindung steht. Er zeigt auf einen anderen Schlagstock mit einem gesungenen »da«. Längere Kontakte entstehen, wir bauen im Spiel unsere Interaktion aus. Am Anfang der Sitzung ging John immer wieder zu seiner Mutter hin, die nahe hinter ihm war. Einmal winkte er ihr auch mit seinem Schlagstock zu und sang ihr zu wie zum Gruß.

Dann lässt John die Stöcke auf den Boden fallen und hebt sie langsam auf. Er beugt sich aus der Hüfte herab und geht nicht auf die Hände und Knie. Er kehrt zu Trommel und Becken zurück und nimmt das erregende »da«-Spielen und -Singen wieder auf. Er spielt das Becken alleine in einer etwa 20 Sekunden lang anhaltenden Schlagabfolge. Bis zu diesem Punkt hatte er sowohl Becken wie auch Trommel eher wahllos benutzt. Ich begegne diesem laut nachhallenden Beckenklang in hoher Lage auf dem Klavier. Es ist auf dem Video eindeutig zu erkennen, dass sich zu diesem Zeitpunkt sein ganzer Körper von Kopf bis Fuß stets synchron zu den Klängen bewegt. Er verlangsamt die Musik durch weiter ausholende Armbewegungen. Ich singe längere Phrasen und führe lang ausgehaltene Vokalklänge ein. John verlässt seinen Spielbereich von Trommel und Becken und kommt zum Klavier. Er sieht mir direkt ins Gesicht und singt lange »Ees« und »Ahs«, allmählich passt er diese Vokalklänge der Tonart meiner improvisierten Musik an. Ich erinnere mich, dass mich das stark berührte. Sein Gesicht wurde sehr lebendig, er lächelte viel; die Musik schien ihn auf eine hohe Erregungsstufe stimuliert zu haben. Ich fühle stark, dass John sich sehr bemüht, mit mir zu kommunizieren, und dass er eine spontane Befreiung in seiner Klang- und Musikwelt findet. Intuitiv empfinde ich, dass er auf seine Weise versucht, etwas zu sagen wie: »endlich erreiche ich langsam jemand in diesem Gebäude und kann mitteilen, was ich will. Keine merkwürdigen Worte und Aufgaben mehr, die mich verwirren.«

Auf einmal sticht er mit einem Stock auf die Trommel ein, um einen einzelnen Klang zu erzeugen. Dies unterbricht urplötzlich unseren engen Kontakt über die Stimme und führt uns in eine neue Richtung. Ich versuche, das Gefühl hinter dieser Geste zu reflektieren, und antworte mit einem kurzen und lauten Akkord auf dem Klavier; er wiederholt den Schlag. Ich spiele zwei miteinander verbundene Klänge; er spielt drei, dann wieder einen. Wir spielen ein interaktives wechselseitiges Spiel, fast eine Konversation mit Klängen. Es wird viel gelacht und im Spielen erkundet. Wir beginnen eine gemeinsame musikalische Erfahrung, werden Partner in einer Musik, die wir gemeinsam entstehen lassen. Ich empfinde, dass wir uns von einem suchenden, bruchstückhaften Beginn der Sitzung zu mehr gegenseitigem Verständnis bewegt haben. Es scheint, dass wir beide in der Lage sind, musikalische Ideen einzubringen und sofort den anderen davon zu überzeugen, sich an der Geste oder Stimmung zu beteiligen oder sie zu imitieren. All dies geschieht, ohne dass viele Worte gesprochen werden.

Während der letzten zehn Minuten kommt es zum Wechsel zwischen schnellen, rhythmischen »da-da-da«-Aktivitäten und langsamerem, vokalähnlichem Singen und Spielen: zwei verschiedene musikalische Stimmungen. John bewegt sich dabei in immer größer werdenden Kreisen vom Bereich der Trommel und des Beckens weg zu dem Ort hin, wo seine Mutter sitzt. Er nutzt den begrenzten Raum, um sich zu bewegen und zu tanzen. Während einer dieser Bewegungen zeigt er auf einen dritten Stock und deutet stimmlich an, dass er ihn brauche. Er benutzt ihn mit den anderen als Teil seines Tanzes. An diesem Punkt wünsche ich, mehr von afrikanischen Tänzen zu verstehen. Er erkundet Raum und Ausdruck und kommt zu mir hin, während er auf die Kamera in der Ecke des Zimmers hinweist. Ich nehme an, dass er versucht, mir etwas über die Kamera zu erzählen. Die Musik hält seinen Körper weiterhin völlig beschäftigt; auch wenn er weder bei Trommel und Becken noch beim Klavier ist, bewegt er sich und tanzt zu der Musik, die er macht oder hört. Einmal antwortet er, indem er sich sofort meinem Wechsel von einem schnellen 4er-Takt auf einen langsameren, schaukelnden 3er-Takt anpasst. Nach der Sitzung erzählt die Mutter, dass er Tanzen und Fernsehprogramme wie »Top of the Pops« und die Tänzer imitiert. Während der zweiten Hälfte der Sitzung beobachte ich, dass er zunehmend organisierter spielt und meine Musik mehr wahrnimmt. Zum Beispiel imitiert er einmal meinen weichen Klang auf dem Becken. Seine Musik ist gleichmäßiger, die Stimmung wechselt weniger flüchtig. Er ist in der Lage, sich langsamer zu bewegen und wird an einer Stelle stiller und klatscht sanft und im Rhythmus zu einem langsamen Tempo. Ich bleibe am Ende der Sitzung mit dem Gefühl zurück, dass wir auf der musikalischen Reise seit dem Anfang am Morgen ein Stück weitergekommen sind. Wir waren in der Lage, Kontakt in der Musik zu finden und ihn im Verlauf der Sitzung zunehmend länger zu halten. Das gemeinsame Singen war sehr aufregend (das konsonantengeprägte »da«) und sehr intim (die vokalgeprägten Klänge). Ich spürte, dass John viel von seinen Gefühlen in der Musik ausgedrückt und mir mitgeteilt hatte und dass ich einen Teil dieser Gefühle begleitet hatte. Wir hatten in der Sitzung Punkte erreicht, an denen wir uns gegenseitig mitteilten. Ich war nicht nur der Spiegel, der Johns Gesten und Stimmungen zurückspiegelte: es war mir möglich, eine Musik zu finden, die seine Ideen aufgriff, sie artikulierte und ausbaute. Er griff einige meiner Ideen auf und war zunehmend in der Lage, sie in sein eigenes Spiel einzufügen. Obwohl wir nur diese beiden Sitzungen hatten, fühlte ich, dass ich durch die Musik begann, John und einige seiner Bedürfnisse kennen zu lernen.

Reflektion der Einzelsitzung

Es ist klar, dass diese einzelne Sitzung uns mehr als nur Informationen über Johns musikalisches Spiel liefert. Musik besitzt allumfassenden Charakter und liefert viele Informationen, die von einer Reihe verschiedener Standpunkte aus betrachtet werden können. Wir beobachteten Johns Körperbewegungen und Tanz durch den Raum, wie er sich selbst in Raum und Zeit einrichtet und die Instrumente handhabt. Wir hörten eine Vielzahl von stimmlichen Klängen, die er als Reaktion auf musikalische Impulse produzierte. Wir machten Beobachtungen über den Grad seiner Aufmerksamkeit, die zu Rückschlüssen über seine Konzentration während der Sitzung führen. Wir nahmen seine sozialen Fähigkeiten wahr und die Weise, wie er zu einem eher unbekannten Erwachsenen in Beziehung tritt. Wir beurteilten intuitiv die Qualität seiner Interaktionen und die Breite der Gefühle, die er ausdrückte und mitzuteilen versuchte. Wir nahmen wahr, wie hoch seine Motivation ist, mitzumachen und Ideen einer anderen Person aufzugreifen. Musik kann uns deshalb helfen, eine ganze Menge über die körperlichen, intellektuellen, emotionalen und sozialen Bedürfnisse eines Kindes zu verstehen. Durch diese Art der Beobachtung entsteht in einer Einzelmusiktherapiesitzung ein sehr umfassendes Bild.

Das Video über diese Sitzung wurde mit anderen Teammitgliedern zusammen als Teil des diagnostischen Prozesses angesehen. Beim gemeinsamen Betrachten wurde deutlich, wie diese Sitzung von den unterschiedlichen Standpunkten verschiedener Professionen betrachtet wird.

Der Sprachtherapeutin sind von der Phonetik her die verschiedenen Stimmklänge wichtig. Sie beobachtet das Spektrum der Vokale und Konsonanten, die Betonung und Intonation der Klänge. Sie stellt fest, dass die kurzen »da« dann auftreten, wenn John sehr aktiv mit Spielen und Tanzen beschäftigt ist; die melodiöseren und anhaltenden Vokale treten auf, wenn er weniger aktiv und in engerem Kontakt mit mir ist. Sie verfolgt, wie wir gegenseitig Klänge voneinander aufgreifen und in der nonverbalen Interaktion gebrauchen. Sie interessiert, wann und wie Klänge auftreten und die

Verschiedenheit und Komplexität der Klänge. Sie bemerkt, wie John zu verstehen scheint, was von ihm in diesem Setting erwartet wird und dass der Raum dafür da ist, um alle möglichen Klänge und Musik zu machen. John scheint kurze und einfache Anweisungen zu verstehen. Seine Reaktionen in der Musiktherapie geben ihr weitere Informationen für eine Beurteilung seiner Sprech- und Sprachentwicklung. Wie die Familie ist sie besorgt über die offensichtliche Sprachverzögerung. Diese Sitzung gab ihr Aufschluss über sein Stimmvermögen und den Grad seines allgemeinen Sprachverständnisses.

Die Psychologin beobachtete, wie unmittelbar John auf verschiedene Impulse in Musik oder Gestik reagiert. Wie geplant und geordnet sind seine Reaktionen? Liegen seine Reaktionen auf einer instinkt- und reflexhaften Ebene, oder steht eine gewisse Absicht dahinter? Sie beobachtet Veränderungen der Aufmerksamkeit und den Zusammenhang zwischen Interesse und seiner Beteiligung. Seine Aufmerksamkeit scheint im Verlauf der Sitzung konstanter zu werden. Welche Ereignisse halten seine Konzentration bei einer Aktivität? In welchem Zusammenhang steht seine Reaktion zu meinem Verhalten?

Die Physiotherapeutin beobachtet grob- und feinmotorische Fähigkeiten. Sie sieht, dass John mit einem oder zwei Stöcken beim Trommeln hantiert und mit dreien beim Tanzen. Sie kommentiert sehr schnell, dass sein ganzer Körper mit den Klängen lebendig zu werden scheint. Er schwingt durchgängig in Reaktion auf die körperliche Stimulation der Musik. Seine Bewegungen scheinen Hauptquelle seiner Musik zu sein. Zeitweise sind seine Bewegungen schnell und aktiv, auch irgendwie chaotisch, aber er ist ebenso in der Lage, konzentrierter und stiller zu sein. Sie merkt etwas besorgt an, dass es für ihn schwierig sei, die Stöcke vom Boden aufzuheben. Die Augen-Hand-Koordination scheint ihm schwer zu fallen, insbesondere wenn er sehr schnell Musik macht. Wenn er sehr erregt ist, verfehlt er oft den Rand des Beckens und der Trommel und schlägt in die Luft. Es ist eindeutig, dass Johns Koordination bei weicherem und langsamerem Spiel exakter ist; er scheint besser aufzupassen, wo er die Schlagstöcke platziert.

Die Beschäftigungstherapeutin beobachtet, wie John mit den Instrumenten spielt. Wie nutzt er diese Möglichkeit, um unterschiedliche ausdrucksstarke musikalische Spiele zu erfinden? Wie benutzt er die Instrumente? Wie motiviert ist er, in Interaktion zu treten?

Die Psychotherapeutin äußert sich zu der Qualität der Interaktionen zwischen John und mir. Welche Hinweise gibt es, dass seine Musik eine authentische Reflektion seiner Gefühle ist? Wie stellen die Instrumente und sein Singen ein Vehikel für seinen Selbstausdruck dar? Was drückt er in der Musik aus? Was greife ich von seinen emotionalen Bedürfnissen aus der Qualität seines Spielens und Singens auf? Was spiegle ich zurück? Ist meine Musik eine empathische Reaktion auf Johns Stimmung? Wir diskutieren über meine Gefühle während der Sitzung: den Grad der Erregung und den Umfang der Energie, die Augenblicke, in denen ich vom Singen, dem engen Kontakt und dem Gefühl des wachsenden Vertrauens, das John in mich und das Setting langsam gewann, sehr bewegt war. Wenn er lange Vokalklänge innerhalb der

Tonart der Musik sang, lächelte und mir direkt ins Gesicht sah, waren Tränen in seinen Augen. Wir sprechen über die Notwendigkeit, auch in Augenblicken sehr großer Nähe in der Musik einen gewissen Abstand zu halten. Ich muss ein Gleichgewicht finden zwischen einem engen und warmen Kontakt mit John und einer zugleich starken und beständigen Unterstützung.

Die Sozialarbeiterin beobachtete die Interaktion zwischen Mutter und Kind, wie das Verhalten des einen das des anderen während der Sitzung beeinflusst. Sie spricht darüber, wie Musiktherapie eine Chance für die Eltern darstellen könnte. Einmal könnten sie beobachten, wie John mit anderen Erwachsenen Beziehungen aufbaut. Musikmachen könnte andererseits ein fester Bestandteil der Familienaktivitäten werden, wobei John einen wichtigen Platz in der Familiendynamik hätte durch seine offensichtliche Neugier und sein offensichtliches Interesse an Klängen.

Zusammenfassend berichte ich, der Musiktherapeut, dass Musiktherapie ein sehr angemessenes Interventionsmittel für John zu sein scheint. Einige Gründe, die eine solche Behauptung stützen, sind:

- Musiktherapie kann eine Möglichkeit bieten, das weite Feld der Gefühle zu erkunden, Gefühle, die in einer sicheren und beständigen Umgebung unterstützt werden.
- Es kann auf einer anscheinend starken Motivation, sich an Klängen und am Musikmachen zu beteiligen, aufgebaut werden
- Musiktherapie bietet die Möglichkeit, die Fähigkeit zu konzentriertem Hören zu entwickeln, welche die Voraussetzung für jede Sprech- und Spracharbeit ist.
- Die Rhythmus- und Melodieaspekte der Musik können Vokalklänge wachrufen, erweitern und gestalten.
- Durch das Spielen auf größeren Instrumenten können kontrollierte grobmotorische Bewegungen geübt werden.
- Mehr Kontrolle über die groben Bewegungen und die Förderung feinmotorischer Fähigkeiten und verbesserter Hand-Augen-Koordination kann durch das Spielen kleinerer Instrumente oder auf Instrumenten, die besonders konzentrierter Bewegungen bedürfen, erreicht werden.
- Musiktherapie würde eine Möglichkeit bieten, Aufmerksamkeit und Konzentration zu entwickeln.
- Das Produzieren von Klängen und Musik findet in der Interaktion mit einem Erwachsenen statt; es umfasst synchrones und atonales Spiel.
- John würde lernen, dass er das Verhalten eines Erwachsenen direkt beeinflussen kann.
- John würde lernen, über den Bereich seiner Gefühle mehr Kontrolle zu entwickeln.
- Er würde lernen, diese Gefühle mitzuteilen, und hätte ein direktes Feedback in einem improvisierten und symbolischen Medium jenseits von Worten.

Eine Gruppensitzung

Diese Gruppensitzung fand auf der psychiatrischen geschlossenen Aufnahmestation eines allgemeinen Krankenhauses statt. Es ist eine Kurzzeitstation für Akut-Erkrankte wie Menschen mit manisch-depressiven Psychosen, Phobien und Schizophrenien. Dies ist eine allgemeine und wieder sehr intuitive Beschreibung aus den Notizen einer bestimmten Gruppensitzung.

Setting, Ziele und Grenzen

Ort ist der luftige Aufenthaltsraum auf der Station. Es ist 11 Uhr morgens. Ein Platz am Ende des Raumes wurde freigemacht, und ehe die Sitzung beginnt, frage ich, ob der Fernseher abgestellt werden kann. Das Setting ist nicht ideal, aber der gemütlichste und abgeschiedenste Platz auf der Station. Das Pflegepersonal gibt den Beginn der Musiktherapiegruppe bekannt und lädt ein, in den Raum zu gehen. Einige haben an der vorhergehenden Sitzung teilgenommen, aber da es sich um eine Kurzzeitstation handelt, muss mit einigen neuen Mitgliedern gerechnet werden.

In dieser Art von Setting muss jede Gruppensitzung als einmalige und für sich selbst stehende Erfahrung betrachtet werden: Es soll ein musikalisches Erlebnis angebahnt werden, das möglichst viele Bedürfnisse befriedigt. Für Anfang, Mitte und Ende der Sitzung habe ich einige musikalische Strukturen vorgesehen, um ein Gefühl von Sicherheit zu ermöglichen. Darüber hinaus besteht Freiheit, zu improvisieren und zu erkunden. Die jeweilige Richtung, in der eine Sitzung abläuft, hängt von der Natur der Gruppe ab, den dargelegten Problemen und vielen äußeren Faktoren.

Grenzen werden am Anfang der Gruppe gesetzt. Die Sitzung dauert 75 Minuten, jeder kann kommen und gehen, wie er will. Ich habe das Personal gebeten, die Sitzung, wenn irgend möglich, nicht zu unterbrechen. Diese Grenzen von Raum und Zeit bilden einen schützenden Rahmen, in dem sich Gefühle ausdrücken können. Diese Gefühle können sich in jede Richtung entwickeln. Ein Charakteristikum improvisierter Musik ist, dass sie nicht von vornherein begrenzt ist und dass sie sich von einem Augenblick zum nächsten entfaltet in Übereinstimmung mit dem, was jede Person tut (vgl. Alvin 1975, S. 3). Es gibt kein richtiges oder falsches Spielen eines Instrumentes. Starke Gefühle können auf den Instrumenten ausgedrückt werden. Eine weitere Grenze ist, dass körperliche Gewalt nicht erlaubt ist.

Der Verlauf einer Gruppensitzung

Ein Psychologiestudent im Praktikum und ich haben eine Vielzahl gestimmter und nicht gestimmter Percussion-Instrumente mitgebracht. Sie stammen aus der ganzen Welt: chinesische Gongs und Becken, »indian bells«, afrikanische »talking drums«, und westindische Bongos, ein großes Xylophon und andere bekanntere westliche Percussion-Instrumente. Es sind auch ziemlich ungewöhnliche Blasinstrumente dabei, die oft für eine humorvolle Atmosphäre sorgen. Einige Instrumente bringen bei geringstem Aufwand wunderschöne Klänge hervor; andere stellen höhere Anforderungen an Feinmotorik und Gewandtheit.

Wenn wir die Instrumente in den Raum bringen, ziehen sie Interesse und Neugier auf sich. Wir stellen sie auf den Teppich und auf kleine Tische in die Mitte des Kreises, der aus 12 Stühlen besteht. Eine Gruppe von acht Personen hat sich versammelt: fünf Frauen und drei Männer. Am Anfang nehme ich bei vielen Gefühle von Apathie, Müdigkeit und Spannung wahr. Ich spüre Schwere und Antriebsmangel und bei einigen Skepsis und Langeweile. Sie sind nur gekommen, um es mal auszuprobieren, was man machen kann. Ich lade die Gruppenmitglieder mit ruhiger Stimme ein, die Instrumente zu erkunden und ein passendes Instrument zu wählen, um sich der Gruppe selbst vorzustellen. Ich versuche, klarzumachen, dass es in Ordnung ist, nicht zu spielen, und dass jeder unterschiedlich viel Zeit braucht, um mit den Instrumenten vertraut zu werden. Manche wählen das Spielen, andere stellen sich verbal vor. Ein paar Mal wird die Qualität einzelner Klänge, ob angenehm oder knarrend, spontan kommentiert. Einige finden die Klänge der Rasseln und Chaker zu zudringlich und grell.

Nach der Vorstellung auf unseren Instrumenten beginne ich mit einem einfachen auf dem Herzschlag aufbauenden Puls auf der Trommel, wobei ich nachfrage, ob das ein angenehmes Tempo ist. Einige finden es zu schnell, und ich verlangsame die Geschwindigkeit. Ich lade alle ein, sich anzuschließen; einige spielen abwechselnd eigene rhythmische Motive, einige schließen sich nach einer Weile an, andere spielen gar nicht. Das Stück baut sich allmählich bis zu einem lauten Höhepunkt auf. Anschließend sagen einige Gruppenmitglieder etwas zu den Wirkungen der verschiedenen Instrumente, was sie mögen und nicht mögen, und sie sprechen über veränderte Körpergefühle, die sich beim Crescendo einstellten. Ich biete an, ggf. die Instrumente zu wechseln. Dann wiederholen wir das Spiel mit der zusätzlichen Anweisung, schneller oder langsamer zu werden. Es fallen spontane Bemerkungen über Erregung beim schnellen Spielen und Schwierigkeiten, langsamere Tempi zu kontrollieren. Musik wird beim Schnellerwerden unwillkürlich lauter und beim Verlangsamen leiser. Eine der Frauen sagt, dass sie ziemlich verwirrt sei und sich besser fühlen würde, wenn sie mit geschlossenen Augen spiele. Wir probierten es noch einmal mit geschlossenen Augen und konzentrierten uns auf das innere Hören. Dieses öffnende Spiel mit rhythmischem Schwerpunkt hat einige Mitglieder aktiviert. Es ermöglicht der Gruppe die Erfahrung persönlicher Freiheit innerhalb sicher strukturierter Grenzen. Einzelne Gruppenmitglieder können eigene Rhythmen spielen, jedoch sind sie immer auf den zentralen Puls bezogen. Das vermittelt ein Gefühl von Klarheit und Festigkeit.

Es entsteht der Wunsch, Musik in Form eines musikalischen Dialogs füreinander zu spielen. Ich beginne, indem ich eine Person aus der Gruppe beobachte und intuitiv einen Eindruck von ihr aufnehme; ich spiele ein kurzes Klangmotiv auf Bongos als meine persönliche Mitteilung. Sie antwortet mir auf ihrem Instrument und fügt ihre eigenen Motive hinzu. Sie spielt dann für ein anderes Gruppenmitglied. Diese Spielanweisung bietet die Möglichkeit des Musikerlebens in der Interaktion, wobei unterschiedliche Gefühle mitgeteilt werden. Jeder Dialog ist anders, doch herrscht niedergeschlagene Stimmung und Ängstlichkeit vor. Es wird nicht viel gesprochen; die Beiträge beziehen sich auf die Klänge und die Musik, die wir machen.

Bis zu diesem Stadium haben die meisten Gruppenmitglieder einige der Instrumente ausprobiert. Ich rege wieder an, wenn gewünscht, die Instrumente zu wechseln. Dann schlage ich vor, mit den gewählten Instrumenten ein Stück zu improvisieren. Ein solches Stück könne ohne irgendeine Planung beginnen oder es könne ein Thema gewählt werden. Unser erstes Stück ist eine kurze freie Improvisation mit ziemlich zusammenhangslosen Klängen. Für ein zweites Stück wird das Bild »Bergbesteigung« als Thema von einem Gruppenmitglied eingebracht. Die meisten können sich darauf einlassen. Ein Mitglied hat das Gefühl, das Thema sei zu schwierig, und bemerkt, sie sei nicht in der Lage, über ihre Depression hinwegzukommen. Ein anderes Mitglied nimmt die Blechflöte und sagt, er möchte so hoch fliegen wie ein großer Vogel auf die Spitze des Berges. Die Musik beginnt aus einer längeren Phase der Stille heraus mit langsamen, langen und schweren Klängen. Sie kommt nur ganz allmählich in Bewegung, entwickelt sich dann auf einen Höhepunkt zu und endet mit einem lauten Aktivitätsausbruch. Nach der Improvisation berichten alle nacheinander, wohin sie die Musik mitgenommen hat: individuelle musikalische Reisen und innere Fantasien. Einige Gruppenmitglieder berichten, wie sie sich immer noch nicht weit vom Fuß des Berges weg fühlen; der Mann mit der Blechflöte ist ganz oben auf der Spitze und schwebt mit den Vögeln weg. Eine Frau sagt, dass sie in einem Fluss mit Strudeln feststeckt und nicht herauskann. Einer der Männer schlägt als Thema für eine zweite Improvisation vor, in das Basislager am Fuß des Berges zurückzukehren. Andere Instrumente werden für diese Rückreise gewählt. Die Gruppe improvisiert wieder, jeder beginnt da, wo er aufgehört hat. Die Musik wird langsamer und endet in einer ruhigeren Stimmung. Wir sprechen über die Rückkehr ins Basislager, und die Sitzung endet mit diesen Augenblicken ruhiger Reflektion, bevor sich die Gruppe zum Mittagessen zerstreut.

Meine Funktion während der Gruppe

Meine Funktion war die, den Prozess überhaupt in Gang zu bringen. Dabei benutzte ich wie die anderen ein Instrument, mit dem ich mich vorstelle und einbringe. Ich schlage Spielregeln vor, an denen sich die Gruppenmitglieder orientieren können. Die eher direktive Leitungsfunktion kann ich aufgeben, wenn die Gruppenmitglieder mit den Instrumenten vertrauter werden und selbst beginnen, musikalische Spiele vorzuschlagen. Ich beobachte den musikalischen Fluss, gebe technische Hilfestellungen, schlage kleine Veränderungen vor. Ich beobachte, wie die Gruppenmitglieder mit den unterschiedlichen Instrumenten klarkommen, unterstütze einzelne bei der Auswahl der Instrumente, z.B. wenn sie einen bestimmten Klang nicht wollen. Ich höre mit voller Aufmerksamkeit auf die entstehenden Klänge, beobachte, wie die Instrumente gebraucht werden und das Verhalten der Gruppenmitglieder und ihre Interaktionen. Ich nehme den Prozess des jeweiligen Gruppenwegs wahr. Ich höre auf die individuellen Feedbacks und stelle den Bezug zur selbst gemachten Musik, zu der Weise, wie Instrumente benutzt wurden und zum Verhalten in der Gruppe und den Feedbacks her, z.B. den Zusammenhang zwischen den laut kreischenden, schroff abwärts verlaufenden Klängen der Blechflöte und der Vorstellung des Mannes von einem hoch über dem Gipfel fliegenden Vogel.

Weitere Reflektionen über die Gruppensitzung

Es handelte sich um eine offene Gruppe, und für einige war es das erste Mal, dass sie mit Musiktherapie in Kontakt kamen. Die Erfahrung ist für einige einmalig und abgeschlossen. Es gibt für sie keine weitere Musiktherapiesitzung, weil sie entlassen oder verlegt werden. Ein Hauptmerkmal der Arbeit auf einer Akutstation ist die wöchentlich wechselnde Belegung auf der Station. Es besteht die Möglichkeit, eine längere Zeit an Musiktherapie außerhalb der Station teilzunehmen. Einige kommen auch nach der Entlassung für eine vereinbarte Zeit zu Musiktherapiesitzungen.

Wie kann Musiktherapie einer solchen Gruppe helfen? Zuerst können die Kennzeichen, die für jeden Gruppenprozess gelten, untersucht werden. Irvon Yalom beschrieb einige »heilende Faktoren« der Gruppenarbeit, die unabhängig von therapeutischen Methoden und dem persönlichen Stil des Therapeuten sind. Er teilt sie in die folgenden Hauptkategorien ein (Yalom 1985, S. 3–4):

1. Hoffnung
Der Beginn jeden Gruppenprozesses muss von Hoffnung bestimmt sein, sonst würden sich weder die Gruppenmitglieder noch der Therapeut darauf einlassen. Wir hoffen alle, dass die Erfahrung des gemeinsamen Musikmachens förderlich ist. Der Hinweis, dass es in der Musiktherapie kein »richtiges« oder »falsches« Spielen gibt, kann die anfänglichen Befürchtungen und Ängste vermindern, die Instrumente zu berühren. Spielerische Neugier und Interesse werden freigesetzt. Die Erlaubnis, in einem sicheren und geschützten Rahmen erforschen und ausprobieren zu können, stellt oft das notwendige Sprungbrett für die Gruppe dar, um arbeiten zu können.

2. Universalität
Selbst in einer solchen, für sich stehenden Einzelsitzung verändert sich eine Ansammlung isolierter und verschlossener Menschen, die mit ihren individuellen Problemen belastet sind, in eine Gemeinschaft von Menschen, die ihre Ängste und Vorbehalte äußern und miteinander der Herausforderung durch die Musikinstrumente begegnen, indem sie die Schwierigkeit, eine gemeinsame Musik zu machen, auf die ihnen gemäße Art meistern.

3. Informationsvermittlung

Man erfährt etwas über die Instrumente, wie sie gespielt werden und wie musikalische Strukturen entstehen. Gleichzeitig baut sich Verständnis für gruppendynamische Prozesse auf und die Fähigkeit, Stellung und Verhalten der Einzelnen zu beobachten und einzuschätzen.

4. Altruismus

In der geschilderten Gruppensitzung entstand ein Gefühl der Fürsorge für andere Gruppenmitglieder, daran erkennbar, dass für die abschließende Improvisation ein Thema vorgeschlagen wurde, das die Bedürfnisse und Gefühle der einzelnen Gruppenmitglieder aufnahm. Wir hatten es nicht alle bis auf die Spitze des Berges geschafft, und einige mussten ihre Position neu beurteilen. Gruppenarbeit bietet viele Möglichkeiten gegenseitiger Unterstützung; in diesem Beispiel werden die Anfänge einer solchen Sensitivität in musikalischen Dialogen, die sich zwischen den Gruppenmitgliedern entwickeln bemerkbar. Viele erzählen, wie Musik und Gruppenarbeit den Fokus von eigenen Problemen abziehen und helfen, die Situation von einer anderen Perspektive aus und im Licht der Erfahrungen und Schwierigkeiten anderer zu sehen. Hilfreiche Erkenntnisse zum Verhalten jedes Einzelnen werden oft leichter von anderen Gruppenmitgliedern angenommen als vom Therapeuten. Diese Erkenntnisse machen Mut, Neues im Leben zu wagen.

5. Eine korrektive Rekapitulation der primären Familiengruppe

Im Beispiel begannen die Gruppenmitglieder, einander Akzeptanz und Ermutigung entgegenzubringen. In diesem Klima können in längeren Arbeitsphasen die Muster und Gewohnheiten aus früheren Lebensphasen, die zu der jeweiligen individuellen Problemlage beigetragen haben, bearbeitet werden. In der Musik kann mit verschiedenen Möglichkeiten, »sich ins Spiel zu bringen«, experimentiert werden. Dabei ist es in der Musik häufig leichter, ein Risiko einzugehen, als mit sprachlichen Mitteln. Eine schüchterne, ängstliche Person z.B. kann ihren Ärger eher auf der Trommel ausdrücken und auch die entsprechenden klanglichen Reaktionen anderer eher verkraften, als das Verbale zu erleben.

6. Entwicklung des Sozialverhaltens

7. Nachahmendes Verhalten

8. Interpersonales Lernen

Das Musikmachen ermöglicht als nonverbale Interaktion die Entwicklung des Sozialverhaltens auf vielfältige Weise: zuhören, nachmachen, voneinander lernen, etwas ausprobieren, aufgeben ungünstiger Interaktionsstile. Alternative Verhaltensweisen können in dem sicheren Rahmen des musikalischen Settings erkundet werden. Jeder Spieler kann seinen Platz und seine Rolle in der Gruppe finden und Möglichkeiten erforschen, sich im Kontakt mit anderen wohl zu fühlen. Jedes Mitglied kann lernen, dass es einen einmaligen Beitrag zum Ganzen leisten kann.

9. Zusammengehörigkeitsgefühl

Bereits bei einer einzigen Sitzung kann man beobachten, wie Musik Menschen ziemlich schnell zusammenbringt und ein Empfinden von Zusammenhalt und sofortiger Zugehörigkeit schafft. Sehr eindrucksvoll ist die gemeinsam erlebte Stille am Ende einer Improvisation. Sie drückt eine besondere Art tiefer Verbundenheit aus, für die es kaum Worte gibt. Auch beim gemeinsamen Anhören einer Musik geschieht über gemeinsames Nachvollziehen der klanglichen Struktur soziale Integration.

10. Katharsis

Kathartische Momente sind ein eindeutiges Kennzeichen des Musikmachens und sind besonders in der freien Improvisation zu erwarten. Die Reinigung der Emotionen durch die Musik spielte bereits im Altertum eine wichtige Rolle. Alle negativen und positiven Gefühlen können sich in der Musik frei ausdrücken. Die Gruppenmitglieder lernen im musikalischen Spiel, wie Gefühle auf eine konstruktive Weise kanalisiert und mitgeteilt werden können, wobei der Therapeut und die Gruppe einen unterstützenden und schützenden Rahmen liefern. Musikmachen ist auch in körperlicher Hinsicht eine befreiende und entlastende Aktivität.

11. Existenzielle Faktoren

Yaloms letzte Kategorie bezieht sich auf alle äußeren Faktoren, die eine Gruppe zu jeder Zeit und an jedem Ort beeinflussen. Hierzu zählt er Hauptthemen wie Wahrnehmen der eigenen Sterblichkeit und die Tatsache, dass, egal wie nahe sich Menschen kommen mögen, letztlich jeder die Verantwortung für sein eigenes Leben trägt.

Zusammenfassend können einige weitere für Gruppenmusiktherapie spezifische Kennzeichen aufgelistet werden. Diese umfassen:

- Eine Vielzahl von Instrumenten wird angeboten, und jeder muss wählen, worauf er spielen will. Es besteht die Freiheit einer aktiven Auswahl innerhalb der Grenzen des Verfügbaren.
- Die Betonung liegt in der Interaktion durch Klänge: Therapeut – einzelner Klient, Klient – Klient, Klient oder Therapeut – Gruppe.
- Das Musikmachen kann eine sehr motivierende, ästhetisch befriedigende und tief sinnliche Erfahrung sein.
- Eine musikalische Geste kann das Verhalten einer anderen Person sofort beeinflussen und sich auf die Art und Richtung jeder improvisierten Musik direkt auswirken.
- Improvisierendes Musikmachen beinhaltet das Potenzial, Menschen auf gleicher Ebene zusammenzubringen; es gilt nur, was ausgedrückt wurde und wie es geschah.
- Musik kann eine ausdrucksstarke Darstellung des emotionalen, sozialen, intellektuellen, körperlichen und spirituellen Lebens sein, aus der persönliche Erkenntnisse über schwierige und beunruhigende Bereiche gewonnen werden können.

- Musik kann auf viele Arten als Metapher oder Symbol betrachtet werden; entweder werden musikalische Ereignisse mit einer persönlichen Bedeutung belegt oder innere Bilder kommen in den Klangbildern zum Ausdruck.[1]
- Auch und gerade in der Gleichzeitigkeit von Verschiedenem ist Musik bedeutungsvoll, anders als wenn zur gleichen Zeit gesprochen wird.
- Der Musiktherapeut ist als begleitender Hörer und Mitspieler Katalysator, der ermöglicht, dass dieser kreative Prozess beginnt, Form annimmt und sich entfaltet. Dies geschieht bereits innerhalb einer Sitzung.
- Die Musiktherapie ist eine gemeinsame Entdeckungsreise, bei der Vertrauen erlebt wird und Lernprozesse geschehen. Es entfalten sich gruppendynamische Prozesse, Konflikte werden gestaltet und bewältigt, Beziehung erlebt und gelebt.
- Diese Entdeckungsreise ereignet sich gleichzeitig als persönliches und soziales Geschehen.

Musiktherapie und das medizinische Modell

Sowohl die oben beschriebene Einzel- wie Gruppensitzung fand in einem Krankenhaussetting statt, der Musiktherapeut war Teil des Teams. Beobachtungen über die Sitzung mit John wurden auf einer von einem Kinderarzt geleiteten Fallkonferenz dargestellt. Die Konferenz begann in der gewohnten medizinischen Methode der Anamnese: Bedeutsame Merkmale von der Geburt bis zur Gegenwart wurden skizziert. Jeder Therapeut brachte dann die eigene Einschätzung ein. Eine für alle verständliche Sprache ist dabei vonnöten. Der Musiktherapiebericht spezifizierte nicht detaillierte musikalische Kennzeichen der Sitzung, sondern leitete aus der Musik Beobachtungen ab, die den Konferenzteilnehmern halfen, John, seine speziellen Probleme und seine Bedürfnisse besser zu verstehen. In anderen Fällen können die Beobachtungen auch physiologische Symptome enthalten, die zu einer möglichen Diagnose führen, z.B. Symptome, die die Diagnose Epilepsie stützen und eine entsprechende Behandlungsstrategie rechtfertigen. In Johns Fall entstand kein klares Symptommuster. Die Ergebnisse verschiedener Tests wiesen darauf hin, dass keine biochemischen Ursachen für die Entwicklungsverzögerung verantwortlich waren. Die Probleme waren unbekannter Ätiologie. Trotzdem wurden alle Mitglieder des Teams eingeladen, eine Behandlungsstrategie vorzubereiten, verschiedene Handlungsrichtungen vorzuschlagen, die zu einer möglichen Verbesserung der Probleme führen könnten. Die Familie wollte bald nach Afrika zurückkehren, und es wurden Vorschläge für verschiedene Annährungsmöglichkeiten gemacht. Johns Reaktion auf Musik wurde Schlüsselpunkt der Diskussion, allerdings nicht in dem Sinne, dass die Familie nach ihrer Heimkehr umgehend einen Musiklehrer für John finden sollte, sondern, dass

---

1 Vgl. die Vorgänge der Projektion und Identifikation beim Musik-Erleben nach Klausmeier (1978, 229ff.). Beide beruhen auf der Fähigkeit zur Regression; im Falle der Projektion erlebt der Mensch die musikalischen Ereignisse so, als würde sich in ihnen seine eigene Psychodymamik abspielen; im Falle der Identifikation, als seien die musikalischen Ereignisse Teil seiner eigenen Person.

sie spontanes Musikmachen fördern sollten, eventuell mit der Unterstützung eines Musikers am Ort.

In der psychiatrischen Abteilung hatte der Musiktherapeut als Mitglied des therapeutischen Teams eher Besucherstatus. Beobachtungen, wie die Patienten die Sitzungen nutzten, wurden an die Dienst habende Schwester oder ein anderes Teammitglied weitergegeben. In dieser Abteilung war es üblich, dass die Teammitglieder – Krankenschwestern, Psycholog/innen, Kunsttherapeut/innen und Beschäftigungstherapeut/innen im besonderen – an der Musiktherapiesitzung teilnahmen, um die Patienten in den verschiedenen Settings zu erleben. So konnten Informationen über die Patienten in das medizinische Team zurückfließen. Jedoch hatte das klassische medizinische Denken in dieser Abteilung Priorität, was sich darin zeigte, dass meistens Arztgesprächen Vorrang vor der Teilnahme an einer Gruppe eingeräumt wurde.

Ein fundamentales Kennzeichen dieses medizinischen Modells kann vereinfacht darin gesehen werden, dass für jede Krankheit eine biologische Ursache vermutet wird. So fragt man, welche Verbindungen zwischen biochemischen Veränderungen im Körper und der jetzigen Erkrankung bestehen. Das hat lange geschichtliche Tradition. Die akkurat aufgenommene Krankengeschichte, Diagnose der Symptome, führt zu Behandlungsstrategien, die auf erprobtem Gebrauch bestimmter Kombinationen von Medikamenten, chirurgischen Eingriffen oder Pflegemaßnahmen basieren. Es besteht ein riesiges Aufgebot hochdetaillierter naturwissenschaftlicher Nachweise, die Wirksamkeit und Resultate dieser verschiedenen Behandlungsstrategien anzeigen. Große Ressourcen an Menschen und Finanzen wurden für solchermaßen medizinisch basierte Forschung zur Verfügung gestellt, sowohl für körperlich wie seelisch begründete Störungen.

Die Hauptfrage ist, ob Musiktherapie irgendwelche Ähnlichkeit zu einem solchen Modell besitzt. Ist ein Anwendungsnutzen von Musik in Form medizinischer Intervention oder Behandlung zu sehen? Bestehen beobachtbare ursächliche Verbindungen zwischen der Vielzahl der Symptome, der Anwendung spezifischer musiktherapeutischer Strategien und den resultierenden Ergebnissen? Eine unmittelbare Schwierigkeit der Verbindung mit diesem Modell scheint darin zu bestehen, dass es, während musiktherapeutische Beiträge zum Heilungsprozess im Allgemeinen geschätzt werden, für einen heute im Westen arbeitenden Musiktherapeuten schwierig ist, direkte Heilungsvoraussagen durch Musik zu machen. Trotzdem wird bei Musik beobachtet, dass sich Veränderungen auf körperlicher und vegetativ-funktionaler Ebene einstellen. In ihrem kurzen Überblick über Musiktherapie bezieht sich Natasha Spender im neuesten Grove Dictionary of Music and Musicians auf komatöse Patienten, die das Bewusstsein wiedererlangten, nachdem sie über eine längere Zeit Musik ausgesetzt waren. Sie führt dies als Beispiel für die Möglichkeit der Musik an, auf sehr grundlegender Reaktionsebene zu wirken (vgl. Spender 1980). Heute besteht ein wachsendes Interesse, den Einsatz von Musiktherapie bei Menschen in verschiedenen Koma-Zuständen nach Autounfällen zu erforschen; z.B. die Arbeit der Musiktherapeut/innen im Royal Hospital in Putney in London.[1] Umgekehrt gibt es dokumentierte Belege des sehr seltenen Zustandes der musikogenen Epilepsie; ein bestimmtes Musikstück, eine Melodie, eine harmonische Passage oder sogar der Klang von Glocken kann einen Anfall und damit einen vorübergehenden Verlust des Bewusstseins auslösen (vgl. Critchley/Henson 1977).[2]

In der frühen Entwicklung der Musiktherapie lag der Schwerpunkt auf der Erforschung physiologischer Wirkungen und der Formulierung biologistischer Bezugspunkte, um den Einfluss der Musik zu erklären. Unter den frühen Fürsprechern der Musiktherapie waren viele Ärzte, und es ist verständlich, dass unter der Prämisse, der Musiktherapie Zugang zu einer von der Medizin dominierten Kultur zu schaffen, die ersten Forscher potenzielle physiologische Verbindungen zu erforschen begannen. Arrington fasst einen Teil dieser ersten Arbeit zusammen und erwähnt messbare Veränderungen unter dem Musikhören in den Bereichen Metabolismus, Atmung, Pulsfrequenz, Grad der Müdigkeit, Aufmerksamkeit, Anteil der Aktivität, Muskelreflexe und elektrische Leitfähigkeit des Körpers (vgl. Arrington 1954, S. 264–273). Eindeutig zeigten John und einige Gruppenmitglieder solche Veränderungen während der Musiksitzungen. John wurde sichtbar körperlich erregter, und seine Aufmerksamkeit zentrierte sich im Verlauf der Sitzung. Wenn wir ihn an ein entsprechendes Gerät angeschlossen hätten, hätte es zweifellos bei vielen Parametern wahrnehmbare physiologische Veränderungen gezeigt. Die Gruppe zeigte ein höheres Aufmerksamkeitsniveau während der Sitzung als zuvor. Wir sind uns einiger dieser Veränderungen wohl bewusst, wenn wir Musik hören. Manchen Menschen fällt es schwer, ohne Hintergrundmusik zu arbeiten. Bestimmte Musikstücke scheinen einen starken physiologischen Effekt auf Menschen zu haben. Kürzlich habe ich herausgefunden, dass still zu sitzen und nach einem vollen Arbeitstag einem Musikstück wie Tabula Rasa von Arvo Pärt zuzuhören Kopfschmerzen und Verspannungen wegnehmen kann. Die Musik scheint mir zu helfen, eine tiefe Stufe meditativer Entspannung zu erreichen. Sie tut es jedoch auf spezifische Weise, wie ein Katalysator, der eine sehr subjektive psychophysiologische Reaktion auslöst. So ist es unzulässig zu behaupten, ein und dieselbe Musik würde bei jedem Hörer dieselben Reaktionen hervorrufen (vgl. Ruud 1977, S. 18–19). Als ich jenes Stück Studenten in Italien vorspielte, fanden es einige äußerst entspannend und Stress reduzierend, während andere total gegensätzlich mit starker Irritation und Langeweile reagierten. Wenn das gleiche Musikstück Menschen so positiv und so negativ beeinflussen kann, müssen sich Musiktherapeut/innen dieses mächtigen Mediums bewusst sein und respektvoll damit umgehen. Zwei frühe Forscher warnten davor, Reaktionen auf das Musikhören vorherzusagen. Ellis und Brighouse fanden heraus, dass aufgenommene Musik signifikante Veränderungen der Atmung, nicht aber des Herzschlags herbeiführen kann. Sie warnen, dass, da die individuellen Reaktionen auf Musik so komplex sind, eine Vorhersage genereller Reaktionen auf Musik sehr gefährlich sind (vgl. Ellis/Brighouse

---

1 Vgl. auch Gustorff 1993
2 Vgl. auch Evers 1993, S. 55

1954, S. 158–169). Weidenfeller und Zimny führten eine Reihe von Experimenten mit Kindern und mit depressiven und schizophrenen Erwachsenen durch; sie gingen von der Hypothese aus, dass Veränderungen des elektrischen Widerstands der Haut in Bezug stehen zu beruhigender oder aufregender Musik. Die Ergebnisse führten zu Diskussionen, wie verschiedene Musikstücke eingesetzt werden könnten, um allgemein das emotionale Niveau zu modifizieren, den Aktivitätsspiegel zu beeinflussen (vgl. Weidenfeller/Zimny 1962, S. 891–896 und 1962, S. 307–312). Rieber bemerkt, dass insbesondere schnelle Musik einen markanten Effekt auf die Aktivitätsstufe von Kindern beim Spiel hat (Rieber 1965, S. 325–326). Dies ist keine Aufsehen erregende Offenbarung für Eltern und Menschen, die gewöhnlich mit Kindern arbeiten, und es ist klar, dass schnelle Musik John in seiner Sitzung aktivierte. Die Erwachsenengruppe wurde auch im Verlauf der Sitzung zunehmend energetisiert mit einer markanten Tempozunahme in der improvisierten Musik. Die frühen medizinisch orientierten Forschungen zur Musiktherapie stellten vielfältige Zusammenhänge zwischen Musikerleben und Körperreaktionen wie Muskeltonus, Pupillenreflex, Verdauung, posturale Reaktion und ähnlichem fest und bewiesen die messbaren und in gewisser Weise vorhersagbaren physiologischen Veränderungen während des Musikhörens.[1]

An dieser frühen Forschung muss aus heutiger Sicht kritisiert werden, dass sie sich auf einmalige Experimente und Kurzzeitwirkungen bezieht. Musiktherapeutische Arbeit geschieht jedoch über längere Zeiträume. Außerdem wird zu wenig der Faktor der ästhetischen Bewertung der Musik bei den vegetativen Reaktionen berücksichtigt. Zudem beziehen sich die Untersuchungen ausschließlich auf »Konservenmusik« (d.h. Musik von Schallplatte und Tonband), wohingegen aktiv produzierte Musik heute den Mittelpunkt musiktherapeutischer Praxis darstellt. Wenn Experimente, das gemeinsame Musizieren von Therapeuten und Klienten untersuchen, sind eine Vielzahl von Variablen zu erfassen, und es erfordert wesentlich komplexere Forschungsanstrengungen. Schwierig ist es auch zu erfassen, welche Sinnesreaktionen physiologisch und welche emotional bedingt sind. Spender fragt sich, ob die durch die Tempoveränderung der Musik verursachten Veränderungen der Atmung z.B. als einerseits zunehmende emotionale Erregung oder als andererseits eine Art Synchronisierung der Musik interpretiert werden können, wie es beim Marschieren zu einem steten Rhythmus beobachtet werden kann (vgl. Spender 1980). Ist Marschieren eine elementare physiologische Anpassung an einen äußeren musikalischen Stimulus, eine Art nervöser Erregung oder eine kompliziertere und individuellere psychologische Reaktion? Das Marschieren zu einem steten Rhythmus zeigt jedoch eine sehr grundlegende Funktion der Musik. Es ist sehr schwer, sich nicht synchron zu ihr zu verhalten. Die Musik scheint die Strapaze des Marschierens zu erleichtern, was sich Militärs zu allen Zeiten zunutze

---

1 Von Zeit zu Zeit veröffentlichte das NAMT kurze Zusammenfassungen von Forschungsergebnissen. Viele physiologische Studien wurden bei Sears/Sears 1964, 33–60 zusammengefasst; vergleichbare deutsche Übersichten von Forschungsergebnissen im deutschsprachigen Raum sind bei: Harrer 1982; Petsche 1989; Behne 1987, 1993; Spintge/Droh 1985, 1992, Evers 1991, 1994, neuestens Pratt/Spintge 1996.

machten. Johns Aufmerksamkeit blieb bei rhythmischen Aktivitäten stark erhalten. Er schien bei der Musik zu bleiben, wenn keine anderen Aktivitäten sein Interesse erreichten. Die Schwierigkeit in einem Fall wie bei John liegt darin, mit Sicherheit zu sagen, dass die Entfaltung seiner musikalischen Aktivität und die enorme Vielfalt an physiologischen Veränderungen, die er während dieser 25 Minuten zu erkennen gab, in direktem Bezug zum Stimulus der Musik stehen, die er hörte oder machte. Auch die Weise, wie John anfing, in die Musik Erwartungen zu setzen, und wie er im Verlauf der Sitzung mit der Komplexität der Musik vertrauter wurde, wäre zu berücksichtigen. Wir werden an anderer Stelle auf die Rolle der Erwartungshaltung bei der Musikwirkung zurückkommen. Zunächst soll die Feststellung genügen, dass es sehr differenzierter interdisziplinärer Forschung unter Mitarbeit bioelektrischer Ingenieure, die die neueste Computertechnologie benutzen, bedarf, um die Komplexität des Musikerlebens zu erfassen. Fest steht jedenfalls, dass es auf psychophysischer Ebene nachweislich wirksam ist.

Das derzeit wachsende Interesse an durch Klangerfahrung eingeleiteten Therapieprozessen (»vibro-acustic«-Therapie, s. nächstes Kapitel) ist mit einer Re-Evaluation der physiologischen Forschung verbunden. Arbeiten zur Verbindung von Musik und Biofeedback und zum EEG-überwachten Musikhören sind hier zu nennen. Einige Studien weisen die Zunahme von Alpha-Wellen (Hirnwellen, die mit einer Zunahme an Entspannung in Zusammenhang gebracht werden) insbesondere bei ausgebildeten Musikern, die Musik hören, nach (vgl. Furmann 1978, S. 108–117; McElwain 1979, S. 180–190; Wagner 1975,2, S. 46–58; Wagner/Menzel 1977, S. 151–155). Bei meinem Hören des Arvo-Pärt-Stückes könnte die Alphazunahme mit dem Musikhören oder mit vielen anderen Einflüssen zusammenhängen. Welche Rolle spielt die Musik? Es ist schwer einzuschätzen, was diese Veränderungen bedeuten. Nichtsdestotrotz bietet die Arbeit an Biofeedback und Musik praktische Anwendung, die Menschen eine Methode an die Hand geben, ihren Entspannungszustand zu beeinflussen und möglicherweise den Grad der Angst durch das Hören einer bevorzugten Musik zu verringern. Sie liefert praktische Anwendungen für die Arbeit mit Menschen, die unter Lernschwierigkeiten oder Wahrnehmungsstörungen leiden.

Eine Pionierin der Musiktherapie, Ira Altshuler, leitet von den physiologischen Reaktionen auf Musik ein Arbeitsprinzip ab, das deutliche Merkmale einer medizinisch verstandenen Musiktherapie trägt. Es handelt sich um das »Iso-Prinzip«, ein Prinzip, das noch heute der Praxis vieler Musiktherapeuten zu Grunde liegt. »Iso« kommt aus dem Griechischen und bedeutet einfach »gleich«; das heißt, dass Stimmung oder Tempo der Musik am Anfang in Iso-Relation mit der Stimmung und dem Bewegungstempo des Patienten stehen muss. Das »Iso«-Prinzip bezieht sich auch auf Lautstärke und Rhythmus. (Altschuler 1954, S. 31)

In der Einzelsitzung mit John suchte ich nach einer Möglichkeit, mit ihm in eine »Iso-Beziehung« zu kommen, indem ich verschiedene Stimmungen, Tempi und Rhythmen ausprobierte, um mit seinem Spiel übereinzustimmen und einen Kontaktpunkt zu finden. Als wir diesen Punkt erreicht hatten, begannen wir, musikalisch zu interagieren. Die Gruppenmitglieder brauchten eine Weile, bis sie einen Weg fanden, gemeinsam Musik zu machen. Als Therapeut musste ich die von den Mitgliedern vorgegebene Geschwindigkeit und Stimmung in den musikalischen Gesten am Anfang der Sitzung sorgfältig beobachten. Ich suchte nach musikalischen Ideen, die diese verschiedenen Stimmungen und Verfassungen auf einen gemeinsamen musikalischen Nenner brachten, der die Gruppe zusammenführen und ein Empfinden der Gruppenzusammengehörigkeit über die Musik schaffen würde. Genau dies scheint Benenzon zu meinen, wenn er von »group iso« spricht, obwohl weitere Ausarbeitung sicherlich notwendig ist, um zu verstehen, was er unter einem Konzept wie dem »universal iso« versteht (1981, S. 33–37).

Eines der jüngsten Anwendungsgebiete der medizinisch oder physiologisch orientierten Musiktherapie ist die Behandlung chronischer Schmerzen. Mark Rider gehört zu einer Gruppe von Therapeuten in Amerika, die das Verhältnis von Musik und Immunsystem des Körpers untersuchen (vgl. Rider 1987, S. 113–120). Diese Untersuchungen haben Konsequenzen für Arbeitsfelder wie Schmerzbehandlung (palliative care), für Krebspatienten und für mit HIV- und Aids Infizierte

Die Diskussion über den Einsatz von Musik innerhalb eines medizinischen, physiologistischen und biologistischen Rahmens geht davon aus, dass Musik einen messbaren und vorhersehbaren Effekt auf menschliches Verhalten hat (vgl. Ruud 1980, S. 18–19). Es scheint viele Beweise zu geben, die eine solche physiologistische Musiktherapie stützen. Ein Großteil früherer Arbeit muss heute mit verbesserten Messinstrumenten und -methoden wiederholt werden, die differenziert genug sind, um den vielen beteiligten individuellen Unterschieden und Variablen Rechnung zu tragen. Weitere Forschung ist im Bereich der Langzeitwirkung und Musikausübung notwendig. Der bisherige Erkenntnisstand zeigt zwar unabweislich, dass Musik das Potenzial besitzt, Reaktionen zu beeinflussen. Jedoch entstehen diese nicht losgelöst von individuellen psychologischen und emotionalen Verarbeitungsmodi.

Musiktherapie und psychoanalytische Theorien

Gegen Ende des 19. Jahrhunderts wurde die Seele dem gleichen prüfenden Blick unterzogen wie der Körper. Eine sich entfaltende Wissenschaft vom menschlichen Bewusstsein führte zu einer Teilung unter den ersten Pionieren. Auf der einen Seite betrachtete der führende Psychologe Watson Bewusstsein fast als einen Überrest mittelalterlicher Gedanken, mit dem Rat, nur offensichtliches Verhalten, das auch mess- und beobachtbar ist, zu untersuchen. Im nächsten Abschnitt wird deutlich, wie dieses Denken zur Verhaltenstherapie führte. Auf der anderen Seite begann der als Mediziner ausgebildete Freud, die weißen Flecken auf der Landkarte des Unbewussten zu untersuchen. Die aufstrebende Disziplin der Psychoanalyse bescherte dem 20. Jahrhundert eine radikal neue Theorie über Seele und Persönlichkeit, eine Theorie mit Konsequenzen für alle Bereiche von Kunst und Wissenschaft.

Was lehrt die Psychoanalyse über Formen von Musik und die Weise, wie Menschen Musik benutzen? Die psychoanalytische Literatur beinhaltet eine große Vielfalt von Standpunkten über die Bedeutung von Musik mit dem Hauptfokus auf: die Persönlichkeit des Musikers, das Vergnügen, das sich aus der Musik und den musikalischen Formen ableitet, und dem Bezug zwischen Kunst und kreativem Prozess, um das psychoanalytische Konzept zu unterlegen (vgl. Noy 1966, S. 126–135; 7–18; 45–52, S. 81–95; 17–126, Ruud 1980[1]). Freud selbst konnte Musik nicht genießen und war nicht in der Lage, theoretisch darzulegen, wie sie ihn beeinflusste (vgl. Strachey 1953–63, S. 11–12). Dennoch können wir bei Freud vieles über die kreativen und künstlerischen Prozesse in der Musiktherapie lernen. Dabei steht in der Musiktherapie nicht das vollendete künstlerische Produkt im Vordergrund. Der Prozess selbst ist wichtiger als das Endergebnis, obwohl das Ergebnis oft musikalisch sehr befriedigend und schön ist. Es muss unterschieden werden zwischen dem Einsatz kreativer Vorstellungskraft, um musikalisch zu improvisieren, und dem Ringen um musikalische Perfektion einer Komposition oder der Interpretation eines Musikstücks. Einen wesentlichen Ansatz, die Bedeutung künstlerischer und kreativer Prozesse zu erfassen, sieht Freud in der Sublimierung, der Verlagerung normaler sexueller und instinktiver Impulse von einem direkten und nach außen gerichteten Ausdruck auf zivilisierte und öffentlich akzeptierte Formen. Danach wäre eine musikalische Komposition oder eine Improvisation eine akzeptierte Form, wilde und unkontrollierte Gefühle darzustellen. Geschah genau dies, als die Gruppe eine Vielzahl von Rhythmen gemeinsam erforschte, wobei rhythmisches Spiel oft ein kathartisches Moment enthält? Nach besonders lebhaften Improvisationen fallen oft Aussagen wie »das war primitiv«, »ich wusste nicht, dass das in mir steckt«. Solche Erfahrungen mindern mit Sicherheit Spannung.

Freud behauptet auch, der Künstler sei schöpferisch tätig, um Unzulänglichkeiten seiner Persönlichkeit zu kompensieren, wie bei einer Art Neurose oder Zwangsvorstellung. Die Geschichte bietet viele Beispiele für Musiker mit großen persönlichen Schwierigkeiten in ihrem Privatleben, und sie mögen sich durchaus der Musik zugewandt haben, um ihre Lebensprobleme zu kompensieren. Diese Art der Realitätsflucht ähnelt dem freien Fantasieren. Auch sieht Freud in Tagträumen und dem erforschenden Spiel des Kindes Beziehungen zur Kreativität des Erwachsenen. Regression gilt als Quelle künstlerischer Inspiration; der Künstler geht unterbewusst auf die egozentrische und primitive Stufe seiner frühen psychosexuellen Entwicklung zurück. Kehren die Teilnehmer der Musiktherapiegruppe unbewusst in ein Pseudo-Entwöhnungsstadium zurück, in dem die Grenzen zwischen Selbst und Realität verwischt sind? Ist es unser aller Wunsch in diesem narzisstischen »ozeanischen« Zustand zu treiben? Vielleicht stehen wir in der Gefahr, von Musik abhängig zu werden, benutzen Musik dazu, dem Erwachsenwerden und der Konfrontation mit der Realität zu entfliehen? Benutzen wir auf einer anderen Stufe Musik als Ersatz für sexuelle Erfahrung? Wenn uns glückselige Momente wie das vertraute Zusammen-

1 Siehe ebenso Klausmeier 1978; Kohut 1977.

sein nach dem Geschlechtsverkehr verwehrt sind, kann die Musik diese Lücke füllen? Sind tatsächlich narzisstische, primitive und sexuelle Impulse Ausgangspunkte für eine Kunstform wie die Musik?

Rollo May kritisiert in einer Abhandlung über die Natur der Kreativität an Freud die Überbetonung der Sublimierung und Regression als Quelle der Kreativität. Er argumentiert, dass »wenn wir aus einem Affekt- oder Triebtransfer heraus etwas schaffen, wie bei der Sublimierung angenommen, oder es als Abfallprodukt einer Bemühung gilt, um etwas anderes zu erreichen, wie bei der Kompensation, hat dann Kreativität nicht nur einen Pseudowert?« (May 1959, S. 57). Anthony Storr stellt in Frage, dass ein Kunstwerk oder kreativer Prozess notwendigerweise Ersatz für etwas anderes sei (vgl. Storr 1989). Warum kann ein Kunstwerk oder ein kreativer Prozess nicht für sich selbst stehen? Die von der Krankenhausgruppe gemachten Improvisationen waren einmalige Schöpfungen, Musik, produziert an einem bestimmten Punkt in Raum und Zeit von einer Gruppe von Menschen, die nie wieder die identische Musik erschaffen könnten. Selbst wenn die Improvisationen aufgenommen, transskribiert und dann wieder gespielt würden, würden immer feine Unterschiede in der Aufführung bestehen. Ich mag den Gedanken, dass diese Augenblicke kreativer Impulse für den Augenblick geboren sind und nicht für irgendeine andere Energie- oder Konfliktquelle stehen. Jede Handlung des schöpfenden oder wieder-schöpfenden Musikmachens ist eine neue und völlig einmalige Erfahrung.

Wenn wir Einzelne und Gruppen in der Musiktherapie beobachten, können wir schließen, dass das gemeinsame Musikmachen zu einem gewissen Grad die Möglichkeit bietet, den unmittelbaren Sorgen für den Augenblick zu entfliehen. Muss dies jedoch gleich als Flucht bezeichnet werden? Es kann auch als ein positives Abstandnehmen vom gegenwärtigen Inanspruch-genommen-Sein betrachtet werden. Weiteres Kennzeichen einer Musiktherapiesitzung ist der Zugang zu einer inneren Welt der Inspiration, für die es keinen adäquaten verbalen Ausdruck und wenig Ähnlichkeit mit dem Alltag gibt.

Eine freudsche Interpretation könnte improvisierendes Musik-Machen als eine Form musikalischer Tagträume betrachten. Aber die Einladung, Klänge und Musik zu erkunden, bietet mehr als eine primitive Exkursion in unbekannte Wasser des Unbewussten, ein schnelles Eintauchen in »alles umarmende ozeanische Gefühle«. Musiktherapie ist mehr als eine vorübergehende Zerstreuung: Sie stellt die herausfordernde Chance dar, sich selbst in einem anderen Licht zu betrachten. Wie in jeder anderen Therapie kann dieser Prozess schmerzhaft sein. Das musikalische Endergebnis kann auf allen Ebenen, einschließlich der intellektuellen ein Genuss sein; es kann aber ebenso beunruhigend sein, Menschen zu helfen, sich schwierigen und konflikthaften Themen zu stellen. Musik ist ein Transformationsprozess, der Menschen in viele Tiefen und Höhen führen kann, die alle reichlich mit persönlichen Fantasien, Träumen und Symbolen besetzt sind. Dabei stellen die Ausdrucksweisen der Musik die Verbindung zwischen der inneren und der äußeren Welt dar. Musiktherapeut/innen bestärken nicht das Abgleiten in Neurosen, Zwangsvorstellungen oder introvertiertes Verhalten. In Musiktherapiesitzungen kann eher das Gegenteil, die Offenbarung der Persönlichkeit beobachtet werden. Dies geschah eindeutig bei John während der Einzelsitzung, und es war für alle, die das Video sahen, offensichtlich. Das Selbstvertrauen Erwachsener wächst sichtbar, wenn sie entdecken, dass sie schöne Klänge produzieren können, die nicht nur sie selbst erfreuen, sondern auch von anderen Gruppenmitgliedern geschätzt werden können. Diese Art Kreativität ist mit einem hohen Maße an die gesunden Anteile der Persönlichkeit und emotionale Reife gebunden.

Jung sieht künstlerisches Schaffen eher in Prozessen von Veränderung und Wachstum, »einen Lebensimpuls in der menschlichen Seele« (vgl. Jung 1922, Bd. 15, S. 115). Kreativität ist für ihn eng mit dem Spieltrieb verbunden: »Die Schöpfung von etwas Neuem wird nicht durch den Intellekt vollbracht, sondern durch den aus innerer Notwendigkeit handelnden Spieltrieb. Der kreative Geist spielt mit Objekten, die er liebt« (ebenda, Bd. 6, S. 197). Folglich betrachtet Jung Kreativität als einen viel aktiveren und dynamischeren Prozess als Freud; er legt die Betonung weniger auf Regression und Sublimierung. Ihm folgt May, der Kreativität als den Prozess, etwas Neues hervorzubringen, definiert (vgl. May 1959, S. 57). Jung hat oft Patienten ermutigt, ihre Träume und Fantasien zu malen. Seine Schriften sind ein wichtiger Bezugspunkt der Kunsttherapie. Die amerikanische Musiktherapeutin Dorinda Hawk Hitchock hat kürzlich Jungs Berührungspunkte mit Musiktherapie zusammengefasst (1987, S. 17–21). Sie beschreibt, wie Jung 1956 die Konzertpianistin Margaret Tilly traf und eine kurze rezeptive Musiktherapiesitzung erhielt. Tilly spielte für Jung Musik. In Jungs Familie gab es Musiker, und Jung, im Gegensatz zu Freud, besaß großes musikalisches Wissen. Ehe sie für Jung spielte, fragte ihn Margaret Tilly nach seiner Beziehung zur Musik. Am Anfang seiner beruflichen Laufbahn hatte er viele große Musiker gehört, hatte aber damit aufgehört, weil ihn das offensichtlich erschöpfte und irritierte. Sein Widerstand war sehr verschieden von Freuds musikalischer Abstinenz. Ihm wird die Äußerung zugeschrieben, Musik enthalte »so tiefes archetypisches Material, und die Ausübenden nehmen dies nicht wahr« (Jensen 1982, S. 125–128; vgl. ebenso Tilly, S. 1–9). Tilly kam zu der Ansicht, dass Jung sich um die Musik eher zu viel als zu wenig bekümmerte, wie sie aus früheren Berichten anzunehmen glaubte. Margaret Tilly spielte also für Jung wie sie für jeden anderen ihrer Klienten gespielt hätte; sie begann mit Musik, die zur Stimmung und Persönlichkeit der Person passte, mit der sie arbeitete (Iso-Prinzip). Viele jungsche Schlüsselkonzepte wie die Parameter extravertiert/introvertiert, maskulin/feminin, Denken/Fühlen beeinflussten ihre Auswahl musikalischen Materials, das von komponierter Musik bis zu volksliednaher Improvisation reichte. Jung stellte ihr verschiedene hypothetische Fälle vor und bat Tilly um eine Vorführung, wie sie für die jeweilige Person spielen würde, um ihr zu helfen. Er bat sie auch, von einigen Fallstudien zu berichten. Nach Jensen soll Jung zu Tilly gesagt haben:

»*Das eröffnet eine ganz neue Forschungsrichtung, von der ich mir nie hätte träumen lassen. Das, was Sie mir heute gezeigt haben – nicht nur das, was Sie gesagt haben, sondern vor allem das, was ich konkret gefühlt und erlebt habe –, lässt mich fühlen, dass Musik von jetzt an ein wesentlicher Bestandteil einer jeden Analyse sein müsste. Sie gelangt zu tiefem archetypischem Material, zu dem wir in unserer analytischen Arbeit mit Patienten nur selten gelangen. Dies dünkt mich äußerst beachtenswert«* (1982, S. 126).

Jung hatte viel über Musiktherapie gelesen und hielt sie für sentimental und oberflächlich. Nach dieser direkten Begegnung mit ihr änderte er seine Meinung. Hitchcock wirft einige Fragen auf, die sich aus dem jungschen System für die Musiktherapie ableiten, wie: Welches sind die Verbindungen zwischen Musik, Symbol, Metapher und Mythos? Wie kann Musik Bestandteil der Psychoanalyse sein? Die Aussagen Jungs sind eine Herausforderung für Musiktherapeut/innen, mit Psychoanalytikern an einer psychoanalytischen Theorie der Musik zu arbeiten.

Die Beiträge von Freud wie auch von Jung beziehen sich auf die Entstehung und Wirkung des vollendeten künstlerischen Produkts. Darüber hinaus sollte sich der Blick stärker auf die Entwicklung dessen richten, was Erich Fromm als »kreative Haltung« bezeichnet (1959, S. 44). Musiktherapie bietet Möglichkeiten, aktives Zuhören, Bewusstsein und Reaktionen zu entwickeln, sie beschäftigt sich mit so hoch kreativen Faktoren wie Begegnung, Verbindlichkeit und konzentrierte Aufnahme (vgl. May 1975). Es besteht die Möglichkeit der Interaktion mit der Musik, mit den verfügbaren Instrumenten, mit dem Musiktherapeut/innen und mit anderen aus der Gruppe. Fromm zitiert das Beispiel eines zweijährigen Kindes, das einen Ball immer wieder über den Boden rollt und nie gelangweilt zu sein scheint. Er weist darauf hin, dass das Kind im Rollen des Balles Vergnügen findet und es nicht als einfache geistige Tatsache registriert. Eine Musiktherapiegruppe bietet Menschen jeglichen Alters den Freiraum zu hören und zu sehen, fast mit der gleichen gespannten und konzentrierten Aufmerksamkeit eines Zweijährigen. Diese Qualität der Aufmerksamkeit »erfordert die Fähigkeit zu staunen« (Anderson 1959, S. 48). Als Erwachsene glauben wir oft, Verwirrung zuzugeben, anzuerkennen, dass wir etwas nicht wissen und können, würde uns herabsetzen. Kreativität wächst jedoch mit dem Ausprobieren und Durcharbeiten von Konflikten, wobei scheinbare Gegensätze versöhnt werden und in Einklang kommen (s. letztes Kapitel). Können wir es uns erlauben, uns so weit zu öffnen, um verwirrende Erlebnisbereiche wieder zu entdecken und das Staunen beim Musikhören und beim Spielen zuzulassen?

Das freudsche Konzept der Sublimierung wurde in den 30er-Jahren in seiner Rigidität abgemildert. Die Betonung wurde weniger auf den inneren Konflikt gelegt, der als Ausgangspunkt kreativer Prozesse gelten sollte, sondern auf Fähigkeiten, die geübt werden müssen, um Musik so schätzen und spielen zu können, dass das Ich höchste Befriedigung erfährt. Das Ich fungiert als Regulator. Es steuert das Material der Primärprozesse, das in Form von irrationalen, losgelösten und unlogischen Impulsen in das alltägliche regulierte, rationale, hoch konzentrierte und logische Denken der Sekundärprozesse fließt. Noy widmet dem Konzept des Meisterns viel Aufmerksamkeit, besonders in der Kunst, der Fähigkeit, selbst diesen Konflikt zu bewältigen; das Konzept wurde hauptsächlich von Melanie Klein und ihren Anhängern entwickelt (vgl. Noy 1966). Dabei werden Musik und Musikmachen als Abwehrmechanismus betrachtet, der das Selbst davor schützt, überschwemmt zu werden (vgl. Racker 1965, S. 75–94). Wir können alle diese inneren Impulse aufnehmen und in lustvollen musikalischen Prozessen der Variation und Wiederholung nacherleben und organisieren. Das Ich ist in der Lage, allen Stimuli Bedeutung zu geben und sie zu kontrollieren. Gerade die Verbindung und das Zusammenspiel von tiefster Regression und hoch entwickelter Organisation macht die Einzigartigkeit musikalischen Erlebens aus (Ostwald 1990, S. 18). In dieser Erfahrung der aktiven Regulation der Ich-Funktionen sieht Ruud viele der früheren und eher spekulativ anmutenden Effizienzbehauptungen zur Musiktherapie nachträglich legitimiert (Ruud 1980).

Heute arbeiten viele Musiktherapeut/innen auf psychoanalytischer Grundlage. Sie setzen die Impulse von Freud, Jung, Klein und anderen in ihr Medium um und entwickeln sie weiter. Für sie ist eine Selbstanalyse unerlässliche Voraussetzung für ihre Arbeit – ebenso regelmäßige Supervision. Ein wesentliches Merkmal der psychoanalytisch orientierten Musiktherapie besteht darin, dass der Musiktherapeut zusammen mit den Klient/innen musikalisch agiert und sich nicht nur auf die Rolle des aktiv Zuhörenden beschränkt.

Musik als »Wissenschaft des Verhaltens«

»Musiktherapie ist eine Methode, um gezielte Verhaltensveränderungen herbeizuführen. Deshalb gehört sie in den Bereich der Verhaltenstherapien« (Madsen 1968, S. 70). Diese Aussage fasst eine Arbeitsperiode in den 60er- und 70er-Jahren zusammen, in der viele führende Musiktherapeut/innen, besonders in den USA, diese objektive und wissenschaftliche Herangehensweise befürworteten. Die reiche Vielfalt der Musik schien so viele Möglichkeiten der Anwendung zu bieten, wie es im einzelnen persönliche Bedürfnisse und Probleme gab. Musik galt daher als Stimulus und als Belohnung für gewünschte Verhaltensweisen. Im Verständnis der Verhaltenstherapie war in Johns Einzelsitzung sein Trommelspiel ein integriertes Belohnungssystem. Einfach beschrieben, spielt John die Trommel, und die Klänge kommen als seine Klänge zu ihm zurück. Er hat den Klang gemacht, der Klang bereitet ihm Vergnügen, und er wiederholt die Erfahrung. Die Wirkung einer lustvollen musikalischen Geste hat eine eingebaute verstärkende Wirkung; diese eine Geste stimuliert und lockt die nächste hervor. Eine zusätzlich verstärkende Wirkung und Belohnung für sein Verhalten liegt im Unterstützen, Ermutigen und Reagieren des Erwachsenen. Der Therapeut kann bestimmte Verhaltensweisen unterstützen und zu ihnen ermutigen und andere nicht. In Johns Sitzung war ich darauf erpicht, ihn zu ermutigen, auf einem Instrument so lange wie möglich Kontakt zu halten. Ich gab ihm viel positive Verstärkung, indem ich mich seinen Klängen anschloss, sie ihm sofort zurückgab und seine musikalischen Ideen weiter ausarbeitete. Alle Begriffe der Verhaltenstherapeut/innen (Belohnungen, Tokens, Kontingenzen, Ziele, positive und negative Verstärker dieses Prozesses) können die musikalischen Aktionen und Inter-aktionen beschreiben. John erhielt eine Belohnung sowohl durch das Instrument selbst als auch durch meine Reaktion. Eine lustvolle musikalische Erfahrung kann als eine Art Token betrachtet werden, abhängig vom Verhalten innerhalb der Sitzung, das sich auf Grundregeln, Grenzen, Motive und Ziele bezieht. In Johns Sitzung ging es darum, eine Vielzahl musikalischer Stimuli zu erkunden, um die Art von Musik herauszufinden, die ihn am längsten beschäftigte.

Die Tätigkeit des Musikmachens selbst ist für die meisten Menschen eine sehr positive Verstärkung. Menschen jeden Alters sind in den meisten Fällen in der Lage, für längere Phasen bei Musik zu bleiben, ohne überstimuliert oder übersättigt zu werden. Es bestehen offensichtlich falsche Erwartungen, die auf bestimmte Probleme zurückzuführen sind. Große Vorsicht ist in der Arbeit mit manchen autistischen Kindern geboten, z.B. sollte man ein schon hoch erregtes Kind nicht noch zusätzlich durch Klänge überstimulieren. Lernprozesse gehören eindeutig zur Kurz- als auch Langzeit-Musiktherapie. So kann vermutet werden, dass John und die Erwachsenen im Verlauf der Sitzung mehr über den Gebrauch der Instrumente lernten. Die Menschen sind während des Musikmachens mit einem ständigen Entdeckungs-prozess beschäftigt, da Musik so endlose Möglichkeiten bietet, auf neue und spannen-de Ideen zu kommen. Es ist auch möglich, Kurz- und Langzeit-Interventionsziele mit spezifischen Aktivitäten und individuellen Bedürfnissen zu verbinden.

Um innerhalb des traditionellen Verhaltenstherapiesystems zu arbeiten, müsste ein Musiktherapeut systematische Fragen stellen wie:

- Welches beobachtbare Verhalten bedarf der Veränderung?
- Sollte dieses Verhalten zunehmen oder abnehmen?
- Welches Verstärkungssystem (größtenteils kann ein positives angenommen wer-den) kann eingeführt und angewendet werden, um das Verhalten zu verändern?
- Wenn das Verhalten Probleme verursacht, welche Situationen verstärken derzeit dieses Verhalten und verhindern so das Auftreten von Veränderungen?

In der musiktherapeutischen Literatur gibt es viele Beispiele sehr erfolgreicher Inter-ventionen, die eindeutig auf dem System der Verhaltenstherapie basieren und die beträchtlich geholfen haben, die Stichhaltigkeit der Musiktherapie zu fördern. Streng kontrollierte Studien mit sehr verlässlichen statistischen und vergleichenden Bewei-sen untersuchten die Wirkungen von Musik auf kleine Aspekte sorgfältig definierten Verhaltens. Diesen Beweisen nach scheint Musik, um einige Beispiele aufzuzählen, wirkungsvoll zu sein im Erwerben von Lese-, Rechen- und Nachahmungsfähigkeiten. (Die offizielle Publication des NAMT Journal of Music Therapy enthält viele Beispie-le über die Arbeit in diesem System; vgl. Roskam 1979, S. 31–42; Miller/Dorow/Grer 1974, S. 57–64; Underhill/Harris 1974, S. 156–166). Musik kann auch Aggressionen, stereotypes Verhalten, Hyperaktivität und unangepasstes Verhalten reduzieren (vgl. Steele 1968, S. 131–139; Jorgenson 1974, S. 41–46; Scott 1970, S. 677–680; Lathom

1964, S. 132–134). Das Token-System und soziale Ausschlussverfahren wurden auch benutzt (vgl. Dileo 1975, S. 155–160; Hauck/Martin 1970, S. 43–53). So hat Rockmusik einen Anreiz für Kindergruppen mit Lernschwierigkeiten, wenn Musikkassetten als zersetzende oder unangemessen definierte Reaktionen entzogen werden (vgl. Wilson 1976, S. 39–48). Die Methoden der Orff-Schulwerk-Musikerziehung wurden wirkungsvoll in einem Verhaltenstherapiekontext angewandt (vgl. Ponath/Biction 1972, S. 56–63).

Louise Steele baute ein kommunales Musiktherapieprojekt auf, das Cleveland Music School Settlement, und folgte der klaren Struktur von Verhaltensanalyse. »Musik dient in der Therapie als Verstärker, als musikalische Lernerfahrung und Auslöser für die Modifikation nicht-musikalischen Verhaltens« (Steele 1977, S. 103). Steele und ihr Team planten jede neue Intervention sorgfältig. Zuallererst wurde in einem Zeitraum das zu verändernde Verhalten beobachtet und dokumentiert. Dies geschah dreimal in Zeitabständen in den drei einer Intervention vorausgehenden Monaten. So wurde die Ausgangssituation (A) erfasst. Das Verhalten wurde während der dreimonatigen Phase musiktherapeutischer Intervention (B) in gleicher Weise beobachtet und dokumentiert. Der Vergleich beider Dokumentationen ermöglichte weitere Beobachtungen des Verhaltens außerhalb des Musiktherapiesettings. Der Nachweis der Wirksamkeit von Musiktherapie galt als erwiesen, wenn die Aufmerksamkeit eines Kindes oder gewünschtes Verhalten eines Erwachsenen auch außerhalb der Musiktherapie beobachtet werden kann (A). Wenn das ABA-Design für eine Reihe von Interventionen benutzt wird, können mehr Nachweise zusammengestellt werden. Einer weiteren Interventionsphase folgt dann wiederum die Rückkehr zur Ausgangssituation (ABAB) usf.

Eine Hauptstärke des verhaltensorientierten Zuganges ist, dass keine anderen Ziele gesetzt werden als klar definierte Verhaltensweisen. Die Arbeit kann nicht als anekdotenhaft, subjektiv oder sentimental kritisiert werden. Andererseits wirkt sie ziemlich mechanistisch und rigide bis dahin, dass zwei Forscher vorschlugen, eine musikthearpeutische Technologie zu entwickeln, die den Therapeuten ein vollständiges Compendium aller möglichen Verhaltens- und Interventionsvariablen sowie operationalisierte Verhaltensbeschreibungen an die Hand geben sollte (Carroccio/Carroccio 1972, S. 51–56). Kann Musiktherapie in ein solches Schema passen, das für bestimmte Probleme (A) eine musikalische Technik (B) vorsieht, um das Behandlungsziel (C) zu erreichen? Um eine Kontrolle für die vielen beteiligten Variablen zu sichern, benutzt dieses Arbeitsmodell in erster Linie »Konservenmusik«. McGinty berichtet noch 1980, dass über 68 Prozent der von ihr begutachteten Musiktherapeut/innen in den USA das Hören von Schallplatten als Hauptaktivität gebrauchten (vgl. McGinty 1980, S. 148–166). Der verhaltenstherapeutische Zugang ist per Definition auf vorhersagbare Beziehungen zwischen Verhalten, Intervention und therapeutischem Ergebnis reduziert. Bei entsprechender Anwendung in der Musiktherapie gilt, dass spezifische Reaktionen aus spezifischen musikalischen Ereignissen resultieren, wie in der musiktherapeutischen Technologie vorgeschlagen. Kritisiert wurde, dass dabei immer nur beobachtbare und messbare Verhaltensausschnitte isoliert werden, wobei die inneren persönlichen Zustände der Klienten, ihre inneren Motive und Bewusstseinsprozesse außer acht bleiben (Ruud 1980).

In der jüngsten Zeit werden in der Verhaltenstherapie auch internale Muster berücksichtigt. Das Stimulus-Reaktion-Modell vom Verhalten wird von der Auffassung abgelöst, dass sich das Verhalten auch auf die Bedingungen des Settings bezieht, unter denen es auftritt, und die daraus resultierenden Konsequenzen. Das daraus folgende Modell kann beschrieben werden als A:B:C, wobei A das Setting, B das Verhalten und C die Konsequenz darstellt (vgl. Blackman 1980, S. 99–112), wobei durch den Doppelpunkt eine Zweiwege-Bewegung dargestellt wird: Einflüsse gehen in jede Richtung. Wenn wir Johns Sitzung unter diesem A:B:C-Modell betrachten, ist klar, dass jedes isolierte Moment des Verhaltens, sei es das Spielen der Trommel, das Singen oder das Sich-durch-den-Raum-Bewegen direkt auf die Settingbedingungen bezogen werden kann, sei es die vorhergehende Musik, die Wahl der verfügbaren Instrumente, die Stimmung der Musik oder sein Grad an Aufmerksamkeit oder Müdigkeit. Jede Handlung löst direkt die folgende aus, z.B. stellen wir fest, dass Tempoänderungen in der Musik längeres Singen von Vokalen hervorlockte. Andererseits stellte dieses Verhalten das Setting für ein neues Verhalten dar, als John hin- und herlief und kurze rhythmische Muster auf der Trommel vollführte, um die längeren Vokalklänge aufzubrechen. Radikalen Behavioristen zufolge ist auch das geistig-seelische und soziale Leben als eine Form des Verhaltens zu betrachten, das den gleichen Umwelteinflüssen unterworfen ist wie das offensichtliche Verhalten. Blackman weist darauf hin, dass Mensch und Verhalten nicht verstanden werden können, ohne eine gründliche Beobachtung von Kontakt und Interaktion mit anderen. In einem wechselseitigen Prozess wollen wir die verstärken, die uns verstärken; soziale Verstärkung ist eine Situation, in der die Handlungen einer Person durch das Gefallen oder Missfallen anderer verstärkt werden. John lernte schnell, dass sein Vergnügen zunahm, wenn er sich mir und meiner Musik anschloss. Ich war auf der anderen Seite befriedigt von der Musik, die wir zusammen machten, und die Sitzung könnte als eine Spirale von befriedigenden gemeinsamen Aktivitäten beschrieben werden, in der John eindeutig bemerkte, dass ich seine Klänge und Musik genauso wie er genoss.

Zusammenfassend: Ein behavioristischer Musiktherapeut muss konsistent und streng in seiner Behandlung sein. Entscheidend ist das Verstehen und Akzeptieren der Definitionen, wie z.B. der Gebrauch von Begriffen wie »angemessenes« und »unangemessenes« Verhalten. Die Verhaltenstherapie war bemerkenswert erfolgreich z.B. im Verringern dissozialen Verhaltens bei Kindern und Erwachsenen mit schweren geistigen Behinderungen; für viele wurde es möglich, in gemeindenahen Einrichtungen zu leben. Klar operationalisierte Definitionen und ein systematischer Zugang zu Interventionen, worauf sich Behavioristen immer beziehen, sind sehr notwendig für eine effiziente Praxis. Die jüngeren Untersuchungen sozialer und interaktionaler Prozesse von Behavioristen zeigen weniger Unbeweglichkeit. Jedoch ist die Verhaltenstherapie nicht das einzige Modell, das sich einer strengen wissenschaftlichen Untersuchung stellen kann.

Musiktherapie und humanistische Psychologie

Eine dritte Richtung legte in den letzten Jahrzehnten einen Weg zwischen Psychoanalyse und Verhaltenstherapie. Viele neue Therapien werden unter dem Überbegriff »humanistisch« zusammengefasst – einige sind Ableger der Psychoanalyse oder des Existenzialismus, andere sind weniger orthodox. Alle aber verfolgen das Ziel, Menschen dabei zu helfen, ihre eigenen Möglichkeiten auszuschöpfen; betont wird der Gedanke des Wachstums vor dem der Behandlung. Der Therapeut, der als Experte den u.U. auch von ihm abhängigen Patienten behandelt, wird zum helfenden Partner, der gemeinsam mit dem Hilfesuchenden Wege aus seiner Not sucht. Man spricht nicht mehr von Patienten, sondern von Klienten. Diese humanistischen Therapien akzentuieren therapeutische Aspekte, die von psychoanalytischen und behavioristischen Therapeuten nicht so ausdrücklich betont werden, wie

- Respekt vor dem Individuum und seiner Einmaligkeit,
- »Ganzheitlichkeit«,
- Entwicklung der Eigenständigkeit und der persönlichen Intentionen,
- Freiwilligkeit,
- Wachstum der Persönlichkeit oder Selbstverwirklichung, insbesondere in Beziehung zu anderen,
- Kreativität,
- Liebe,
- Ausnahmezustände und Schlüsselerfahrungen.

Einige dieser Begriffe sind ziemlich klischeehaft und mit bestimmten philosophischen, ideologischen und moralischen Standpunkten verbunden. Ein Hauptschwerpunkt liegt darauf, gegenwärtige Gefühle auszudrücken – im »Hier und Jetzt« (vgl. Ruud 1980, S. 63–86). In der humanistischen Psychologie wird der Therapeut oft mehr als Katalysator denn als Ermöglichender betrachtet. Die zwei Hauptpioniere sind Fritz Perls mit der Gestalttherapie und Carl Rogers mit seinem klientenzentrierten Ansatz von Therapie und Beratung. Hinzu kommen vielfältige Richtungen unterschiedlicher Herkunft, z.T. fernöstlichen Ursprungs, oder ganzheitlicher Heilverfahren wie Homöopathie u.a.m.

Die Arbeit vieler Musiktherapeut/innen scheint in den humanistischen Arbeitsrahmen zu fallen. Ein Musiktherapeut zielt darauf, Wachstum, die Entfaltung der persönlichen Möglichkeiten zu maximieren, oft als Teil eines sich entfaltenden Gruppenprozesses. Wir sind sehr daran interessiert, die Kreativität und das Ausdrucksvermögen unserer Klienten zu steigern. Juliette Alvin beschrieb ihren Ausbildungsgang in London als auf humanistischer Psychologie basierend. Der Kurs an der Bristol University hat eine Einführung in die Grundlagen der Beratung als unerlässlichen Bestandteil der Ausbildung. Ruud beschreibt die Arbeit von Nordoff und Robbins als beziehungsorientiertes Modell der Therapie, deren Wurzeln in der humanistischen Psychologie liegen (vgl. ebd. S. 75–77). William Sears meint, dass die Erfahrung der eigenen Person und die Erfahrung der Beziehung zu anderen Hauptfaktoren im musiktherapeutischen Prozess sind (vgl. Sears 1968, S. 33).

Ein Vorwurf an die humanistische Psychologie ist der Mangel an exakter Forschung. Die Auffassung, das Wesen dieser Therapien sei eigentlich nicht beforschbar, ist nicht unbedingt haltbar. Wir werden sehen, dass Forschungsmethoden denkbar sind, die den Respekt vor der Integrität des Individuums in keiner Weise einschränken und die keineswegs implizieren, dass die therapeutische Behandlung weniger warm oder klientenzentriert ist. Forschung aus einer humanistischen Perspektive könnte der Musiktherapie helfen, ihre Methoden weiterzuentwickeln und ihr mehr Respekt im Gesundheitswesen zu verschaffen. Meine Kollegin Sarah Hoskyns und ich haben eine einfache Liste von Vorschlägen aufgestellt, durch die Forschung in der Musiktherapie weiter vorangebracht werden könnte:

● behutsame und systematische Beobachtung der therapeutischen Prozesse sowohl visuell und aural,
● Formulierung einfacher und klarer Fragen,
● Definition der Begriffe und Konstruktion des Beobachtungsrahmens, wobei eine Übereinstimmung hergestellt werden muss über einen akzeptablen Grad an Reliabilität,
● ausführlich geplante Analyse und Evaluation, die zu Interpretationen und Schlussfolgerungen führt.

Diese Vorschläge unterstreichen, dass Schlussfolgerungen erst nach ausführlichem Fragen, Beobachten und Analysieren über einen längeren Zeitraum möglich sind. Viele Beobachtungen sind notwendig, ehe schlussgefolgert werden kann, dass z.B. das leise Trommeln ein Gefühl des Bedrücktseins anzeigt. In der Umkehrung kann lautes Trommeln Ärger anzeigen, es kann aber auch ein Augenblick erregten Feierns sein. Musik ist reich an ambivalenten Formen und erhält den Teil seiner größten Stärke aus ihrer nonverbalen und uneindeutigen Qualität.

Zusammenfassung

Musiktherapie scheint viele Beziehungen zu diesen traditionellen Modellen der Gesundheitsfürsorge zu haben. Wie jede neu entstehende Profession hat die Musiktherapie nach hinten und zur Seite geschaut nach Referenzquellen und um weiteres Verständnis zu gewinnen. Zweifellos wird dies weiter geschehen wie in der Erörterung der Arbeit mit Kindern (s. übernächstes Kapitel). Die neuen Entwicklungen in der kognitiven Therapie mögen weitere Parallelen aufzeigen; z.B. könnte man mit der Methode des »Mirroring« (Spiegelns) einem Klienten helfen, sich von der fixierten Starre eines zwanghaften Rhythmus zu lösen und zu einer geplanten und fließenden Interaktion zu kommen. Dabei könnten sich stressbesetzte Denkstrukturen zugunsten positiven Denkens auflösen (vgl. Scott/Williams/Beck 1989). Eine interessante

Arbeit könnte sich aus der Beziehung zwischen Musiktherapie und Beratung entwickeln. Wir wollen aber zu der Behauptung zurückkehren, dass die Musiktherapie irgendwann in der Lage sein wird, aus bestehenden Systemen und Orientierungen herauszutreten, »to establish itself as an unique discipline« (Ruud 1980, S. 1). Wir könnten mit der Entwicklung einer Perspektive aus der sich entwickelnden Disziplin Musiktherapie selbst beginnen.

Zum Schluss zurück zu dem anfänglichen Einzel- und Gruppenbeispiel. Es sollte klar sein, dass die zugrunde liegenden Annahmen hinter diesen Beispielen ziemlich eklektisch sind. Ich tendiere zur humanistischen Psychologie mit einem offenen Ansatz und der Betonung aktiver Interaktion. Einige subjektive und intuitive Beobachtungen und Schlussfolgerungen sind in den Beispielen enthalten, jedoch ergaben sie sich mehr aus dem musikalischen Inhalt selbst. Solche Schlussfolgerungen beziehen sich auf irgendeine bestimmte analytische Tradition oder ein therapeutisches Modell. Um die Eigenständigkeit der Musiktherapie als Wissenschaftsdisziplin wirklich wesentlich voranzubringen, ist es jetzt notwendig, die Aufmerksamkeit auf den Inhalt der Musik selbst zu lenken. Vielleicht führt ein tieferes Verständnis der Musik und der musikalischen Prozesse dazu, die zentrale Stellung der Musik in der Musiktherapie noch einmal bewusster wahrzunehmen.

Klang, Musik, Musiktherapie

Einleitung

Ein Musiktherapeut sitzt mit einer Gruppe Vorschulkindern und deren Eltern zusammen. Der Therapeut, ein Violinist, nimmt das Instrument langsam und ruhig aus dem Koffer, stimmt es, spannt den Bogen und spielt einen einzelnen tiefen Klang, einen wunderschönen Ton. Der Klang entfaltet sich unmerklich aus der relativen Stille, steht konstant, steigt zum Höhepunkt seiner Lautstärke und stirbt zurück in die Stille. Die Kinder schauen zur Klangquelle, nehmen daran teil, als ob sie mitgezogen würden und teilen diese kurze Klangreise. Mir fällt das Bild eines Eisenbahngleises ein, die Kinder auf einer Schiene, der Musiktherapeut und die Violine auf der anderen, Schwellen verbinden beide im An- und Abschwellen der Klänge. Es wird kein Wort gesprochen, die Atmosphäre im Raum hat sich jedoch total verändert. Nonverbale Kommunikation hat sich ereignet.

Dieses einfache Beispiel einer klanglichen Eröffnungsgeste enthält einige wesentliche Klangelemente, die das Grundhandwerkszeug von Musiktherapeut/innen bilden. Die Reaktionen der Kinder und die Veränderungen der Atmosphäre kamen durch das Zusammenspiel der dem Klang innewohnenden, grundlegenden Elemente zustande: die einzigartige Klangqualität der Violine, die Länge des Klanges, das An- und Abschwellen der Lautstärke, die Tonhöhe und anderes mehr. Diese Parameter des Klanges bedingen die psychologische Wirkung einer jeden Musik.

Zur Vereinfachung beginnt dieses Kapitel mit einem kurzen Überblick über die Bedeutung, die jedes Klangelement für die Musiktherapie hat.

Die Klangeigenschaften sagen etwas darüber aus, wie Klänge – besonders körperlich – wahrgenommen werden, sie helfen aber nicht, die Beziehung zwischen den Tönen zu verstehen. Wenn der Spieler beginnt, auf seiner Geige andere Klänge zu erkunden, sie in rhythmische Muster und Tonfolgen bringt, mit anderen zu gleicher Zeit spielt, fügt er dem Schmelztiegel komplexere Zutaten hinzu wie Rhythmus, Melodie und Harmonie, die musikalischen Parameter, die jede Musik ausmachen. Die grundlegende Bedeutung dieser Parameter in der Musiktherapie wird im Folgenden untersucht und mit Beispielen aus der klinischen Arbeit belegt. Die Beschreibung der vier Grundelemente von Klang – Klangfarbe, Länge, Lautstärke und Tonhöhe – stellt eine willkürliche und reduktionistische Unterteilung dar, die lediglich der besseren Orientierung dient. Musik ist ein komplexes Netz ausdrucksstarker und vielschichtig geordneter Klänge. Jedes Element, auch wenn wir es hier wie für sich stehend betrachten, ist an einen Kontext von Verhalten und kultureller Tradition gebunden. Die individuelle Persönlichkeit und das einmalige musikalische Talent des jeweiligen Spielers sind ebenfalls wesentliche Faktoren im musikalischen Kommunikationsprozess. Ein Ton kann auf der Violine oder einem weniger komplexen Instrument wie einem Glockenspielstab (chime bar) auf unterschiedlichste Weise gespielt werden: von musikalisch ausdrucksvoll und wunderschön bis hässlich lärmend und unachtsam.

Es gibt sehr viel über die fundamentalen emotionalen Reaktionen der Menschen auf Musik zu entdecken. Das impliziert die Auseinandersetzung mit philosophischen Fragen wie »Was ist Musik?« und die Betrachtung der therapeutischen Effizienz von Musik in der Musiktherapie. Vielfältige wirkungsanalytische Forschungen gehen diesen Fragen nach. In experimentellen Untersuchungen zur Wirkung einzelner Klangeigenschaften mit computererzeugten Tonhöhen und Rhythmusstrukturen oder verschiedenen Lautstärkengraden, melodischen und harmonischen Strukturen gehen Musikpsychologen diesen Fragen nach. In jüngeren wahrnehmungsorientierten Untersuchungen werden in die Erörterung der musikalischen Elemente die Herkunft der Musik und die emotionale Reaktion auf Gestalt und Form der geordneten Klänge mit einbezogen. Wir werden zunächst darstellen, wie unser Bewusstsein das mit musikalischer Bedeutung belegt, was sich auf der Ebene der untereinander verbundenen Tondauern, Tonhöhen und Veränderungen in Klangfarbe und Lautstärke darstellt.

Ich erinnere mich an meinen Schrecken, als mich während der Musiktherapieausbildung der Supervisor an meiner ersten Arbeitsstelle bat, vom Klavier zu einem Klangstab zu wechseln und mich zu einer Gruppe von geistig behinderten Kindern auf den Boden zu setzen. Ich war der Meinung, dass ich die Kinder beim Musikmachen mit meinem ausdrucksstarken Klavierspiel auf angemessene Weise unterstützte. Ich fühlte mich am Klavier sehr sicher. Was sollte ich mit einem Glockenspielstab tun? Ich glaubte, dass es unmöglich sei, mit einem einzigen Ton in Interaktion zu treten oder zu einer musikalischen Erfahrung zu kommen. Ich begann zu lernen, dass das Schlichte, das Hören, das Warten und das Nicht-Tun zu den schwersten Lektionen gehört, die es in der Musiktherapie zu lernen gilt. Ich begann zu lernen, dass es möglich war, eine große Vielfalt von Gefühlen lediglich mit der Stimme und einfachster instrumenteller Begleitung zu unterstützen und auszudrücken. Als praktizierender Musiktherapeut beobachte ich weiterhin Reaktionen von Menschen jeglichen Alters auf den Stimulus eines einzigen manchmal sehr einfachen Klanges, wobei der Klang offensichtlich etwas an oder in der Person verändert oder die Person etwas mit oder zu dem Klang macht. Auf einer komplexeren Ebene beobachte ich, wie Gestalt und Form der Musik Menschen beeinflusst, bemerke die positiven wie auch die negativen Aspekte dessen, wie Menschen etwas mit der Musik machen und die Musik etwas mit den Menschen macht (vgl. Blacking 1987, S. 30). Erst die Beobachtung, wie Klienten die verschiedenen Klangelemente und Musik benutzen, erlaubt es, Reaktionen auf irgendein Problem bezogen zu bewerten und sich entwickelnde therapeutische Beziehungen zu erforschen. Alvin bezeichnete dieses Vorgehen sehr treffend als konstruktive therapeutische Arbeit (vgl. 1975, S. 61).

Für das Verständnis des Instrumentalspiels oder des Singens ist auch das Konzept der Resonanz wichtig: Körper oder Instrument vibrieren in Sympathie, fungieren als

Resonanzboden und fügen Veränderungen in Qualität, Lautstärke, Tonhöhe und Länge des Klanges hinzu. Jedes Material schwingt in einer spezifischen Frequenz. Räume, Holz, Metall und Glas besitzen eine natürliche Frequenzschwingung; nach traditionellen Heilungsmethoden gilt das auch für jede individuelle menschliche Stimme. Gary Ansdell wendet die Metapher des Resonanzbodens auch auf den musiktherapeutischen Prozess an: In einer musikalischen Situation kann die Metapher »Reflektion« aus dem Bereich des Sehens mit der Metapher aus dem Bereich des Hörens, dem Resonanzboden, gleichgesetzt werden. Der musikalisch-therapeutische Prozess verstärkt das Gegebene und spiegelt es hörbar zurück. Er ermöglicht es, sich und andere auf eine andere Weise zu hören (1990, S. 25).

Klangfarbe

Labortests haben bewiesen, dass das ungeübte Ohr Unterschiede in der Klangfarbe offensichtlich als Erstes unterscheidet (vgl. Copland 1952, S. 24). Ein Säugling lernt schnell den Klang einer menschlichen Stimme von anderen bedeutsamen Klängen zu unterscheiden; insofern stellt Klangfarbe ein frühes Differenzierungsmerkmal dar. Unterschiede in der Klangfarbe ermöglichen, zwischen Flöte und Klarinette, die in der gleichen Tonhöhe und Lautstärke spielen, sogar zwei gleiche Instrumente zu unterscheiden. Kommentare nach einer musikalischen Darbietung beziehen sich oft auf den persönlichen Geschmack und dabei auch auf Unterschiede in der Klangfarbe: »Ich mag den Klang der Flöte mehr als den der Klarinette«, »Ich mochte die Stimme des Tenors nicht«. Was ist nun die Klangfarbe? Beim Lauschen auf einen tiefen Basston auf dem Klavier sind andere zu dieser Note simultan schwingende Klänge zu hören: der Klang der ganzen schwingenden Saite (Grundton) und die anderen schwingenden Teile der Saite (Obertöne). Jede bestimmte Klangfarbe resultiert aus der Kombination des individuellen Obertonmusters und ihrer Beziehung zum Grundton.

Klangfarbe stellt aber nicht nur die Beziehung von Obertönen zu Grundton dar, sie enthält auch andere Faktoren wie

- die mentale Vorbereitung für den Klang, das innere Hören des Klanges,
- die Ein- und Ausschwingvorgänge des Klanges,
- geringe Tonhöhenschwankungen (z.B. Vibrato),
- die Überlagerung der Klänge,
- technische Fähigkeiten sowie die persönliche Note und den Stil des Spielers,
- die Resonanzfähigkeit des Instruments selbst und des ganzen Raumes, in dem die Musik gemacht wird,
- die Verbindung mit der Lautstärke: eine Zunahme der Lautstärke bringt mehr Obertöne und verändert die Klangfarbe,
- der harmonische Kontext, d.h. der Zusammenklang mit anderen Instrumenten.

Klangfarbe wurde lange mit dem unmittelbaren und sensorischen Eindruck auf den Zuhörer, der den Klängen Bedeutung gibt, in Verbindung gebracht. Im Westen führte dies bei klassischer Musik dazu, dass Klangfarbe eingesetzt wurde, um Atmosphäre zu schaffen und um Themen und Linien in der Musik zu betonen. Jeder Instrumentalist favorisiert die Komponisten, die es verstanden haben, die ganze Farbbreite seines Instruments zur Geltung zu bringen. Die Neugier, Musik und Instrumente aus anderen Kulturen zu erforschen, nimmt zu: Zimbeln, chinesische Gongs, afrikanische Trommeln und südamerikanische Panflöten werden immer populärer. Eine sehr ausgeprägte Klangfarbe hat der Klang des balinesischen Gamelan und einige vollständige Gamelan-Orchester sind nach Bali zurückgebracht und in diesem Land wieder zusammengesetzt worden. Die Elektronik- und Synthesizerklangwelt dehnt sich rapide aus. Dabei kann Klangfarbe an sich geschaffen und komponiert werden.

Die Klangfarbe erregt Interesse, Neugier und Aufmerksamkeit. Zu erleben, wie Klang dem Material des Instruments entspringt, bereitet großes Vergnügen. Erwachsene scheinen diese Faszination der Klangerzeugung an Instrumenten mit Kindern zu teilen, auch wenn es ziemlich lange dauert, bis Erwachsene ihre Hemmungen beiseite lassen und die Instrumente mit der Spontaneität eines Vierjährigen untersuchen. Wie ist der Klang gemacht? Woraus ist das Instrument hergestellt? Kann ich es spielen? Wo kommt es her? Wo kann ich es kaufen? Diese Art von Fragen muss ich oft beantworten, wenn ich einer neuen Gruppe von Erwachsenen das große Spektrum stimmbarer und nichtstimmbarer Percussioninstrumente vorstelle. Es kann sein, dass die Gruppenmitglieder Unterstützung und Zeit brauchen, um sich selbst die Erlaubnis zum Erforschen und Spielen der Instrumente zu geben und um in Kontakt mit dem sorglosen und experimentierfreudigen Kind in ihnen zu kommen. Aber im allgemeinen reicht der Aufforderungscharakter, der den Instrumenten innewohnt, um den Prozess in Gang zu bringen. David Ward verweist oft auf die der Musik eigene Natur der Stimulation, wie ein Instrument einem Kind mit Behinderungen jeglicher Art neben der akustischen vielfältige visuelle und taktile Stimulation bieten kann (vgl. 1976 und 1979). Durch den Gebrauch verschiedener Musikinstrumente und Klänge wird die Fähigkeit, Klänge differenziert wahrzunehmen und zu unterscheiden, nachhaltig gefördert. Sie ist eine wesentliche Voraussetzung für die Überwindung von Störungen des Spracherwerbs.

Steht ein handhabbares Instrumentarium zum Erforschen zur Verfügung, werden Menschen jeglichen Alters eine gewisse persönliche Vorliebe für eine bestimmte Klangfarbe oder eine Gruppe von Klangfarben entwickeln; sie werden immer wieder zu diesen Instrumenten zurückkehren. Dies ist oft ein wichtiger Anknüpfungspunkt für Musiktherapeut/innen und der Beginn eines Kontaktes und gemeinsamer Aktivitäten. Es kann Wochen oder Monate dauern, um diese Vorliebe zu entdecken, es kann aber auch in der ersten Sitzung geschehen.

Colin nahm an einer Musiktherapiegruppe in einer Tagesklinik teil. Aus einer Auswahl ihm angebotener Instrumente zog er vor, eine Chocolo zu spielen, ein Schüttelinstrument, das in Raggae-Bands in Westindien eingesetzt wird. Es wurde schnell sein Klang, seine Stimme in der Gruppe. Wir beobachteten, wie verbunden er sich bereits in der ersten Sitzung mit diesem Instrument fühlte. Als er einmal den Raum verlassen musste, versteckte er sein Instrument sorgfältig unter seinem Stuhl, bevor er ging. Bei seiner Rückkehr wurde er sehr ärgerlich, als er ein anderes Gruppenmitglied mit seinem Instrument vorfand. Er akzeptierte kein anderes Wahlinstrument und kam nicht zur Ruhe, bis sein Instrument wieder bei ihm war. Erst dann fühlte er sich wohl, seinen Klang zu spielen und wieder eine aktive Rolle in der musikalischen Improvisation einzunehmen.

Alvin beschrieb die eindrucksvolle Reaktion eines neunjährigen autistischen Jungen auf ein kleines Instrument, das den Klang einer Nachtigall imitiert. Brian blieb über viele Wochen in den musiktherapeutischen Sitzungen unbeweglich und inaktiv, reagierte nicht auf Klänge in der Umgebung oder auf irgendeinen musikalischen Klang. Dann spielte Alvin diese Vogelrufpfeife.

Die Wirkung auf den Jungen war spontan und überraschend. Er wurde plötzlich lebendig, seine Augen strahlten, sein Gesicht hellte sich auf. Sogar seine Körperhaltung veränderte sich. Er reckte seinen Hals und stieß schnelle vogelähnliche, schrille Klänge, eine Antwort auf die Nachtigall, aus, dann hielt er inne und wartete auf eine Antwort. Gleichzeitig machte er vogelähnliche Bewegungen mit Hals und Kopf. Er machte auch ritualisierte Bewegungen mit seinen Fingerspitzen, indem er schnell auf den Tisch klopfte. Die gleiche Reaktion trat einige Male auf, bevor er das Krankenhaus verließ. Er führte richtige Dialoge mit dem Vogel (Alvin 1975, S. 16–17).

Jeder Mensch besitzt in seiner Stimme eine ganz individuelle und unverwechselbare Klangfarbe. Wir wählen den Klang unserer Stimme nicht, wir werden mit ihm geboren. Was wir tun können, ist, unsere wirkliche Stimme zu erproben, uns ihrer bewusst zu werden und sie getrost als Mittel des Selbstausdrucks zu gebrauchen. Beim Singen wird sehr viel preisgeben, und Singen ist deshalb riskant. Erinnerungen an den Musikunterricht in der Schule, z.B. vom Schulchor ausgeschlossen zu sein, führen dazu, dass viele Erwachsene hierzulande sagen: »Ich kann nicht singen.« In Kulturen mit einer immer noch lebendigen Singtradition ist das anders. Vielfach ist von Eltern und Lehrern zu hören, dass der hohe technische Standard aufgenommener Musik sie hemmt, Kindern zu Hause und in der Schule vorzusingen. Es ist schwierig, Kollegen und Eltern davon zu überzeugen, dass Singen mit einem für das Kind wichtigen Erwachsenen viel bereichernder ist, als neben einem ausdrucksarmen Kassettenrekorder oder Lautsprecher perfekte Musikdarbietungen zu hören. Mit zwei Jahren können fast alle Kinder singen. Etwas, das andere Menschen, insbesondere Bezugspersonen, dem Selbstvertrauen unserer Stimme gegenüber anrichten, scheint diese natürliche Fähigkeit in etwas ganz anderes zu verändern, während wir aufwachsen.

Die Stimme lässt sich verändern; sie variiert gemäß unserer emotionalen Stimmung. Ihre Klangfarbe verändert sich, Tonhöhe und Lautstärke verringern sich, wenn ich nervös bin. Andersherum, meine Stimme wird die Klangfarbe ändern, Tonhöhe und Lautstärke werden zunehmen, wenn ich sicher bin (oder so tue, als ob ich es sei). Alvin sprach davon, Menschen zu helfen, die Identität ihrer Stimme, ihre persönlichen Klänge zu finden. Die Stimme kann durch ein körperliches Problem behindert sein, dies kann wiederum eine emotionale Verwirrung schaffen. Die meisten Menschen können singen, und bevor sie anfangen zu singen weinen sie, lachen, summen und spielen sie mit ihrer Stimme. Oft ist es erforderlich, Menschen zu helfen, diese Prozesse wieder zu entdecken und nachzuerleben, ehe sie sich frei genug fühlen, ihre Stimme zum Singen zu benutzen.

Die Klangfarbe scheint ein sehr direktes assoziatives Potenzial zu besitzen. Es ist nicht bekannt, warum Menschen zu verschiedenen Klangquellen hingezogen werden. Es könnten biologische Verbindungen bestehen. – Steht der Klang in Verbindung mit dem Klang der mütterlichen Stimme? Es kann eine Verbindung mit der natürlichen Welt oder zu spezifischen Lebensereignissen bestehen. Dementsprechend ist in der Musiktherapie die Wahl, die der einzelne Patient für ein bestimmtes Instrument trifft, von großer Bedeutung. Der Musiktherapeut bietet die Wahlmöglichkeiten durch die instrumentale Ausstattung des Raumes, er beobachtet die Wahl und bietet geeignete kommunikative Äußerungsmöglichkeiten an, in denen die in der Instrumentenwahl angelegten Mitteilungsintentionen aufgehoben sind. Oft bedarf es dafür viel Zeit und Geduld.

Lautstärke

Lautstärke ist ebenfalls klangliche Basisqualität. Physikalisch besteht ein direkter Zusammenhang zwischen der Energie, die auf die Klangquelle einwirkt, und der Intensität des Klanges, die den subjektiven Eindruck der Lautstärke beeinflusst. Der Begriff »Lautstärke« bezeichnet das Kontinuum von sehr leise (fast unhörbar) bis sehr laut (nahe der Schmerzgrenze). Als Maßeinheit wurde die Einheit Dezibel eingeführt, um verschiedene Lautstärkenstufen zu bezeichnen. Die beiden Grenzpunkte der Skala sind: die Grenze des Hörbaren (0 Dezibel) und die Schmerzgrenze (um 130 Dezibel). In der heutigen westlichen Welt, mit ihrem hoch technisierten Lebensstil sind wir uns der Schmerzgrenze nur allzu bewusst: hohe Lautstärken in geschäftigen Städten, in der Nähe von Flughäfen, auf Straßen, in Diskotheken führen zu vorzeitigen Höreinbußen. Wenn das menschliche Ohr längere Zeit hoher Lautstärke ausgesetzt ist, braucht es eine Zeit der Erholung, z.B. klingelt es nach einem Abend in einer lauten Disko in den Ohren und das Hörempfinden ist betäubt. Wird der Diskobesuch etwa am folgenden Abend wiederholt, so hat das Ohr nicht die erforderliche Regenerationszeit, und es kann zu bleibenden Hörschäden kommen. Auf der anderen Seite muss ein Klang erst eine ausreichende Intensität erreichen, um gehört zu werden. Dies ist besonders wichtig beim Musikmachen mit Menschen mit Hörproblemen und mit älteren Menschen. Wie bei der Vorliebe für bestimmte Klangfarben scheinen auch Lautstärkenstufen individuell bevorzugt zu werden. Für den einen

Menschen mag die Musik zu laut sein, wohingegen für einen anderen das Gegenteil der Fall ist. Dies zeigt sich insbesondere bei der Gruppenarbeit, wo die individuellen Reaktionen auf laute Klänge bei den einzelnen Spieler/innen sorgfältig beobachtet werden müssen.

Musiker benutzen ein eher vages und unpräzises Begriffsspektrum zur Beschreibung der Lautstärke: pianissimo bis fortissimo. Es ist relativ und hängt stark von der Natur der Musik ab, der Größe der Gruppe, der Form und Größe des Raumes, vom Bodenbelag und Möbeln im Raum. Andere Assoziationen sind:

● die Grenze des Maskierens, z.B. der Klangpegel, der notwendig ist, um einen anderen Klang zu überdecken, um überhaupt hörbar und damit bedeutsam zu werden (in Gruppenarbeit besonders wichtig),
● das Zusammenwirken von Lautstärke und Tonhöhe, z.B. wenn die Tonhöhe mit der Lautstärke in hohen Passagen zuzunehmen scheint,
● die Resonanz und physikalischen Eigenschaften des Instrumentes und beim Singen die Stimme und ihre Physiologie,
● die Kraft, die für die Bewegung notwendig ist, um ein Instrument zum Klingen zu bringen, einschließlich der körperlichen Vorbereitung der Bewegung,
● die Kontrolle der Motorik, die notwendig ist, um die Lautstärke und deren Veränderung zu bestimmen, wobei leises Spiel die größte Kontrolle erfordert,
● Kontextaspekte wie Ort und Abstand. – Wo kommt der Klang her, wie nahe, wie weit ist die Klangquelle?

Bei allen Klangeigenschaften sind Lern- und Kulturprozesse sehr bedeutsam. Die meisten Reaktionen auf Musik sind erlernt, obwohl es bestimmte Grundmerkmale zu geben scheint, auf die alle Menschen ähnlich reagieren, z.B. auf plötzliche laute Klänge (eine Reaktion, die sehr wirkungsvoll in Horrorfilmen verwertet wird), ein einfacher weicher Klang schafft eine allgemein beruhigende Atmosphäre. Der sanfte und feine Klang einer Zimbel dient oft dem Bündeln der Aufmerksamkeit in einer Gruppe von Kindern oder Erwachsenen am Beginn einer Sitzung. Ein Wechsel in der Lautstärke kann auch als Mittel eingesetzt werden, um Aufmerksamkeit zu erhalten; die Veränderungen initiieren eine neue Wahrnehmungsaktivität.

Stille ist entschieden erforderlich, um einem Klang Raum und Bedeutung zu geben und kann fast als eigenständiges musikalisches Element gelten. Die Stille zu brechen wirkt auf Körper und Seele. Stille richtet sich an die Erinnerung und kann angenehme Erwartungshaltung aufbauen – wann wird der nächste Klang kommen? Die Imagination kann frei werden – wie wird der nächste Klang sein? Stille kann manchmal auch Spannung verursachen und in einigen Fällen auch Angst. Als ich auf dem Land lebte, äußerten einige Besucher, die eine laute Stadt gewohnt waren, dass sie den normalen hohen Klangpegel vermissten und die Stille eher beunruhigend erlebten.

Gibt es ein menschliches Bedürfnis nach Lautstärke? Bei der Geburt hat der Säugling keine Hemmungen, laute Klänge mit einer unmittelbaren Einwirkung auf seine direkte Umgebung zu produzieren. Kann die viktorianische Maxime, der zufolge Kinder zum Leisesein anzuleiten sind, durch die Auffassung, Kinder sollten gesehen und gehört werden, ersetzt werden? Ist es eher heute noch so, dass die Besorgnis Erwachsener, dass Kinder laut sind, Frustrationen aufbaut und dazu beiträgt, sich als Erwachsener davor zu fürchten laut zu sein? Ich muss Eltern oft erklären, dass es den Kindern erlaubt ist, im Musikraum laute Klänge zu produzieren. Für ein Kind mit Sprach- und Sprechproblemen scheint es genau das Richtige zu sein, es zu lauten Klängen zu ermutigen, um Gefühle der Frustration oder Verwirrung zu äußern und mitzuteilen. Für einen depressiven Erwachsenen ist der Musiktherapeut hilfreich, wenn er ihn ermutigt, nach innen gekehrten Ärger, der die Depression nährt, in lautem, ausdrucksvollem Spiel auf den Instrumenten nach außen zu bringen.

In der musiktherapeutischen Praxis ist zu beobachten, dass Menschen das ganze Spektrum an Lautstärke benutzen. Man sollte allerdings aus dem lauten oder leisen Spiel nicht vorschnell Rückschlüsse auf den Gefühlszustand ziehen. Es gibt zu viele subtile Variationen. Ein autistisches Kind kann z.B. lautes Trommeln benutzen, um sich dem Kontakt mit Musiktherapeut/innen zu entziehen. Die lauten Klänge werden zur Abgrenzung gegen eine direktere Kommunikation. Lautes Spiel kann eine Befreiung von körperlicher Spannung sein oder den Wunsch darstellen, Gefühle von Aggression und Frustration mitzuteilen. Es kann ebenso Vertrauen anzeigen, zentrierte Aufmerksamkeit und innere Stärke. Einige finden es schwierig, sich selbst über laute Klänge zu äußern; deshalb hemmen sie ihre Körperbewegungen, um sicher zu sein, dass kein lauter Klang entsteht. Eine Gruppe Erwachsener, die sehr sensibel füreinander ist, braucht eventuell die Erlaubnis, laute Klänge zu machen, auch wenn die Klänge eines anderen dabei übertönt werden. Sogar professionelle Orchester finden es schwierig, ein Fortissimo durchzuhalten, eine Art Zufriedenheit stellt sich ein, wenn die Musik zu einem angenehmen Mezzoforte zurückkehrt – in eine sichere und wenig risikoreiche Mittellage. Auf der anderen Seite ist ein anhaltendes Pianissimo in Konzerthallen nur selten zu hören. Leise Klänge können eine sichere, intime und einhüllende Atmosphäre schaffen. Sie können zur Beruhigung eingesetzt werden, wenn Klangpassagen als zu laut empfunden wurden. Auf einer Seite können leise Klänge Ängstlichkeit und Scheu anzeigen, auf der anderen einen bewussten Plan, die Aufmerksamkeit der anderen zu erlangen. Einer der erfolgreichsten Lehrer in meiner Schule erhob kaum einmal seine Stimme, die Sanftheit von Stimme und Charakter gewannen sofort die Aufmerksamkeit. Es gab auch einen Lehrer, der schrie, ohne unsere Rowdyklasse beruhigen zu können.

Mike war 10 Jahre alt, als er mit Musiktherapie begann. Er hatte eine leichte Lernbehinderung, die durch Verhaltensprobleme vertieft wurde. Die Probleme, die die Lehrer beschäftigten, und der Hauptgrund für die Überweisung waren Ausbrüche destruktiven und aggressiven Verhaltens. Zu seiner Biografie gehört eine schwere Geburt einschließlich Asphyxia. Zu Beginn war seine Musik sehr laut, er war interessiert an Rhythmus und nachahmendem, sehr akkuratem Wechselspiel. Ich hatte den Eindruck, dass er überrascht war, wenn ich diese lauten

Ausbrüche durch noch lauteres Spielen auf dem Piano unterstützte. Ich war bemüht, dass die improvisierte Musik diese lauten Klänge enthielt, dies führte zu wachsendem Vertrauen. Als sein Vertrauen in mich und die Situation ausreichend stabil schien – ich beendete das laute Spiel nicht –, wuchs sein Interesse an Klängen am anderen Ende des Spektrums. Er kam zum Klavier und bat um ruhige Klänge, die er »Schlafmusik« nannte. Er gab oft vor zu schlafen, wenn die leisen Klänge ihn einzuhüllen schienen. Dieses Verhalten konnte von verschiedenen theoretischen Standpunkten aus interpretiert werden, es konnten auch Verbindungen zu seiner schwierigen Geburt gezogen werden. Für den Augenblick war ich an seinem aktiven und kreativen Gebrauch lauter und leiser Klänge interessiert. Nachdem er die beiden Extreme sehr lauter und sehr leiser Klänge untersucht hatte, wuchs sein Interesse an der mittleren Bandbreite. Wir können annehmen, dass die Freiheit, innerhalb des Spektrums zu experimentieren, Mike die Möglichkeit gab, innere Verbindungen zu schwierigen Lebensbereichen herzustellen und Wege zu erforschen, diese Aspekte seiner Persönlichkeit zu integrieren und auszubalancieren.

Tonhöhe

Tonhöhe ist der subjektive Aspekt eines Klangs, wobei Beschreibungen wie »hoch« und »tief« gebraucht werden. Wir gebrauchen die Notation der Tonhöhe, um die relative Position eines Klanges in Form einer Skala zu bestimmen; im westlichen chromatischen Band der 12 Halbtöne innerhalb einer Oktave oder im komplexeren indischen System, wo es Vierteltöne gibt. Tonhöhe ist ein fundamentales »Klangelement«, und wir bedienen uns visueller Hilfen, um Tonhöhen zu unterscheiden: z.B. beim Gestalten einer Klangfolge durch Auf-und-ab-Bewegungen in verschiedenen Lerntechniken wie der Kodaly-Methode oder beim Dirigieren einer Gruppe von Sängern. Beim Betrachten der Gestalt eines Instruments können Begriffe wie auf und ab oder hoch und tief eine gewisse Verwirrung verursachen. Um auf einem Klavier höhere Klänge zu spielen ist eine horizontale Bewegung von links nach rechts erforderlich, auf dem Cello eine Bewegung auf der obersten Saite nach unten. Eine eindeutige Verbindung besteht zwischen der Frequenz – der Anzahl der Schwingungen pro Sekunde – und dem subjektiven Eindruck der Tonhöhe. Je schneller die Vibration desto höher ist die subjektive Wahrnehmung der Tonhöhe und umgekehrt.

Das menschliche Ohr hört normalerweise von etwa 20 bis 15.000 Schwingungen pro Sekunde (genannt Hertz): vom tiefsten Klang einer Tuba oder einer Orgel bis zu den höchsten Obertönen einer Orchesterpiccoloflöte. Es bestehen kulturelle Konventionen über Änderungen des Tonhöhenstandards über die Jahrhunderte. Heute stimmen in Großbritannien Orchestermusiker das A auf 440 Schwingungen pro Sekunde; in früheren Jahrhunderten war dies anders, und in anderen Länder bestehen auch heute Unterschiede. Stimmsysteme ändern sich ebenfalls, ein Konzertflügel von heute klingt sehr verschieden von einem Manual vor Bachs Zeit. Sensibilität für das obere und untere Ende der Tonhöhenskala hängt vom Alter und vielen anderen individuellen Variablen eines Menschen ab, nicht zuletzt bei Menschen mit Hörproblemen. Die Grenzwerte sind bei Tieren nicht die gleichen. Klassisches Beispiel ist die Hundepfeife, die wir Menschen nicht, wohl aber Hunde hören können.

Tonhöhe umfasst eine grundsätzliche Assoziation zwischen Spannung und Entspannung: Wie beim Gesetz der Schwerkraft scheinen Aufwärtsbewegungen mit Anspannung und Abwärtsbewegungen mit Entspannung zusammenzuhängen. McLaughlin erwähnt »out-going«-Spannungen bei zunehmender Tonhöhe und »incoming«-Spannungen bei abnehmender; Cooke verbindet das Auf und Ab der Tonhöhe mit sich äußernden und empfangenden Lustgefühlen (vgl. McLaughlin 1970, S. 21; Cooke 1959, S. 105). Sänger, Saiten-, Blas- und Blechinstrumentspieler sind sich der physikalischen und körperlichen Beziehungen zwischen dem Niveau an Spannung, Entspannung und Tonhöhe nur zu bewusst.

Ein einfaches praktisches Beispiel demonstriert diese Verbindung zwischen Tonhöhe und Körpererleben: Entspannen Sie sich, und machen Sie es sich so bequem wie möglich. Schließen Sie die Augen, und atmen Sie entspannt mit langsamen tiefen Atemzügen. Lassen Sie alle Gedanken los, und summen einen für Sie angenehmen Ton. Spielen Sie mit diesem Klang, erforschen Sie Vokalklänge und experimentieren Sie mit verschiedenen Konsonanten. Verändern Sie die Tonhöhe der Klänge nach oben und unten. Nehmen Sie wahr, dass unterschiedliche Körperregionen schwingen bei den verschiedenen Klanghöhen? Was geschieht, wenn Sie den Klang höher oder tiefer werden lassen? Merken Sie, wo Spannung ist? Werden Hals oder Rachen enger und angespannter, wenn die Klänge höher werden? Es gibt viele Variationen zu dieser kleinen Übung. Vielleicht möchten Sie Klanggruppen erforschen; Sie können diese elementaren Klänge mit anderen Menschen erforschen. Es gibt nichts überraschend Neuartiges an dieser Übung: Diese Art der Klangerforschung wird seit Jahrhunderten im Osten praktiziert. Dort wurde viel geschrieben über Verbindungen zwischen Tonhöhe, verschiedenen Körperpartien und physiologischem Zustand (vgl. McClellan 1991; ebenso Hamel 1976, insbes. Kapitel 5).[1] Das detaillierte Studium des Sitzes einzelner Vokale und verschiedener Tonhöhenbereiche der Stimme im Körper ist Grundlage für guten Bel-canto-Gesang.

Die Tonhöhe ist weiter von der Temperatur abhängig (»aufwärmen« des Spielers), Klangfarbe, Lautstärke, dem harmonischen Kontext und der Wirkungen des Vibratos. Es scheinen auch biologische Einflüsse zu bestehen bei bestimmten Klängen wie hohem Schreien und Kreischen oder tiefem Dröhnen, die Schmerz verursachen. Offensichtlich bevorzugt wird eine sichere mittlere Tonhöhe, die möglicherweise mit der Tonhöhe der mütterlichen Stimme assoziiert wird. Wie bei der Lautstärke scheinen auch bei der Tonhöhe drei Tonhöhen des jeweiligen Registers bevorzugt zu werden (vgl. Spender 1980).

---

1 Über die Beziehung zwischen Obertönen und Schwingungszentren im Körper im Zusammenhang mit alten östlichen Heiltraditionen informiert Jonathan Goldmann (1994).

Starke körperliche Reaktionen auf Tonhöhen, besonders auf die Extreme sind in der Musiktherapie beobachtbar. Einige Kinder und Erwachsene scheinen von bestimmten Tonhöhen stimuliert zu werden Oft stimulieren und erregen hohe Klangcluster. Ein Klient kann z.B. in den Musikraum kommen und sofort hoch klingende Instrumente wählen, auf die er immer wieder zurückkommt. Im Gegensatz dazu können plötzliche tiefe Klänge Schmerz und körperliches Unwohlsein verursachen und umgekehrt. Individuelle Reaktionen können in allen Körperpartien auftreten.

Ein Kind mit schwerer körperlicher und geistiger Behinderung wurde an Juliette Alvin zur Begutachtung überwiesen. Es war der letzte Versuch, um herauszubekommen, ob das Kind zu einer Reaktion fähig war. Alvin spielte einige Klänge auf ihrem Cello, und mit der ihr eigenen detaillierten Wahrnehmungsgabe beobachtete sie kleinste körperliche Bewegung und Reaktion auf Klang und Tonhöhe. Am Ende der Sitzung berichtete der das Kind begleitende Arzt, dass seine anfängliche Skepsis bestätigt worden sei und keine Reaktionen auf die Klänge beobachtbar gewesen seien. Charakteristisch kurz erwiderte Alvin: »Sehen Sie auf den Fuß des Kindes.« Sie hatte mit den Reaktionen im Fuß des Kindes gearbeitet, die durch die tiefen Klänge des Cellos ausgelöst wurden.

Juliette Alvin stellte diesen Fall in einer Klasse in der Guidhall School of Music and Drama 1976 dar. Ich verweise oft auf dieses Beispiel, da es die unvorhersagbaren Reaktionen auf Klänge bewusst macht und die Notwendigkeit, dass Musiktherapeut/innen die winzigsten Reaktionen beobachten müssen. Die Tonhöhe ist nicht nur Grundelement des Klanges, sondern auch Grundlage des verbalen Gedächtnissystems. Der gezielte Einsatz fördert Prosodie, Intonation und allgemeines Sprech- und Sprachverständnis.

Eine neuere Entwicklung im Gebrauch speziell niederfrequenter Klänge ist die »vibroakustische Therapie«. Die ersten Versuche mit der niederfrequenten Klangmitteilung wurden von Olav Skille 1980 in Norwegen durchgeführt. Weitere Tests wurden während der 80er-Jahre in Norwegen und in anderen Ländern durchgeführt. Die Ausstattung besteht hauptsächlich aus einem Bett, einer Bank oder einem Stuhl mit vier bis sechs eingebauten Lautsprechern, über die verschiedene Kassetten eingespielt werden können (Skille 1989, S. 7). Der Klient liegt auf dem Bett oder sitzt auf dem Stuhl, und die Klänge werden direkt durch Matratze oder Kissen geleitet. Von den speziell hergestellten Kassetten wird eine weiche und rhythmische Musik gespielt. Der wichtigste Bestandteil ist der pulsierende niederfrequente Ton, der durch zwei annähernd gleiche Töne geschaffen wird, z.B. 40 und 40,5 Schwingungen pro Sekunde: Tests haben ergeben, dass beim Einsatz spezifischer Töne die bedeutsamen Frequenzen zwischen 40 und 80 Hz liegen. Die niedrigeren Frequenzen zwischen 40 und 55 Hz führen zu resonanten Reaktionen in den tieferen Lendenregionen, Becken, Oberschenkeln und Beinen. Mit zunehmender Frequenz resoniert der Klang im festeren Gewebe des Körpers im oberen Teil der Brust, Nacken und Kopf (ebd.).[1]

---

1 Vgl. auch: Wigram 1991.

Die ersten Forschungen beweisen große Wirkungen dieser Niederfrequenz-Therapie bei Klienten mit unterschiedlichen Problemen: tief reichende körperliche Behinderungen, rheumatische Zustände und Lungenstörungen. Die Therapie scheint positive Ergebnisse in der Schmerzlinderung zu zeigen. Viel Forschung wurde mit Menschen aller Altersgruppen durchgeführt, die an ernsten mentalen und körperlichen Behinderungen leiden, insbesondere mit Klienten, die Schwierigkeiten haben, sich an einer aktiven musiktherapeutischen Behandlung zu beteiligen. Tony Wigram ist in England Pionier auf diesem Gebiet am Harperbury Hospital, einem Krankenhaus für Erwachsene mit geistiger Behinderung. Er hat positive Nachweise über die Verringerung von Muskelspannung und Spasmen erbracht. Ein Klient wies eine markante Reduktion des Muskelspasmus im Rücken, den Armen, Beinen und Rumpf auf, ebenso beginnende Bewegungen. Tony Wigram und Lyn Weekes, Physiotherapeut, berichten nach nur drei Sitzungen von einer Verbesserung der Atmung bei diesem Klienten. Eine zweite Klientin begann in der Sitzung ihre Stimme einzusetzen, ihre Schultern waren entspannter, und der Brustkorb bewegte sich mehr. Diese Klientin konnte sich nach der Verringerung ihrer starken Muskelspannung und Spasmen flach hinlegen, ihren Kopf ablegen, ihre Beine ausstrecken und beugen; dies war vorher nicht möglich.

Viele Menschen schlafen unter einer solchen Klangmassage ein. So wird sie auch bei Schlafstörungen und Stress eingesetzt. Wigram und Weekes machten die Erfahrung, dass andere Teammitarbeiter die positiven Wirkungen der vibroakustischen Einheit erforschen wollten. Sie berichten von positiven Wirkungen auf Rückenprobleme, Nackenverspannungen und Kopfschmerzen. Das Team an der Klinik führt derzeit weitere streng kontrollierte Untersuchungsreihen durch, um die Einflüsse niederfrequenter Klänge auf die Muskelspannung bei Cerebralparetikern zu untersuchen. Dabei wird Musik mit und ohne niederfrequente Töne eingesetzt. Externe Beobachter untersuchten die Bewegungen an einer Vielzahl verschiedener Gelenke. Ergebnis ist bisher, dass die Muskelspannung signifikanter unter den zusätzlich eingespielten niederfrequenten Klängen abnimmt als unter Musik allein. Aus den frühen Nachweisen dieses Projektes scheint es klar zu sein, dass ein spezifischer und sorgfältig kontrollierter Einsatz von Tonhöhe von großem therapeutischen Nutzen sein kann.

Dauer und Zeit

Das Element Dauer hat auf der physikalischen und messbaren Ebene mit der Länge der Zeit zu tun, die ein Klang anhält. Klänge von langer Dauer schaffen ein langsameres Tempo als Klänge von kurzer Dauer. Auf einer tieferen philosophischen und musikalischen Ebene kann Dauer mit dem Fortschreiten von Zeit in der Musik verbunden werden: »Die Aussage der Musik wird von Augenblick zu Augenblick gemacht, was sie ausdrückt, wird lebendig im Verlauf der Zeit.« (Nordoff/Robbins 1971, S. 7) Diese Abhängigkeit von Zeit macht Klang zu Musik. Dauer steht in enger

Verbindung zu Klangfarbe, Lautstärke und Tonhöhe und den musikalischen Elementen Rhythmus, Melodie und Harmonie

Zeit wird subjektiv sehr verschieden empfunden: Für den Wissenschaftler ist Zeit nicht das, was sie für einen Poeten ist; die Zeit eines Zen-Meditierenden ist nicht das, was sie für den Chef eines großen Geschäftsunternehmens ist; wir reden von »having a good time« und wagen es sogar, »Zeit totzuschlagen«. Im Westen sind die Menschen durch die Abhängigkeit von der Uhr, das Verplanen der Tage mit Terminen überlastet. In seinem aufschlussreichen Buch »Space, Time and Medicine« erzählt Larry Dossey, dass er beschloss, seine kaputte Uhr nicht zu reparieren. Zuerst dachte er, dass dies seine Tätigkeiten als geschäftiger Krankenhausarzt beeinträchtigen würde. Er wäre nicht einmal in der Lage, Puls zu messen. Tatsächlich war aber das Gegenteil der Fall. Keine Uhr zu tragen wurde zu einer Befreiung aus der heutigen Abhängigkeit von der Uhrzeit (Dossey 1982, S. 26–27).

Wie werden Zeit und die unterschiedliche Dauer von Klang wahrgenommen? Besitzen Menschen innere biologische Uhren? Der Mensch ist sehr eng mit einer Reihe biologischer Tempi verbunden – Herzschlag, Atemfrequenz, Gehen, Schilddrüsentätigkeit, Stoffwechsel, Nerventätigkeit und die längeren Zyklen wie Menstruation und Nierenzyklus (vgl. Clay 1973). Ein Säugling wird von Beginn an einer Vielzahl von Erfahrungen mit Zeit und Dauer ausgesetzt: im Uterus, an der Brust; das frühe Schlagen der Füße, Bewegung der Gliedmaßen und Schaukelbewegungen. McLaughlin meint, dass Spannungen in der Zeit auftreten, wenn diese normalen inneren Tempi gestört sind (vgl. 1970, S. 31–40). Dies führt zu der Frage, ob es ein natürliches Tempo gibt (die alte Notation des »tempo guisto«), von dem aus alle anderen als schneller oder langsamer beurteilt werden. Jeder, der alleine oder mit anderen zusammen Musik macht, weiß, wie schwierig es ist, ein sehr langsames oder ein schnelles Tempo zu halten. Kurze Klänge scheinen über- und lange Klänge unterschätzt zu werden. Tempi um den eigenen Herzschlag herum, d.h. 75–100 Schläge pro Minute, werden genauer gespielt.

Es ist ziemlich überraschend, dass die Dauer unserer Herzschläge und der spontan gewählten und bevorzugten Tempi der ähnlichen Bandbreite angehören (vgl. Fraisse 1982, S. 151–154). Genügt dies als Nachweis eines internalen Regulators oder einer biologischen Uhr? Dieses spontane und ökonomische Tempo tritt in der Musiktherapie auf, wenn eine neue Gruppe zum ersten Mal zusammen improvisiert. Sie wird sich oft auf einem angenehmen Herzschlag und körperbasierendem Tempo niederlassen. Dies erfolgt gewöhnlich nach einer Zeit, in der die Instrumente erkundet werden. Vielleicht erklärt die natürliche Dauer unseres physiologischen Funktionierens bestimmte primäre Beziehungen zwischen uns und der Musik, einer grundlegenden physikalischen Reaktion auf Klang. Das Sich-Verlassen auf Dauer und Zeit ist durch alle Kulturen hinweg zu finden und kann als ein universelles Charakteristikum von Klang und Musik beschrieben werden. Eine große Anzahl von Tänzen und Folk-Musik verschiedener Kulturen betonen diese fundamentalen körperorientierten Verbindungen. Rockmusik besitzt oft einen herzschlagorientierten Puls, der belebt und sofort anzieht.

Einige Komponisten klassischer Musik im Westen scheinen mit diesen physiologischen Beziehungen in Kontakt zu sein: z.B. die Arbeit barocker Komponisten, die Körperlichkeit eines Stravinskys, die Balance von verschiedener Tempi bei Verdi und anderen Komponisten aus Südeuropa. Im Gegensatz dazu finde ich es schwierig, sich auf Musik eines Komponisten wie Hindemith körperlich zu beziehen; ich beschäftige mich mehr mit der Dauer, als die Beziehungen instinktiv zu fühlen. Wir können durch Wechsel des Tempos körperlich erregt werden, genießen das Accelerando des klassischen Rossini. Wir können durch längere Dauer und langsamere Tempi, einen extensiven Gebrauch von Ritardandi beruhigt werden. Diese Wechsel können ungeachtet genauer rhythmischer Strukturen auftreten.

In seinem Buch »Awakenings« beschreibt Oliver Sacks Beispiele über die Wirkungen unterschiedlicher Dauer auf Erwachsene mit post-encephalitischer Parkinsonerkrankung. Er liefert einen weit reichenden Nachweis, dass diese inneren biologischen Schrittmacher und Regulatoren bei Parkinson sehr beeinträchtigt sind. Er behauptet, dass die Tatsache, dass Musik auf Zeit basiert, ein wichtiges Element darstellt, Parkinson-Erkrankten Erleichterung unter Musik zu verschaffen. Dr. Sacks erzählt den Fall Edith T., einer ehemaligen Musiklehrerin:

Sie sagt, dass sie mit dem Einsetzen des Parkinson plump wurde, dass ihre Bewegungen hölzern, mechanisch – wie ein Roboter oder eine Puppe – geworden seien, dass sie ihre frühere Natürlichkeit und die Musikalität der Bewegung verloren hätte, dass sie – in einem Wort – musiklos wurde. Glücklicherweise, fügte sie hinzu, wurde die Krankheit von ihrer eigenen Heilung begleitet. Ich erhob eine Augenbraue: »Musik«, sagte sie, »wie ich musiklos wurde, muss ich wieder bemusikt werden« (vgl. Sacks 1991, S. 60).

Die Folgen des »Bemusiktwerdens« gehen viel weiter als die Grenzen des Parkinsonismus.[1] Es scheint eine starke Verbindung zwischen der Wahrnehmung der Zeit und der Krankheit zu bestehen, Leiden und Gesundheit allgemein.[2]

---

1 Vgl. auch McIntosh/Thaut/Rice 1996 und 1994.
2 Musikzeit ist eine intensiv erlebte Zeit. Die Wirksamkeit von Musik besteht auch darin, »dass sie in das Zeitgefühl und in das Zeitbewusstsein des Menschen eingreift und es durchgreifend modelliert, (...) ein musikalischer Prozess ist eine Art Zeitreise, die ihr eigenes Tempo, die Phasen der Beschleunigung und Beruhigung, Anfang und Ende hat«. Insofern hat Musikerfahrung viel mit Grunderfahrungen des Lebens zu tun. Da »die Unterscheidung von Vergangenheit, Gegenwart und Zukunft, die Messung und Planung von Zeit, die Auseinandersetzung mit der Endlichkeit, des Lebens und des Todes, ein Hauptmerkmal der menschlichen Existenz ist, kommt einer Kunst, (...) deren Inhalt die Zeit ist, eine ganz besondere Bedeutung zu. Die Frage nach der zeitlichen Seinsweise der Musik lässt sich nicht trennen von der Frage nach der Seinsweise des Menschen.« (Schneider 1992)
Harm Willms hat die Zeiterfahrung in der Musik auf musiktherapeutische Problemstellungen angewandt. Eine eigene Zeiteinteilung zu haben sei Ausdruck des autonomen Selbst (Individuation); »in gleicher Zeit etwas zu erleben, das Eintauchen in die gleiche Zeit, bedeutet Vereinigung und nähert sich dem Zustand vor dem Bewusstsein von Zeit« (Verschmelzung/Auflösung).
»Das Leben bedeutet, auf den Tod zuzugehen, also sterben. So gibt es immer Gegenläufiges, immer Spannung, immer beides: die Zeit aufhalten und das Verrinnen der Zeit. So geht es auch in der Musik um beides. Um trennen, also strukturieren, und verschmelzen, also wieder vereinen. Musik ist geordnete Zeit. Und gemeinsam musizieren bedeutet, an der gemeinsamen Zeit teilzunehmen, die gemeinsame Einteilung von Zeit zu akzeptieren, die gleiche Identität anzunehmen.« (1991, S. 161)

Einige Kommentatoren unterstützen nicht das Konzept einer biologischen Uhr, die das Zeitempfinden prägt. Ornstein bevorzugt eine kognitive Definition. Er betrachtet Zeit als eine geistige Konstruktion und zieht enge Verbindungen zwischen der Länge der Dauer und dem verfügbaren cortikalen Raum. Er fragt, ob unsere Erfahrung von Dauer proportional zur Menge des Gehirnraums besteht, der zur Analyse und Speicherung der ankommenden Klangereignisse bereitliegt. In einem Experiment spielte er drei Kassetten von gleicher Zeitlänge vor. Die Aufnahmen bestanden aus kurzen Tönen in unregelmäßigen Intervallen. Die Kassette mit mehr Klangereignissen wurde als von längerer Dauer beschrieben. Auf der Grundlage von Ornsteins Experiment kann geschlossen werden, dass die vergangene Zeit als länger geschätzt wird, wenn mehr Material bearbeitet werden muss, und dass die Schätzung der Zeitdauer bei weniger Information abnimmt (vgl. Ornstein 1969). Jede entwickelte Zeiteinheit ist daher nur eine willkürliche Erfindung. Es gibt keine objektive Erfahrung von Zeit.

Die Wahrnehmung von Zeit wird auch von anderen physiologischen Faktoren beeinflusst. Gefühlsmäßig scheint Zeit bei hohem Fieber schneller zu vergehen, als die Uhr anzeigt. Erwachsene brauchen nur eine kurze Zeitspanne mit kleinen Kindern zu verbringen, um zu erleben, was zyklische Zeiterfahrung ist, die kaum so streng unterteilt ist wie die lineare der Erwachsenenwelt. Mein fünf Jahre alter Sohn fängt gerade an, im Kopf zu entwickeln, was »nächste Woche« bedeutet; vorher hätte es morgen oder in einer Stunde sein können, und gestern hätte auch leicht letztes Jahr sein können. Wenn wir von einer Aufgabe stark gefangen sind, scheint Zeit schneller zu vergehen, als wenn wir bei einer Routinearbeit gelangweilt sind. Wir können uns alle an die besonderen Augenblicke erinnern – fast jenseits von Zeit –, während denen Zeit stillzustehen schien. Musiker sind in der glücklichen Lage, dass ihre Arbeit ihnen solche Grenzerfahrungen bietet. Alte Meditationsschulen konzentrieren die Aufmerksamkeit weg vom linearen auf ein mehr zyklisches Verständnis von Zeit. Ähnliche Erfahrungen sind möglich, wenn wir mit jemand zusammen sind, den wir lieben oder in Augenblicken tiefer spiritueller Besinnung.

Trotz der Komplexität und Vielzahl der Theorien über die Dauer in der Musiktherapie können Annahmen über den Zusammenhang zwischen physiologischen Prozessen und musikalischen Dauern hergestellt werden: im Einklang mit der Zeit sein oder nicht, Zeit halten oder außerhalb der Zeit sein. Der richtige Zeitpunkt, das Timing des Verhaltens, ist für Klienten jeden Alters oft ein großes Problem. Es gehört meiner Meinung nach zur Hauptverantwortung und Herausforderung von Musiktherapeut/innen nachzuerleben, zu empfinden, zu verstehen ‚wie der jeweilige Klient Zeit erlebt und strukturiert. Ein Kleinkind kann nur mit einer kleinen Menge von gleichzeitiger Klanginformation fertig werden. Ebenso kann eine erregte Person überreizt werden. Die Dauer der Klänge mag der Grund sein, warum jemand die Klänge nicht mehr aufnimmt. Die Klänge können zu schnell oder zu lang(sam) sein. Die Sitzung mag zu lang sein. Zeit und Raum dürfen keine Rolle spielen, um mit dem individuellen Zeiterleben eines Menschen in Kontakt zu kommen – mit jemand mitzugehen und den Klienten da abzuholen, wo er steht, um eine oft zitierte therapeutische Maxime zu gebrauchen, die äußere Welt der Dauer dem inneren Zeitfuß des Menschen anpassen.

Verstehen und Anpassen der Geschwindigkeit an die kindlichen Bewegungen ist das Problem im folgenden Beispiel. Es steht in Verbindung mit der sich anschließenden Diskussion über Rhythmus.

Natalie, eine aufgeweckte 7-Jährige, stand kurz vor dem Wechsel in die Junior-Sektion ihrer Schule. Dies bedeutete, nach oben zu ziehen. Sie hatte eine leichte cerebrale Lähmung, eine Diphlegia und einen daraus resultierenden Mangel an Selbstwertgefühl. Sie hatte ein unregelmäßiges Gehmuster. Ein Physiotherapeut hatte längere Zeit versucht, auf ein organisierteres Gehtempo und -muster hinzuarbeiten. Könnte hier Musiktherapie helfen? Wir entdeckten, dass ihre bevorzugten und spontanen Tempi langsamer waren als das Klatschtempo der Physiotherapeut/innen, das ihr beim Strukturieren ihrer Bewegungen helfen sollte. Beim Musikmachen mit Natalie fanden wir heraus, wann ihr Puls regelmäßig wurde. Wir nahmen an, dass wir über das Entdecken ihres eigenen, für sie angenehmen Tempos von innen nach außen arbeiten könnten, ohne Natalie einen äußerlichen Puls aufzuzwingen. Dieser gleichmäßige Puls wurde Grundlage für ein Lied, das sie mit anderen Familienmitgliedern sang, während sie die Straße entlanggingen, in der Schule und wenn sie Angst vor Bewegungen hatte, wie z.B. dem Gymnastikapparat gegenüberzustehen. Sie kam zu ihrem nächsten Termin und ging langsam und vorsichtig den Flur entlang in einer langsameren und organisierteren Gangart. Sie gebrauchte das internalisierte Tempo des Liedes, indem sie sich zur Selbstorganisation das Lied vorsang. Diese sich entwickelnde Selbstorganisation wurde auf andere Lebensbereiche übertragen wie das Kontrollieren von Bewegungen auf einer horizontalen Plane. Im Verlauf des kurzen Zeitraums der Sitzungen nahm ihr Vertrauen zu, und sie verließ den Raum nach jeder Sitzung aufrechter. (Wir maßen ihre Größe am Anfang und Ende jeder Sitzung.) Der Physiotherapeut an der Schule berichtete, dass die Musiktherapie ihr sogar noch einige Jahre später eine sichere Grundlage gegeben hatte für Situationen, in denen sie die Kontrolle verliert oder Angst hat. Das für sie angenehme Tempo hatten wir gemeinsam entdeckt, aber Natalie machte sich das musikalische Material als Selbsthilfe zu Nutze.

Das Arbeiten mit langen oder kurzen Klängen kann beim anfänglichen Bündeln der Aufmerksamkeit helfen. Kinder und Erwachsene werden eingeladen, bei einem langen Klang auf der Cymbel zu verharren, z.B. auf jede Klangnuance zu hören, während der Klang in die Stille stirbt. Stellen Sie sich einen langen Klang vor (z.B. auf einem Saiteninstrument) von konstanter Tonhöhe, Lautstärke und Klangfarbe. Es gehört viel Aufmerksamkeit dazu, einen solchen Klang, wie einfach er auch sein mag, beginnen zu lassen. Wenn dieser Klang verklingt, bemerken wir, dass er da war und dass etwas geschehen ist. Beides, Anfang und Ende eines Klanges sind wichtig. Sie geben den Raum, dass er zu seinem Abschluss kommen kann.

Ein sehr sensibles 10-jähriges Mädchen mit ernsten Sprach- und Sprechproblemen gab mir eine heilsame Lektion über den Respekt vor der Dauer. Wir wechselten uns ab im Singen, unterstützt von einigen Klangstäben. Ich spielte eine kurze Sequenz von Klängen, und sie antwortete: Ich wollte gerade eine neue Sequenz beginnen, als sie mich unterbrach und ziemlich ärgerlich auf ihre Klangstäbe deutete, die noch nachklangen. Ihre Klänge waren noch nicht abgeschlossen, und ich war so unhöflich, das zu unterbrechen, was sie ausdrückte. Damit die Klänge ihre volle Bedeutung bekamen, mussten sie für sie an ihrem natürlichen Ende ankommen.

Die Philosophin Susanne Langer weist darauf hin, dass, während wir hören, es schnelle und langsame Klänge gibt, dass Klänge beginnen und aufhören, sich nur die Erscheinung musikalischer Bewegung ereignet (vgl. 1953, S. 108). Nichts bewegt sich wirklich in dem Sinne, daß sich konkrete Gegenstände physikalisch von einem Ort zum nächsten verlagern. Beim Betrachten größerer tonaler und rhythmischer Formen begeben wir uns in die komplexere Welt wahrgenommener Bewegung. Musikwahrnehmung geschieht dann, indem sich anhaltende Ruhe ereignet, in der das Voranstreben von Ereignis zu Ereignis sich zu übergeordnetem Zusammenhang mit dem Vergangenen zu musikalischem Sinn verbindet. Dies führt aus der Welt der einfachen »Klangelemente« – Klangfarbe, Lautstärke, Tonhöhe und in gewissem Maß Dauer – zu den Formen und Mustern der »musikalischen Elemente« Rhythmus, Melodie und Harmonie.

Rhythmus

Rhythmus spielt eine zentrale Rolle in der Musiktherapie. Er ist mit Dauer und Zeit untrennbar verbunden. Auch innerhalb eines langen Klanges ist er in Form von inneren rhythmischen Wellen gegenwärtig. Er bündelt Energie und strukturiert die Wahrnehmung der Ordnung (vgl. Spender 1980).

»Ohne Rhythmus gäbe es keine Musik ... das einmalige Potenzial des Rhythmus, zu energetisieren und in eine Ordnung zu bringen, gilt als der einflussreichste Faktor der Musik« (Gaston 1968, S. 17).

Beide Zitate unterstreichen den energetisierenden und ordnenden Aspekt des Rhythmus: Mit diesen beiden Funktionen ist er zentraler Bestandteil der Musik und der Musiktherapie.

Es gibt viele Definitionen über Rhythmus und die Faktoren, durch die er bestimmt wird. Platon bezeichnet ihn als »die Ordnung in der Bewegung«, und Fraisse fügt hinzu, dass »Rhythmus das geordnete Charakteristikum der Reihenfolge« ist (Spender 1980). Die gesamte Existenz lässt sich als zyklische rhythmische Bewegung begreifen: In der Reihenfolge der Jahreszeiten, Tag und Nacht, Ebbe und Flut werden Vergehen, Einatmen und Ausatmen usf. geformt. Innerlich wird die enge Verbindung des Körpers in dem Rhythmus von Tanz, Poesie und Musik, in vom Menschen geschaffenen und

strukturierten Aktivitäten wahrgenommen. Rhythmus ist die Grundlage aller neuro-
nalen Prozesse. Er nimmt eine zentrale Rolle in vielen Schöpfungsmythen ein. In vieler
Hinsicht bleibt Rhythmus rätselhaft: »Rhythmus, die Wiege des Seins, ist selbst das
größte Paradoxon. Er ist der nie ruhende Punkt an dem nicht existierenden Zentrum
der Existenz.« (McGlashan 1976, S. 137)

Die Fähigkeit, Rhythmen zu erleben, ist nicht an das Hören gebunden (vgl.
Gardener 1984, S. 104–105). Menschen mit Hörschäden berichten oft, dass Rhythmus der Bestandteil ist, der ihnen den leichtesten Zugang zu einem Musikverständnis
verschafft. Es lassen sich viele Musiker mit Hörbehinderungen anführen, die ein hoch
entwickeltes Rhythmusverständnis besitzen – z.B. Beethoven in seinen späteren Jahren oder die berühmte gehörlose Schlagzeugerin Evelyn Glennie, die Musik von
höchster rhythmischer Komplexität spielt.

Der Physiker Fritjof Capra beschreibt, wie sich rhythmische Muster auf allen
Ebenen manifestieren, von der subatomaren Ebene zu den großen zyklischen Wechseln des Umweltsystems und ganzer Zivilisationen. Rhythmische Muster sind deshalb
universeller und gleichzeitig individueller Ausdruck. Die post-einsteinsche Physik
verändert unsere Haltung gegenüber Zeit und Rhythmus und unser Verständnis von
Krankheit. Musik und Musiktherapie erhält von der modernen Physik neue Impulse.
Capra stellte fest:

Die Vorstellung, eine Erkrankung entstehe infolge eines Mangels an Integrations-
fähigkeit, scheint besonders bedeutsam, wenn man lebende Organismen als rhythmische Muster zu verstehen versucht. Aus dieser Perspektive wird Synchronisierung zu
einem wichtigen Maßstab der Gesundheit. Individuelle Organismen wirken aufeinander, indem sie ihre Rhythmen synchronisieren und sich dadurch in die größeren
Rhythmen ihrer Umwelt integrieren. Gesund zu sein bedeutet also, mit sich selbst in
Einklang zu sein – physisch und psychisch – sowie mit der Welt ringsum. Sobald eine
Person aus dem Einklang herausfällt, pflegt sich eine Erkrankung einzustellen. Viele
esoterische Traditionen assoziieren Gesundheit mit der Synchronisierung der Rhythmen und Heilen mit einer gewissen Resonanz zwischen Heiler und Patient (Capra
1988, S. 362).

Auf der einfachsten Ebene ist Rhythmus eine Wiederholung des gleichen Stimulus
in gleich bleibender Frequenz wie in einem Uhrwerk oder dem sich wiederholenden
Puls eines Metronoms. Er lässt sich auch in motorischen Grundmustern beobachten
wie dem Gehen, bei dem ein Schritt dem nächsten vorangeht. Solche Aktivitäten sind
spontan und weisen bei aller Regelmäßigkeit doch geringfügige Abweichungen auf,
die individuell oder kontextbedingt sein können. Diese Unterschiede sind wahr-
nehmbar, wenn wir mit jemandem die Straße entlanggehen. Wenn wir jemanden
besser kennen, ist das Gehen leichter zu synchronisieren, Liebende zeigen in ihren
Bewegungen wunderschöne hohe Synchronizität. Diese Beobachtungen legen die
Vorstellung nahe, dass menschliche Rhythmen auf neuronale Musterbildungen zurückzuführen sind (vgl. Spender 1980, S. 405–406). Nach Gaston ist dieses Konzept
wesentlich für die frühe Akzeptanz der Musiktherapie als einer Disziplin, die auf
Grundmustern menschlichen Verhaltens gründet (vgl. Gaston1968, S. 17–19).

Erwartungen und Vorahnungen spielen beim Verständnis von rhythmischen Prozessen eine zentrale Rolle. Dabei sind weitere expressive Funktionen, Pausen zwischen den Klangereignissen und Akzente bedeutungsvoll. Akzente entstehen durch den Wechsel in Lautstärke oder Dauer, wobei tonale Implikationen mitbeteiligt sind. Bei geistigen Behinderungen fehlt oft das Verständnis für rhythmische Abfolgen: Es entsteht nicht die übliche Hörerwartung. Nach Spender fasst das normale hörende Bewusstsein zwei Klangereignisse zu einer musikalischen Einheit zusammen und bildet aus ihnen eine musikalische Hörerwartung, wenn sie bis zu zwei Sekunden entfernt sind (vgl. Sadie 1980, S. 405–406). Rhythmische Gedächtnis- und Erwartungsleistungen binden vergangene und zukünftige Ereignisse in die Gegenwart; so entsteht im musikalischen Hören ein individuelles Zeiterleben. Der gegenwärtige Augenblick dehnt sich nach Vergangenheit und Zukunft aus und bildet eine »zeitliche Landkarte der unmittelbaren Zukunft« (ebd. S. 409).

Anne ist 2 1/2 Jahre alt und hat schwere mehrfache Behinderungen (Diagnose Rett-Syndrom). Sie greift nach einer ihr angebotenen Handtrommel und schlägt unkontrolliert auf sie ein. Ich antworte auf ähnliche Art. Sie zögert lange bis zu ihrer nächsten Klanggeste, die ich ihr wieder zurückspiegle, jedoch immer innerhalb von zwei Sekunden. Im Verlauf der Einzelsitzungen kommen ihre Klanggesten in schnellerer Folge, sie erreichen schließlich das 2–5 Sekunden-Intervall, und nach der 12. Sitzung beginnt sie kurze Rhythmusstücke zu spielen, spielt zwei Klänge gleichzeitig, beginnt ihre Stimme einzusetzen und mit den rhythmischen Mustern in Beziehung zu bringen. Ihre Entwicklung ging von vormusikalischem und -rhythmischem Verhalten aus und erreichte die Fähigkeit, zwei Ereignisse in der gleichen Gegenwart, d.h. musikalisch, zu erleben. Sie konnte das aus unserem Dialog lernen, bei dem jede Gruppe von Klängen (Kind und Erwachsener) innerhalb des 2-Sekunden-Intervalls zueinander in Beziehung trat.

Neben periodischen Aktivitäten, wie sie etwa im Gehen zum Ausdruck kommen, besitzt jeder Mensch ein eigenes Tempo, das sich gelegentlich in beiläufigem rhythmischem Klopfen und Klimpern mit den Fingern zeigt oder Schaukeln und Klatschen mit den Händen und ähnlichem. Wenn die Kommunikation mit der Umgebung durch Einschränkungen, wie etwa bei Hospitalismus, oder Behinderungen stark vermindert ist, treten diese individuellen Tempobildungen besonders auffällig zu Tage. Es dient dann der unwillkürlichen Spannungsabfuhr. In den einführenden Musiktherapiesitzungen wird das individuelle Tempo im musikalischen Spiel und in den spontanen Bewegungen des Klienten beobachtet werden. Wie im Beispiel von Natalies Gehen bietet ein Musiktherapie-Setting die Möglichkeit, das individuelle Tempo zu unterstützen und einen ersten Kontakt auf dieser Ebene herzustellen, bevor der Fokus auf andere rhythmische und temporale Erfahrungen wechselt. Diese Tatsache rechtfertigt den Einsatz der Musiktherapie bei Haltungsschäden und Bewegungsstörungen. Beim Gehen in eigenem angenehmem Tempo mit musikalischer Unterstützung kann es zur Synchronisierung von Bewegung und Klang kommen.

Solches rhythmisches Einüben nimmt synchronisierte musikalische Erfahrung zum Ausgangspunkt für die Synchronisierung von allen übrigen Bewegungsabläufen, bei denen auf einen Stimulus Reaktionen folgen. Das Erwarten eines nachfolgenden Ereignisses ist von zentraler Bedeutung für das Synchronisieren einer Bewegung. Im musikalischen Ablauf zwischen den einzelnen Klängen und Pausen ist es sinnfällig und präsent (vgl. Fraisse 1982, S. 154f.). Stimulus und Reaktion sind im musikalischen Ablauf direkt miteinander verbunden. Dieses einmalige Zusammenspiel von Synchronisierung und Antizipation verleiht dem Musikerleben den Charakter eines rhythmischen Gitters mit Hilfe dessen motorische Fähigkeiten erworben oder wieder erlernt werden können, wie etwa bei Cerebral-Parese, Parkinson oder Sprech- und Sprachproblemen.

Weitere systematische Studien über rhythmus- und tempobezogene Fähigkeiten in der Musiktherapie sind notwendig, um Zugänge und Richtungen für zukünftige Arbeit zu legen. Während ihrer bahnbrechenden Zusammenarbeit schrieben Paul Nordoff und Clive Robbins sehr viel über rhythmische Reaktionen. In ihrem Buch »Musiktherapie für behinderte Kinder« kategorisierten sie aus ihren Erfahrungen mit mehr als 145 Kindern. Rhythmische Reaktionen sind Teil ihrer Kategorien auf Grund der Beziehungen zu den vitalen Rhythmen des Organismus und den zentralen und peripheren Nervensystemfunktionen. Die Überschriften zu den rhythmischen Kategorien sind:

1. vollständige rhythmische Freiheit
2. labile rhythmische Freiheit
   a) psychologisch
   b) neurologisch
3. begrenzte rhythmische Freiheit
4. zwanghaftes Schlagen
5. ungeordnetes Schlagen
   a) impulsiv
   b) paralytisch
   c) zwanghaft-verworren
   d) emotional-verworren
6. ausweichendes Schlagen
7. emotional-gewaltsames Schlagen
8. chaotisch-kreatives Schlagen (vgl. Nordoff/Robbins 1975, S. 59 f.)

Jede Reaktionskategorie wurde definiert: z.B. »vollständige rhythmische Freiheit« als »augenblickliche Sensitivität für alle Tempi, Grade der Dynamik, rhythmischen Mustern und rhythmischen Strukturen von Melodien; außerdem die Fähigkeit, sie auf Trommeln zu schlagen« (ebd. S. 60). Diese Kategorien verschaffen dem entsprechend ausgebildeten Therapeuten einen Rahmen, in dem rhythmisches Arbeiten stark betont wird und darauf abzielt, das Kind in eine Vielzahl flexibler rhythmischer Interaktionen einzubeziehen. Für nicht in diesem Modell Ausgebildete sind die Abgrenzungen zwischen den einzelnen Kategorien kaum eindeutig auszumachen. So mag es z.B. schwierig sein, »impulsiv« von »zwanghaft« und »zwanghaft-verworren« zu trennen. Es könnten andere Annahmen über das beobachtete rhythmische Verhalten gewonnen werden. Es werden Rückschlüsse auf den mentalen Status eines Kindes gezogen mit der Beschreibung des ausweichenden Schlagens als: »Das Kind vermeidet, gleichzeitig mit der Musik zu schlagen.« Dies kann »eine Folge der Furcht des Kindes vor der Erfahrung sein ... Oder es mag Gemeinschaft vermeiden wegen der emotionalen Unfähigkeit, Kontakt mit dem Therapeuten zu ertragen.« (ebd. S. 63) Auch andere Rückschlüsse sind denkbar.

Auf dem synchronen und antiphonalen Charakter des Musikmachens fußen auch die Elemente von Akzent und Differenzierung. Sie untergliedern quasi die rhythmischen Muster zu handhabbaren »Brocken«, um sie im Kurzzeitgedächtnis zu speichern. Ähnliche Funktionen können auch Pausen, Tonhöhenwechsel und, insbesondere im Westen, größere melodische und harmonische Strukturen übernehmen.

Schließlich darf in der Darstellung des komplexen musikalischen Elements Rhythmus die emotionale Reaktion nicht übersehen werden: Verschiedene Rhythmen scheinen verschiedene emotionale Reaktionen hervorzurufen, von einschläfernd und beruhigend bis höchst erregend und ekstatisch. Diese Wirkungen sind seit Jahrhunderten bekannt: Plato rät seinen Lesern in Buch 3 seines Werkes über den Staat, Rhythmen zu verwenden, die Ausdruck eines tapferen und harmonischen Lebens sind. Der hypnotische Effekt sich stetig wiederholender Rhythmen ist Wurzel vieler Wiegenlieder. In der so genannten Minimalmusic zeitgenössischer Komposition wird mit viel Wiederholung gearbeitet, wobei die scheinbar gleich bleibenden Rhythmen unmerklichen feinsten Veränderungen unterzogen werden. Diese Musik kann die Hörer in eine meditative Haltung führen. Der Mangel an rhythmischer Spannung bei einstimmigem gregorianischem Choralgesang trägt zu der fließenden, geistigen und fast zeitlosen Natur dieser Musik bei. Andererseits wurde im Verlauf der Geschichte nur allzu deutlich, welche Gefahr den rigiden rhythmischen Mustern der Militärmusik innewohnt. Sie werden eingesetzt, um Aggressionen zu kriegerischer Bereitschaft zu bündeln. Anthony Storr hat kürzlich beschrieben, dass eine solche mächtige musikalische Rhetorik noch gefährlicher wirkt, wenn ihr die harsche Deklamation eines Tyrannen wie Hitler beigefügt wird (vgl. Storr 1992, S. 46–48). Ziel der Musiktherapie ist es, entgegengesetzte Reaktionen zu erreichen und das heilende Potenzial rhythmischer Muster zu entdecken. Alle Fallbeispiele zeigen ein weites Spektrum rhythmischen Verhaltens. Flexibilität ist ein Schlüsselfaktor.

Melodie und Intervall

Veränderungen in der Tonhöhe können im Schreien, Brabbeln und frühen wechselseitigen Kontakt eines Säuglings unterschieden werden. Das heißt nicht, dass ein Säugling willentlich melodische Strukturen bildet, jedoch besitzt er die Fähigkeit dazu. Die Forschung hat bewiesen, dass Säuglinge im Alter von 6 Monaten, bei entsprechendem Training lernen können, Tonhöhen zu treffen und kurze Tonfolgen wiederzugeben (vgl. Dowling 1982, S. 415). Im nächsten Kapitel wird im Überblick über Helmut Moogs Arbeit deutlich, wie Kinder in den ersten Lebensjahren spontan das Feld der Melodiebildung erkunden. Dies ist ein Gebiet von unmittelbarem praktischem Interesse für Musiktherapeut/innen.

Die Tonhöhe schwankt in den Liedern, die Kinder in der frühen Kindheit selbst schaffen. Mein 5-jähriger Sohn wechselt die Tonhöhe noch immer, wobei er Rhythmus und Kontur der Melodie beibehält und so innerhalb der formalen Struktur der Lieder bleibt. Oft wird die Melodiefolge auf verschiedenen Tonhöhenstufen reproduziert. Mein Sohn ist sich eindeutig bestimmter Melodien als stabiler eigenständiger Einheiten bewusst. Dowling beschreibt die wachsende Melodiewahrnehmung bei Kindern. Je älter sie werden und je mehr vor-komponierte Lieder sie hören, desto mehr entsprechen ihre gesungenen Melodien und Intervalle den Originalen. Dies ist zu hören, wenn mein Sohn mit meiner acht Jahre alten Tochter singt, die zunehmend originalgetreuer singt. Allmählich werden die melodischen und intervallischen Beziehungen der vorherrschenden Musikkultur verinnerlicht, und dies bedeutet für den größten Teil der westlichen Welt die Beziehungen innerhalb von Dur und Moll im diatonischen Skalensystem. Würden wir in einem anderen Land mit einer anderen musikalischen Kultur leben, würden unsere Kinder zunehmend deren intervallische Beziehungen beherrschen; sie wären wahrscheinlich auch in der Lage, Mikrointervalle sicher zu singen, wenn sie etwa in der indischen Musikkultur aufwüchsen.

Forscher scheinen darin übereinzustimmen, dass Kinder im Alter von ca. 5 Jahren Melodien in mehr oder weniger stabiler Tonlage reproduzieren können. Zenatti fand nur zufällige Darbietungen tonaler und atonaler Sequenzen bei Fünfjährigen; exakte Darbietungen tonaler Abfolgen traten zwischen sechs und sieben auf (Dowling 1982, S. 418f.). Wie zu erwarten, sind Kinder zwischen sechs und zehn an tonalen Sequenzen interessierter und geben sie akkurater wieder als atonale. Dies bestätigt die Aneignung des diatonischen Systems während dieser Zeit. Zwischen sechs und acht scheinen Kinder verstärkt auf unerwartete Wendungen in der Musik zu reagieren (Sloboda 1991, S. 36). Mit 12–13 erreicht das Interesse an atonalen Sequenzen das an tonalen. Vielleicht werden Kinder in diesem Alter auf ein weiteres musikalisches Spektrum neugierig, wobei jede neue Erfahrung als einmaliger musikalischer Wert zu betrachten ist. Vielleicht werden Atonalität und Tonalität nun als verschiedene musikästhetische Erfahrungsbereiche betrachtet. Ze- nattis Forschung bezieht sich auf die Debatte innerhalb der Musiktherapie über den Einsatz von Dissonanzen und das Gleichgewicht von Dissonanz und Konsonanz in der Arbeit mit Kindern und Erwachsenen. Kinder unter 5 Jahren sind an Dissonanz ebenso interessiert wie an Konsonanz. Jedoch ist es schwierig, irgendwelche spezifischen Wirkungen von konsonanten oder dissonanten Melodiebildungen auszumachen. Darüber wird später noch im Zusammenhang mit musikalischer Harmonie zu reden sein. Gesichert ist aber, dass die musikpsychologische Entwicklung von der Fähigkeit beim Säugling, grobe Melodiekonturen und Tonhöhen zu unterscheiden, über das wachsende Bewusstsein für Tonalität beim 5-Jährigen zur Entdeckung kleiner Veränderungen in der Intervallgröße beim jungen Erwachsenen fortschreitet.

Die verschiedenen Stufen der Tonleiter besitzen unterschiedliche Bedeutung für die Melodiebildung. Dies ist in der Musik der meisten Kulturen nachweisbar. In seiner Darstellung der musikalischen Grundlagen beleuchtet John Sloboda einige bei der Melodiebildung bevorzugte Orientierungspunkte (vgl. Sloboda 1985, S. 253–257). Die Oktav gehört dazu, die den Unterschied zwischen Frauen- und Männerstimme markiert. Weiterhin von herausragender Bedeutung sind Quint und Quart, die zusammengefügt die Oktav ergeben. Sie bilden die ersten Intervalle der Obertonreihe.

Bei den kleineren Intervallen dient die fallende kleine Terz (z.B. von G auf E) oft dazu, Aufmerksamkeit zu erregen. Kleinkinder rufen ihre Mütter (Ma-ma) in diesem Intervall und gebrauchen es bei ihren Rufen im Spiel. Es steht im Mittelpunkt der Kindermelodie, die für einige Kommentatoren als universelle musikalische Gestalt früher kindlicher Melodiebildung angesehen wird. Dieses kleine Melodiestück bildete für Bernstein in seinen Vorlesungen in Norton das zentrale Argument in seiner Begründung der Naturgegebenheit des tonalen Systems unter Hinweis auf die harmonikale Struktur der Obertonreihe (vgl. Bernstein 1979). Nordoff und Robbins haben dieses Melodiegebilde als Kindermelodie bezeichnet. Es sei eine Dreitonphrase, die von Kindern gewöhnlich bei Kreisspielen oder beim Spielen gesungen wird (vgl. Nordoff/Robbins 1977, S. 102). Bei ihrer musiktherapeutischen Arbeit ist sie fast eine Erkennungsmelodie.

Die weit verbreitete 5-Ton- oder pentatonische Skala (eine Version der Durtonleiter, bei die 4. und 7. Stufe ausgelassen werden – sie entspricht den schwarzen Tasten auf dem Klavier) ist die Grundlage eines großen Teils der Volksmusik in Amerika, Schottland und Irland. Die Töne sind allgemein beliebt und können, wenn in einer angenehmen Tonart gesetzt, leicht von Kindern und ungeübten Erwachsenen gesungen werden. Das Fehlen der dissonanten Intervalle, übermäßige Quart, kleine Sekunde, und großen Septime in der pentatonischen Skala machen sie zu einer beliebten Skala in musiktherapeutischer Gruppenarbeit. Gestimmte Percussioninstrumente wie Xylophone, Metallophone und Glockenspiele können auf diese pentatonischen Skalen reduziert werden mit der Folge, dass alle Gruppenmitglieder mit befriedigenden Ergebnissen gleichzeitig an den melodischen Erkundungen teilnehmen können, egal ob es sich um eine Gruppe von sechs Personen oder eine große Ausbildungssitzung mit über hundert Teilnehmern handelt. In dieser Skala zu spielen befreit Menschen von den Grenzen des westlichen diatonischen Systems, dem Wunsch, die »richtige Note« zu spielen und eine bekannte Melodie zu reproduzieren. Ein ähnlicher Effekt entsteht, wenn die Instrumente auf andere Skalen eingegrenzt werden, wie etwa die alten Kirchentonarten: dorisch (d,e,f,g,a,h,c,d), phrygisch (e,f,g,a,h,c,d,e), lydisch (f,g,a,h,c,d,e,f,), mixolydisch (g,a,h,c,d,e,f,g), aeolisch (a,h,c,d,e,f,g,a), locrisch (h,c,d,e,f,g,a,h).

Der ionische Modus (c,d,e,f,g,a,h,c), entspricht der westlichen diatonischen Dur-Skala. Erhöht man beim aeolischen Modus die vorletzte Note, so erhält man damit die harmonische Moll-Skala. Auf einer Tastatur kann der hier dargestellte Modus mit den weißen Noten erkundet werden; beim Transponieren werden die schwarzen

Noten auch gebraucht, um die gleiche Anordnung der Töne zu behalten. Im Mittelalter wurde der Modus immer in seinem natürlichen Status gebraucht, die Stimmung der Intervalle beruhte auf den natürlichen harmonischen Reihen. Beim Erforschen des lydischen Modus hört sich die vierte Note so an, als ob sie geändert werden müsste. Sie wirkt für das an das westliche diatonische System gewöhnte Ohr verstimmt. Die lydische Tonart setze ich in der Musiktherapie vorsichtig ein. Sie enthält die Spannung im Intervall F–H, das im Mittelalter als diabolus in musica (der Teufel in der Musik) bezeichnet wurde. Den lokrischen Modus finde ich eher unruhig und anspannend, und ich benutzte ihn in der musiktherapeutischen Arbeit nicht.

Die Griechen in der Antike schrieben den verschiedenen Tonanordnungen bestimmte emotionale Wirkungen zu. Im Buch 3 vom Staat warnt Plato vor dem Gebrauch des lydischen Modus wegen seines sorgenvollen Ausdrucks und dem des ionischen wegen seiner Weichheit und Trägheit. Dem dorischen und phrygischen wurden Tapferkeit und Mut zugesprochen. Ich konnte allerdings nicht feststellen, dass unser heutiger dorischer Modus solche Emotionen anspricht, aber in mehr als einem Fall war er sehr hilfreich, den Zusammenhalt der Gruppe zu fördern und zu Bewegung und Tanz zu führen.

> An einem Julimorgen, ich war gerade angekommen und litt nach einer langen Flugreise noch unter dem Jetlack, wollte ich mit einer großen Gruppe italienischer Studenten arbeiten. Wir begannen mit sanftem Singen der Noten im dorischen Modus und begannen ein Ruf-Anwort-Spiel in diesem Modus. Das Set gestimmter Percussioninstrumente wurde nacheinander vorgestellt. Die Gruppe umfasste etwa 40 Studenten. Am Anfang erkundeten die Gruppenmitglieder den Modus jeder für sich selbst. Allmählich entstanden Verbindungen mit anderen Melodiefragmenten, Antworten wurden auf musikalische Fragen gegeben. Die Musik rückte mehr in den Mittelpunkt und fiel in ein angenehmes physisches Tempo. Wir spielten in einer großen Halle, und allmählich begannen die Studenten, sich zu bewegen, standen auf und tanzten mit ihren Instrumenten und miteinander. Die Lautstärke nahm zu, als wir zum Tanzen zu singen begannen. Die Musik begann, sich zu verselbstständigen, und am Ende der Improvisation merkten wir, dass die Sitzung fast vorüber war – wir hatten den dorischen Modus für über 40 Minuten ausprobiert.

Plato stellte kühne Behauptungen über die emotionalen Wirkungen der unterschiedlichen Modi auf, beim ersten Spielen einiger dieser hier beschriebenen Modi aber werden verschiedene Reaktionen spürbar. Bestimmte Intervalle und Tonreihen erscheinen immer wieder in ähnlichen emotionalen Kontexten. Deryck Cooke untersuchte anhand des Wort-Ton-Verhältnisses in der Vokalmusik über die Jahrhunderte hinweg die Beziehung zwischen den einzelnen Intervallen und im Text angesprochenen Emotionen. Er fand z.B. heraus, dass die in die Quint fallende kleine Sext in der Musik von Josquin, Bach, Mozart bis Schönberg, Stravinsky und Britten mit dem Ausdruck starker Angst in Verbindung steht (vgl. Cooke 1959, S. 146–151). Cookes Arbeit kann wegen mangelnder Experimente und Genauigkeit kritisiert werden. Der immer wechselnde Geschmack in Musikstilen müsste mehr berücksichtigt werden. Die Terz z.B. wurde noch von Komponisten des 12. Jahrhunderts als dissonant empfunden. Zwei Jahrhunderte später wurde sie akzeptiert und hat seither die Rolle eines konsonanten Ecksteins in der westlichen diatonischen Musik inne.

Eine unvoreingenommenere empirischere Vorgehensweise beim Studium emotionaler Antworten auf Musik wurde vor kurzem von Sloboda angewandt. Er untersuchte die Beziehungen zwischen körperlichen Reaktionen wie weinen und zittern – also allgemeinen psychischen »Erregungsfaktoren« – und dem inneren Aufbau der von Versuchspersonen gehörten und ausgewählten Musik. In seiner Analyse der Wein-Reaktion fand er z.B. heraus, dass die Mehrheit dieser Passagen Vorschlagsnoten und melodische oder harmonische Sequenzen enthielten (vgl. Sloboda 1991, S. 41). Tränen wurden ausgelöst durch Melodien wie das berühmte Adagio für Streicher von Albinoni. Slobodas Arbeit steht in Zusammenhang mit wichtigen Beiträgen von Leonard Meyer, der emotionale Reaktionen mit dem Aufbau von Erwartungen, die durch die musikalische Struktur erzeugt werden, verbindet. Wenn er eine Melodie beschreibt, würde Meyer z.B. sagen, dass eine Melodielinie innerhalb ihrer eigenen Struktur Schlussfolgerungen bezüglich ihrer zu erwartenden Weiterführung nahe legt (vgl. Meyer 1956). Slobodas Werk zeigt, dass es noch viele Themen für empirische Untersuchungen gibt, um emotionale Reaktionen auf Musik besser zu verstehen.

Harmonie

Harmonie beschäftigt sich mit der Weise, wie Töne verschiedener Tonhöhen zusammenklingen, dem Ergebnis von Klangkombinationen, die von Hörern als konsonant oder dissonant beschrieben werden. Es bestehen viele Überschneidungen zwischen Melodie und Harmonie. Melodien enthalten harmonische Zusammenhänge, und insofern kann ein harmonischer, d.h. mehrstimmiger Ablauf aus einer Melodie abgeleitet werden. Harmonie ist das komplexeste Element und kann als der absolute Mittelpunkt der Musik betrachtet werden. Entwicklungspsychologen zeigen, dass Harmonie erst dann gemeistert werden kann, wenn ein sicheres Melodieverständnis besteht (siehe nächstes Kapitel).

Für die Musiktherapie bringt der Begriff der Harmonie den Begriff der Interaktion ins Spiel – mehrere Personen, Klient und Therapeut – bringen die Klänge beim Spiel zum Zusammenklang. Durch musikalische Interaktion schaffen zwei Menschen etwas neues, was mehr ist als die Summe seiner Teile. Sie erfahren eine Form von Empathie, wie sie im normalen Umgang kaum auftreten würde (vgl. Blacking 1987, S. 26). Einige Klienten mögen auch harmonische Fertigkeiten besitzen, im Allgemeinen unterscheiden sich aber auf der Ebene der Klient und Therapeut sehr deutlich. Die harmonische Kompetenz des Therapeuten ist von seinem eigenen Spielstil und seinem musikalischen Hintergrund abhängig. Ein Therapeut kann auf dem Klavier technisch sehr versiert sein und solides Wissen über harmonische Strukturen tonaler und atonaler Musik besitzen. Diese Therapeuten entwickeln Fähigkeiten, das Klavier so einzusetzen, dass die musikalischen Gesten eines Klienten eindeutig harmonisch unterstützt und in einen harmonischen Kontext gestellt werden. Saitenspezialisten haben Möglichkeiten, ihr Cello oder ihre Violine harmonisch einzusetzen, beginnend mit dem einfachen Zusammenklang offener Saiten und Akkorde. Ebenso können Spieler von (Blech-)Blasinstrumenten das Spiel der Klienten mit langen Linien und melodischen Gebilden harmonisch unterstützen. Oft wird dadurch etwas zu einer zusammenhängenden Musik integriert, was sonst bruchstückhaft, ungeordnet wirkt. Erfreulicherweise werden auch Jazz-, Pop- und Rockmusiker als Therapeuten ausgebildet. Sie eröffnen Klienten andere harmonische Möglichkeiten als die, von vorwiegend klassisch ausgebildeten Therapeuten.

Harmonische Beweglichkeit in der Musik zieht an. Was einen Mozart oder Haydn von Zeitgenossen abzuheben scheint, ist die Unvorhersagbarkeit ihrer Musik, die unerwarteten musikalischen Ereignisse, plötzliche Richtungswechsel der Musik, die man nicht erwartet. Dieses Neue und Unerwartete in der Harmonie führt, wie Sloboda herausfand, zu körperlichen Reaktionen wie den Schauer, der einem über den Rücken läuft oder die Gänsehaut (vgl. Sloboda 1991, S. 33–46). Meyer spricht in diesem Zusammenhang von erfüllter oder verletzter Erwartung (vgl. Meyer 1956, S. 22–23). Der Komponist schafft einen bestimmten harmonischen Hintergrund und Informationen, sodass der nächste harmonische Wechsel in einer bestimmten Weise angenommen wird. In einigen Fällen wird die Erwartung erfüllt, in anderen enttäuscht – die Weiterführung verläuft anders als erwartet. Die sorgfältige Untersuchung harmonischer Andeutungen im Zusammenspiel von Spannungen, Dissonanzen, Konsonanzen und Erwartungen ermöglicht es Musiktherapeut/innen, einen Teil der hochkomplexen Prozesse, die in ihrer Arbeit stattfinden, zu verstehen.

Einige Bemerkungen über den Ursprung und die Bedeutung von Musik

Nach dem Hören eines Musikstücks berichten einige Klienten über vielfältige Bilder, andere sprechen über die Interaktion der Klänge selbst. Eine wunderschöne Melodie auf dem Cello kann z.B. Assoziationen von fliegenden Vögeln, dem Klang von Wellen oder der Erde selbst hervorrufen. Die gleiche Melodie kann auch als eine Reihe von rhythmischen, melodischen und harmonischen Spannungen und Auflösungen beschrieben werden. Die erste Antwortgruppe stellt Assoziationen zur natürlichen Welt her und weist auf einen geradezu biologischen Ursprung der Musik hin. Bei vokalen Interaktionen mit nonverbalen Klängen kann über Ähnlichkeiten mit den stimmlichen Signalen höherer Primaten fantasiert werden. Sie sind nahe verwandt mit den unwillkürlichen Lautäußerungen des Weinens, Lachens oder Schreiens (vgl. Sloboda 1985, S. 265). Den Klängen aber fehlt der Aspekt von Organisiertheit und Motivation, der den Tonarrangements eigen ist, die wir Musik nennen.

Die Klänge eines Vogellieds scheinen etwas von der Präzision unserer Musik zu besitzen, sie weisen unterschiedliche Tonhöhen auf, zeigen Variationen, wie wir sie auch in der Musik kennen. Jedoch fehlen wichtige Bestandteile. Vogellieder sind im Verhältnis zur Musik stereotyp und in Umfang und Vielfalt begrenzt (vgl. Storr 1991, S. 5–14).

Mehr über den Ursprung der Musik erfahren wir von den Tanz- und Singritualen der Stammeskulturen. Indem wir den Körper bewegen und Sprach- und Zeitabläufe ordnen, bilden wir melodische und harmonische Muster (vgl. Blacking 1973, S. 111), Grundsteine musikalischer Gestaltung. Gleichzeitig kommt im gemeinsamen Singen und Tanzen der Zustand des Gruppengefüges zum Ausdruck. Bei Festen und Ritualen dient die gesungene und getanzte Musik dazu, das Wissen, die Erfahrung und das Selbstverständnis der Gruppe zu festigen (vgl. ebd. 32–53). Der Sinn für musikalische Riten scheint in der westlichen Gesellschaft zu verschwinden. Der Komponist Roger Sessions erinnert daran, dass die heutige Unterteilung in Komponisten, Künstler und Zuhörer sich erst im Laufe der Musikgeschichte entwickelte.

Früher bestand Musik aus Improvisation mit der Stimme oder mit Instrumenten; wenn es Personen gab, die an der Gestaltung der Musik nicht beteiligt waren und ihr zuhörten, waren sie doch nicht Zuhörer im modernen Sinn des Wortes. Sie hörten die Klänge als Teil eines Rituals, eines Dramas oder einer epischen Erzählung mit Symbolfunktionen, die dem jeweiligen gesellschaftlichen Anlass zugeordnet waren (vgl. Sessions 1971, S. 4).

Es gibt immer noch Orte, an denen Singen und Tanzen in der Gruppe große Feiern prägen: Pubs in Irland, Schottland oder anderen ländlichen Gegenden mit einer starken musikalischen Tradition. Die Kirche gehörte in früheren Jahrhunderten dazu, und an Weihnachten wird in den Worten vieler bekannter Weihnachtslieder etwas davon spürbar. Unter dem Druck einer fernsehdominierten Kultur geht diese Art feierlichen musikalischen Ausdrucks allmählich verloren. Ein Hunger nach solchen Erfahrungen scheint aber immer noch zu bestehen, und Musiktherapeut/innen können dazu beitragen, einen Teil davon in positive und kreative Bahnen zu lenken.

Gemeinsames Handeln scheint ein Schlüssel zu sein, um das Wesen der Musik zu verstehen, ob in gemeinschaftlichen musikalischen Aktivitäten bei einem religiösen Fest, ob als Antrieb zu Arbeit, Tanz oder Spiel, als Vorspiel zum Liebesakt oder in einer geplanten musikalischen Aufführung wie einem Konzert oder einer Oper: Die musikalischen Erfahrungen mögen von ihrer Funktion her verschieden sein, immer aber werden sie mit anderen geteilt und sind gemeinsam. Die tiefste Befriedigung, die Musik vermittelt, resultiert wahrscheinlich aus dem Gefühl sozialer Teilhabe.

Musik hilft, die Lebensqualität zu steigern – ein Satz, mit dem oft Skeptiker z.B. der Bedeutsamkeit von der Musiktherapie für ältere Menschen, überzeugt werden sollen. Wie bei der Diskussion über Dauer und Zeit beschrieben, sagt Musik mehr über die Qualität als über die spezifische Länge von Zeit aus. Es wird selten die Länge einer bestimmten musikalischen Erfahrung kommentiert, die Qualität der Gesamterfahrung scheint den Menschen mehr zu beschäftigen. Nach Blacking sind durch die gesamte Menschheitsgeschichte hindurch Merkmale der verschiedenen Gesellschaften in ihren musikalischen Ausdrucksformen nachweisbar (vgl. Blacking 1973, S. 54). Musik ist essenziell von Menschen organisierter lebensnotwendiger Klang, »sculpted sound« (geformter Klang) wie ein Klient es kürzlich so treffend formulierte. In diesen musikalischen Skulpturen sind persönliche Resonanzen zu finden. Beim Formen neuer musikalischer Muster, beim Wiedererschaffen vorkomponierter Stücke oder beim Stegreifspiel mit Klängen in einer Improvisation wird hart am Ausdruck dieser inneren Gefühle und Erfahrungen gearbeitet. Beim Komponieren oder Spielen von Musik fließen alle kognitiven Prozesse in die Musik ein – die hirnorganischen Vorgänge, die bei der Kontrolle der Motorik, bei Gefühlen, kulturellen Erfahrungen, sozialer Aktivität, intellektueller Aktivität usw. beteiligt sind, greifen dabei ineinander. Dadurch kann die eigene Musik von der des anderen unterschieden werden. Wenn wir so über Musik nachdenken, erscheint Musiktherapie als radikale Kraft, die Veränderung im Leben von Menschen ermöglicht. Vielleicht wissen Musiktherapeut/innen (wir) nie wirklich, was andere Menschen innerlich fühlen, wenn sie Musik machen, aber wir können durch Beobachten beginnen zu verstehen, was und wie sie spielen. Die tiefe Verbindung der Musik zur inneren Welt der Gefühle hilft dem musikalischen Ausdruck, eine Manifestation solcher Gefühle zu werden.

Paradoxerweise sind die Geschäfte heute mit der neuesten Technologie angefüllt, um Musik jeglicher Art und aus aller Welt zu hören, aber nur wenige Menschen bezeichnen sich als musikalisch. Synthetische Klänge jeder Art können per Knopfdruck erzeugt werden. Blacking weist darauf hin, dass der Westen vom Menschen erwartet, musikalische Muster zu sortieren und damit Kompetenz als Hörer zu erlangen, aber nur wenige Anforderungen an Menschen stellt, sich an aktiven musikalischen Prozessen zu beteiligen (vgl. ebd. S. 8–10). Was würde geschehen, wenn alle diese aufgenommenen Klänge, alle musikalischen Quellen und musikalischen Dokumentationen der Vergangenheit plötzlich vernichtet wären? Wären wir in der Lage, den Geist der Griechen und der früheren Minnesänger wiederzuerlangen im noch einmal Erzählen unserer Geschichten im Lied? Sloboda vermutet, dass Musik noch einmal zu einem notwendigen Werkzeug für das Überleben der Menschheit werden könnte:

»Die Ressourcen, die wir in unseren Köpfen herumtragen werden noch einmal die Hauptstütze für unsere Überlebensversuche darstellen. Lieder und Gedichte werden zu lebensnotwendigen Werkzeugen für Erinnerung und Zusammenhalt bei der Konstruktion einer neuen Gesellschaft; die musikalische Fähigkeit wäre tatsächlich eine Fähigkeit um zu überleben. Es ist deshalb nicht einfach ein Anliegen bloßer wissenschaftlicher Neugier, musikalische Fähigkeiten besser zu verstehen. Musik ist eine fundamentale Ressource für den Menschen, die eine wichtige Rolle gespielt hat und wieder spielen kann im Überleben und der Entwicklung von Humanität« (1985, S. 268).

Lieder können als Hauptquelle des Wissens angesehen werden, das von einer Generation zur nächsten weitergereicht wird. Der Westen ist von diesem tiefen Wissen der Naturvölker, z.B. den Traumpfaden und musikalischen Landkarten der Aborigines, die Bruce Chatwin eindrucksvoll beschrieben hat, weit entfernt (1987, S. 120). Wir können daran arbeiten, die Verantwortung für unsere eigene Musik wieder zu übernehmen. Es scheint mir eine Hauptverantwortung von Musiktherapeut/innen zu sein, Hilfestellung zu leisten beim Entdecken und Wiederentdecken, wie Menschen Musik nutzen können. Praktizierende Therapeuten können sich alle an Augenblicke erinnern, wenn ein Kind zum ersten Mal einen wunderschönen Klang entdeckt oder wenn ein Erwachsener wieder in Kontakt mit musikalischen Impulsen und lange unter der Hektik des täglichen Lebens begrabenem Interesse kommt.

In einer Ansprache an die British Society for Music Therapy wies der bedeutende Psychiater und Autor Anthony Storr darauf hin, dass die Gefühle gegenüber einem Musikstück ähnlich sind, wenn der Kontext eindeutig ist, wie z.B. langsame Musik bei einer Beerdigung zur Verstärkung der Trauergefühle; jenseits einer solchen kollektiven Erfahrung ist die Situation viel komplexer und im Individuum begründet. Jeder weiß, was er auf einer Beerdigung zu fühlen hat, weiß es aber nicht, wenn er ein neues Musikstück erlebt. Storr legt nahe, dass Musik nicht ein bestimmtes Gefühl verursacht, sondern eher einen allgemeinen Zustand emotionaler Erregung herbeiführt (Storr 1991, S. 8). Ebenso hebt Sessions hervor, dass Musik Emotionen wesentlich unterhalb bewusster Wahrnehmung anregt (1971, S. 24).

Musik hilft, das Wesen von Gefühlen zu erspüren; es geht um Emotionalität schlechthin. Wir können z.B. alle mit Vergnügen lachen, aber vielleicht bringt uns Musik dem Wesen dieses essenziellen Vergnügens näher. Es ist normal, dass unterschiedliche Reaktionen auftreten und dass Reaktionen sich beim nächsten Anhören ändern. An einem Tag fühlen wir uns den Tränen besonders nahe, und ein Lieblingsstück, das uns zu Tränen rührt, tut dies dann auch. Bei anderer Gelegenheit und in ganz anderer Stimmung können wir uns kaum vorstellen, dass sie in dieser Weise wirken könnte.

Beim Hören von Musik bilden wir abstrakte, symbolische und internalisierte Repräsentationen. Dies ist notwendig, um von Musik bewegt zu werden. Beim Komponieren, Improvisieren oder Darbieten von Musik werden einige dieser inneren Impulse in – wie die Philosophin Susanne Langer es nennt – »signifikanten Formen« nach außen gebracht. »The real power of music lies in the fact that it can be ›true‹ to the life of feeling in a way that language cannot; for its significant forms have that *ambivalence* of content which words cannot have.« »Die wirkliche Macht der Musik liegt in der Tatsache, dass sie für das Gefühlsleben in einer Weise ›wahr‹ ist, wie es Sprache nicht kann; ihre Formen besitzen eine inhaltliche Ambivalenz, wie sie Worte nicht haben können.« (Langer 1942, S. 243) Ein Musikstück ist ein komponiertes Ganzes, eine integrierte Struktur, die innere und äußere Realität zusammenbindet, eine »Analogie des emotionalen Lebens«, kommponiert aus den Gesten, Formen und Gestalten, d.h. den alltäglichen Mustern der Gefühle. Musik transformiert Leben und stellt es in Metaphern dar. Sie ist kein direkter Selbstausdruck, aber ausdrucksstarke Repräsentation und Formalisierung von Stimmungen, mentalen Spannungen und Lösungen (vgl. Langer 1942 und 1953). Der Wechsel des Lebens, der Ideen und Emotionen wird symbolisch in der musikalischen Form artikuliert, wobei inhaltliche Einzelheiten dieser Ideen und Gefühle nicht bekannt sein müssen, um die Musik verstehen zu können und von ihr bewegt zu werden.

Musik repräsentiert nicht Gegenstände wie die gesprochene Sprache; sie ist nicht diskursiv. Musik ist weit jenseits der Worte, artikuliert innere Formen jenseits der Sprache. Und doch legen neuere linguistische Untersuchungen grammatikalische und strukturelle Ähnlichkeiten zwischen Musik und Sprache offen, etwa auf den Ebenen der Phonologie (der einzelnen unterscheidbaren Klangkategorien), der Syntax (der Klangverbindungen und -folgen) sowie der Semantik (der Art und Weise, wie Bedeutungen in diesen Folgen transportiert werden; vgl. Sloboda 1985, S. 11–66).

Wir kommen zum Schluss auf unsere Bemerkungen zu den kulturellen Unterschieden zurück: mit der Betonung des geschriebenen Wortes nimmt die ursprüngliche Spontaneität des Singens und Musikmachens im Erwachsenenalter ab. In einer Kultur, die das geschriebene Wort nicht so betont, bleibt uns aktive Spontaneität viel länger erhalten. Diese ziemlich allgemeinen Aussagen beziehen sich auf Beobachtungen von Erwachsenen, die Musik machen und dabei wieder Kontakt zur Einfachheit, Offenheit und Spontaneität der Kindheit herstellen. Solch kreatives musikalisches Potenzial steckt in jedem Menschen, in körperlich gesunden wie behinderten gleichermaßen. Es ist das Herzstück musiktherapeutischer Praxis. Seine Anwendung in Prozessen der Heilung und Gesundheitsförderung bei Kindern und Erwachsenen wird im Folgenden detailliert beschrieben.

Musiktherapie bei Kindern

Einleitung

Die meisten Kinder entwickeln in ihrer frühen Kindheit eine unersättliche Neugier auf Klänge und Klangerzeugung, die fast angeboren erscheint. Nur sehr wenige Kinder scheinen keinerlei Vergnügen am Singen oder gemeinsamen Musizieren zu haben. Der 1. Teil dieses Kapitels befasst sich mit dieser natürlichen Reaktion auf Klänge und Musik. Obwohl in der Musiktherapie die Aneignung musikalischer Fähigkeiten nicht intendiert wird, geschieht sie durch die regelmäßige musikalische Betätigung quasi als Nebeneffekt, wie wir in einigen der Beispiele sehen werden.

Die Entwicklungspsychologie der Musik hat an Bedeutung gewonnen, nachdem mehr über musikalisches Verhalten und die sie bedingenden psychologischen Prozesse und theoretischen Modelle entdeckt wurde (vgl. Hargreaves 1986; Shutler-Dyson/Gabriel 1981; Funk/Whiteside 1981). Wir werden einige neuere Arbeiten auf diesem Gebiet untersuchen und mit Beispielen aus der Musiktherapiepraxis mit Kindern belegen. Diese Beispiele werden dann zu Prozessen in der Entwicklungspsychologie des Kindes in Beziehung gesetzt, wobei besonders die nonverbale Kind-Erwachsenen-Interaktion beachtet wird. Diese Verbindungsstellen zwischen allgemeinen Prozessen der Kindheitsentwicklung, der natürlichen musikalischen Entwicklung des Kindes und der Musiktherapie werden in verschiedenen Fallbeispielen hervorgehoben, was auf der anderen Seite durch Forschungsergebnisse im nächsten Kapitel gestützt wird.

Pränatale musikalische Erfahrung

In seinem Buch »Das Dritte Ohr« weist Joachim-Ernst Berendt darauf hin, dass die Form der Ohrmuschel der Gestalt eines auf den Kopf gestellten kleinen Menschen entspricht (Berendt 1985, S. 72). Das Innenohr enthält das wichtigste Organ, bekannt als cortisches Organ. Es entwickelt sich aus der Haut des Embryos. Unser Hörapparat ist intrinsisch an unsere sehr frühe Entwicklung als menschliche Wesen geknüpft. Unsere Ohren entwickeln sich sehr schnell, die rudimentären Formen innerhalb weniger Tage nach der Empfängnis. Mittel- und Innenohr sind bis zum 5. Monat nach der Befruchtung fast ausgewachsen. Das komplette Hörsystem ist etwa ab der 30. Woche voll funktionsfähig. Vor der 30. Woche können Klänge in Form von Vibration aufgenommen werden. Berendt unterstreicht: »During the first few months of existence, the most important thing for the embryonic creature ist to be able to hear for itself – to be all ears.« (1988, S. 38)[1]

Was hört dieser junge Embryo nun wirklich? In utero verursachen die Klänge des mütterlichen Herzschlags und der Blutzirkulation und andere nahe gelegene Geräusche einen hohen Klangpegel mit dominantem rhythmischen Rauschen; hinzu kommen die eigenen Herzschläge und die rhythmischen Bewegungen von Brust, Körper und Gliedern des Fötus. In den 60er-Jahren erforschte Leo Salk den Zusammenhang zwischen mütterlichem Herzschlag und der Gesundheit des Fötus (vgl. Salk 1960, S. 168–175). Anekdotenhafte Berichte von Sängerinnen beschreiben, wie deren ungeborene Babys während des Singens ruhiger werden. Schwangere Instrumentalistinnen nehmen während oder kurz nach dem Spielen oft, insbesondere während der letzten drei Monate der Schwangerschaft, gesteigerte Aktivität bei ihren Ungeborenen wahr (vgl. Ostwald 1990, S. 11–27). Auf Grund solcher Ergebnisse und Beschreibungen setzte man Bandaufnahmen mit Herzschlag und anderen intrauterinen Körperklängen ein, um Babys zu beruhigen. Neuere Untersuchungen verwerfen den Einfluss des mütterlichen Herzschlags als den Hauptstimulus. Hargreaves hebt die generelle Stimulation durch Klänge hervor. Irgendein Klang sei besser als überhaupt keiner (vgl. Hargreaves 1986, S. 61). Ein kleines Baby nimmt Veränderungen in der direkten Umgebung sehr fein wahr und interessiert sich für neue Klänge. Ockelford fand heraus, dass normal ausgetragene Babys von einem rhythmischen Stimulus (Metronom) im Tempo des eigenen Herzschlags eher beruhigt wurden als durch den des mütterlichen. Andere Arbeiten untersuchen, wie Klänge von außen den wachsenden Foetus erreichen können: die Stimme der Mutter, ihre Musikauswahl, Klänge der Umgebung, Unterhaltung. Ockelford und ihre Kollegen fanden in einer späteren Studie heraus, dass Neugeborene, die weniger als 24 Stunden alt sind, sich selbst am Klang der mütterlichen Stimme orientieren konnten (vgl. 1984, S. 92–96 und 1988, S. 27–36). Aus anderen anekdotischen Berichten über Säuglinge geht hervor, dass sie sich schnell einer Klangquelle zuwenden, wie z.B. dem Fernsehen, insbesondere den Lieblingsprogrammen der Mutter. Forschung im Bereich der Hörwelt Frühgeborener wird weiterentwickelt mit interessanten Entdeckungen, die für musiktherapeutisches Verstehen der elementaren Reaktion eines Kindes auf Klang und Musik von Bedeutung sind. 1980 stellte Donald Shetler Nachforschungen im Bereich pränatalen Musikerlebens an. Dabei wurden Reaktionen des Fötus auf anregende und beruhigende Musikstücke gemessen. Die Studie weist auf unterschiedliche Reaktionen hin: Bei stimulierender Musik würden die Föten dazu neigen, mit kurzen, schnellen und aufgeregten Bewegungen zu reagieren, wohingegen langsame und beruhigende Musik eher fließendere und weiche motorische Reaktionen hervorrufe (1990, S. 54). Daraus kann geschlossen werden, dass das Gewahrwerden von Tempovariationen eine sehr frühe und fast ursprüngliche musikalische Reaktion und ein Teil unserer

---

1 Neuere deutschsprachige Darstellungen zur intrauterinen Entwicklung des Hörens finden wir bei Nöcker-Ribeaupierre 1992, 1995; Ribke 1995; Schott/Schott 1996; Spintge 1992; Tomatis 1987, 1995, 1997; Vogel 1991, S. 57ff.

Ansprechbarkeit auf die musikalischen Grundelemente teilweise angeboren sein könnte. Andere Wissenschaftler betonen, dass erst durch Erziehung für musikalisches Erleben relevante neurale Pfade im Gehirn entwickelt werden. Ein weiteres Nebenergebnis von Shetlers 7-Jahres-Studie ist, dass Kinder, die häufiger pränataler musikalischer Stimulation ausgesetzt waren, ein höher organisiertes und artikuliertes Sprachvermögen entwickelten.

Musik in der frühen Kindheit – Teil 1

Das musikalische Erleben von Kindern entwickelt sich über viel Hören, Summen, Singen und Spielen mit Klängen und Instrumenten. Während der ersten Monate reagiert das Neugeborene auf plötzliche Klänge mit reflexhaften Muskelkontraktionen. Ostwald und seine Kollegen haben viel Zeit darauf verwandt, das Schreien kleiner Kinder zu studieren mit dem typischen Auf- und Ab-Muster und maximaler Lautstärke am Höhepunkt. Wie alle Mütter wissen, stehen Lautstärke, Tonhöhe und Länge (musikalische Parameter) der frühen Schreie in engem Zusammenhang mit Schmerz, Hunger und Kummer. Ruhigeres Brummen und gurrende Laute sind mit Füttern, Zuwendung oder anderen angenehmen Erfahrungen verbunden. Etliche weltweite Studien kommen übereinstimmend zu dem Ergebnis, dass das Schreien von Neugeborenen mit Schmerz und Not zusammenhängt. Daraus schließt Ostwald, dass die Schreie neugeborener Babys melodische und rhythmische Strukturen besitzen, die im neurophysiologischen und Atem-Apparat des Kindes angelegt sind (vgl. 1990, S. 13). Die Zeit des ersten Lächelns ist die Zeit sozialer und stimmlicher Interaktion mit den Bezugspersonen. Das Sozialgefühl entwickelt sich. Das Baby beginnt, die Vielfalt stimmlicher Klänge zu erkunden, angefangen bei Vokalen wie »ah« und »oo«. Es interessiert sich zunehmend für Klänge der Umgebung und für Klänge, die es selbst mit Händen, Füßen oder dem ganzen Körper erzeugt. Lieder, insbesondere Wiegenlieder gehören zu den natürlichen Erfahrungen eines Säuglings in dieser Phase. Sie haben beruhigende Wirkung, besonders wenn sie mit Wiegen verbunden sind. Das Schaukeln muss nicht notwendigerweise mit einem langsamen getragenen Tempo verbunden sein. John Sloboda warnt allerdings davor, diesen sehr frühen Reaktionen musikalische Bedeutung zuzuschreiben, weil nicht sicher ist, wie viel dabei die erwachsenen Beobachter von ihren eigenen musikalischen Vorstellungen in die kindlichen Äußerungen hineinprojizieren (vgl. 1985, S. 198–202). Die reflexhaften Bewegungen und Klangäußerungen sind noch nicht als musikalische Kommunikation zu werten, dennoch sind sie für musikalische Arbeit von großer Bedeutung, wie im folgenden Beispiel illustriert wird.

Der Fall Alex

Bei Alex wurde ein vorgeburtliches Alkohol-Syndrom diagnostiziert, da der Alkohol- und Drogenmissbrauch der Mutter bekannt war. In den ersten Lebenswochen reagierte sie sehr gequält auf Berührung. Dies machte es für ihre ersten Pflegeeltern sehr schwer, eine enge Beziehung zu knüpfen. Sie wurde mit 6 Wochen an die Pädiatrie des örtlichen Krankenhauses zur eingehenden Untersuchung überwiesen. Der Physiotherapeut war beunruhigt über die hochgradige Muskelverspannung, als er Alex behandelte, insbesondere in den Schultern und Oberarmen. Sie schrie unentwegt, auch bei Berührung. Das Team war besorgt, dass der Alkoholmissbrauch einen Gehirnschaden verursacht haben könnte, der sowohl die körperliche wie auch die intellektuelle Entwicklung beeinträchtigt. Eine Reihe physiotherapeutischer Übungen wurde eingeführt, um der Pflegemutter im Umgang mit Alex zu helfen. Ich wurde gebeten, sie mir anzusehen, um festzustellen, ob Klänge ihr Interesse fesseln können und sie von ihren Beschwerden abgelenkt werden könnte. Würde sie das Schreien einstellen, so wären wir in der Lage, ihre Entwicklungsmöglichkeiten besser einzuschätzen. Ihre neue Pflegemutter brachte Alex zu einer kombinierten Musik- und Physiotherapiesitzung, als sie fast fünf Monate alt war. Ein Paar wunderschöner indischer Zimbeln schien sie zu faszinieren. Etwas an diesen Glocken – Farbe, Gestalt, Größe oder Klang – zog sie eindeutig an. Sie wandte sich der Klangquelle zu und hörte auf zu schreien. In früheren Sitzungen mit Säuglingen zusammen mit Physiotherapeut/innen hatte ich oft beobachtet, dass ein schön gespielter Klang, der sich deutlich von der Umgebung ringsherum abhebt, Kinder dieses Alters sehr fesseln kann. Während der ersten Sitzungen begannen wir einfache kombinierte Behandlungstechniken anzuwenden, wie:

- wir sangen eine einfache stimmliche Phrase, um Bewegungen zu begleiten: eine aufsteigende Melodie: »wir stehen auf«, und eine abfallende Melodie: »wir legen uns wieder«,
- wir spielten Instrumente, links und rechts von ihr und in der zentralen Mittellinie-Position, um ihre Aufmerksamkeit zu lenken,
- wir gaben einen auf der Trommel gespielten Puls, um spezifische Bewegungsmuster zu unterstützen, wie z.B. die Schutzreaktionen der Arme beim Vorfallen,
- wir boten ihr Instrumente an, wie den Shaker (eine Art Rassel), um sich danach auszustrecken, zu greifen, ihn zu erforschen, oft in den Mund zu nehmen, ihn danach wegzuwerfen (eine natürliche Abfolge, die das allgemein bekannte Fallenlassen der Spielrassel aus dem Kinderwagen widerspiegelt mit dem Vergnügen, dass der Erwachsene den Gegenstand wieder aufhebt mit endlosen Wiederholungen),
- wir förderten das Lauschen auf kurze Melodien, die wir ihr auf einer Flöte vorspielten, wobei wir sie in Sitzposition hielten.

In den ersten Monaten führten wir zwei Sitzungen in der Woche durch, die bis zu 20 Minuten dauerten. Ihre Pflegemutter wollte die anderen Kinder oft zu den Sitzungen mitbringen, sodass nach und nach alle Familienmitglieder Alex' wachsendes Interesse und ihre Neugier auf Klänge beobachten konnten. Wir filmten sie mit 5 und mit 6 Monaten. Bei den Aufnahmen mit 5 Monaten war es deutlich, dass sie auf die indischen Zimbeln und den Klang meiner Stimme achtete und in der Lage war, direkte Berührung durch Physiotherapeut/innen anzunehmen, wobei die Klänge als eine Art von Rückversicherungs- und Entspannungskokon fungierten. Die Physiotherapeutin erläuterte, dass die Musik ihr half, sich zu entspannen, und ihr ermöglichte, effektiver zu arbeiten. Die Familie, die Alex adoptieren wollte, begann einfache musikalische Ideen mit nach Hause zu nehmen; das gemeinsame Spiel wurde so Teil des Familienlebens.

In der Videosequenz mit 6 Monaten ist zu sehen, dass Alex sich den Zimbeln auf der jeweiligen Seite zuwendet, wenn zwei Paare nacheinander an ihrer linken und an ihrer rechten Seite gespielt wurden. In der Mittellinien-Position streckt sie sich mit beiden Händen gleichzeitig aus, um die Glocken zu berühren. Sie nimmt die Glocken und andere Instrumente in den Mund, um sie zu erforschen. Sie hält ein Paar leuchtend gelbe Shaker und bewegt sie einige Sekunden, ehe sie loslässt. Sie erstaunt uns alle mit ihrem Interesse an einer fellbespannten Trommel. Sie erforscht das Instrument auf jede nur mögliche Weise, einschließlich Kratzen und spontanem Klopfen. Nachträglich erinnern wir uns an Piagets Anmerkungen über das sensomotorische Entwicklungsstadium, in dem Kinder auf undifferenzierte Weise »forschen«. Demnach ist das Stoßen, Kratzen und reflexhafte Schlagen auf der Trommel Teil der natürlichen kindlichen Entwicklung und als solches nachhaltig zu fördern. Alex ist besonders neugierig auf eine Holzschlitztrommel. Verschiedene Schlitze im Oberteil dieses ausgehöhlten Kastens ermöglichen das Spiel unterschiedlicher, kaum abgestimmter Tonhöhen. Was ihre Aufmerksamkeit zu fesseln scheint ist das Warten auf diesen Klang. Ich hebe den Schlegel mit dem leuchtend orangen Kopf hoch und halte auf dem halben Weg nach unten inne, worauf Alex lautiert, wie um anzuzeigen, sie erwarte, gleich den Klang zu hören. Sie kichert oder lautiert wieder, wenn die Trommel gespielt wird. Jedoch manchmal, wenn dies zu plötzlich geschieht, reagiert sie mit einer reflexhaften Muskelkontraktion. Sie setzt ihre Stimme während der restlichen Sitzung verstärkt als Antwort auf kurze Melodien ein, die ich auf einer kleinen Flöte spiele. Sie lautiert in den Lücken zwischen den Phrasen, so als ob sie ihren Beitrag zur Musik gibt. Wir beginnen mit einem interaktiven Wechselspiel: Flöte – Alex – Flöte – Alex usw. Ich spiele eine lebhafte Phrase, und das ruft bei ihr Bewegungen von einer Seite zur anderen, Auf-und-ab-Nicken, Powackeln und einige spontane Rückwärtsbewegungen hervor. Ich beende die Sitzung dann mit einer längeren, ruhigeren und langsameren Melodie, der Alex volle Aufmerksamkeit schenkt, mit viel Augenkontakt und weniger Bewegungen.

Die Intervention wurde in dieser Intensität für einige Monate fortgesetzt, gelegentlich auf eine Sitzung wöchentlich reduziert. Alex begann die Meilensteine ihrer Entwicklung rasch zurückzulegen; die anfänglichen Bedenken wegen einer möglichen Hirnschädigung wurden allmählich aufgegeben. Sie zeigte zunehmend ein kluges und sehr angemessenes Verhalten in den Sitzungen. Das Spektrum ihrer Bewegungen und stimmlichen Klänge entwickelte sich, sie wurde zunehmend neugieriger und entspannte sich mehr in den Sitzungen in dem Maße, wie ihr Vertrauen zu uns wuchs. Die wachsende Spontaneität im Einsatz der Stimme, in Bewegungen und Interaktion war grundlegend durch die sichere und liebevolle Umgebung beein-

flusst, die ihr die Adoptiveltern und Brüder und Schwestern gaben. Zur Zeit ihres ersten Geburtstags hielten wir es für angezeigt, die physiotherapeutisch/musiktherapeutischen Behandlungen zu beenden, da wir feststellten, dass sie sich so gut weiterentwickelte. Das Team der Klinik schlug eine Überwachung in längeren Abständen wie bei jeder normalen Entwicklung vor. Wir wurden zu ihrer Taufe ein Jahr später eingeladen, und es war klar, dass es Alex sehr gut ging.
Ich habe dieses Beispiel aus zwei Gründen dargestellt:

1. Es liefert ein praktisches Beispiel für frühe kindliche Reaktionen auf Klänge und Musik.
2. Es unterstreicht die Wichtigkeit früher Interventionen, integrierter Teamarbeit und die grundlegende Verbindung zwischen der Arbeit in der Klinik und einer sich entwickelnden Sicherheit des Kindes in liebevoller und beständiger häuslicher Umgebung.

Musik in der frühen Kindheit – Teil II

Alex war 5 und dann 6 Monate alt, als wir die beiden Videosequenzen filmten. Eine Gruppe von Kindern zwischen 5 und 6 Monaten war auch die jüngste Altersgruppe, die Helmut Moog bei seinen ausführlichen Arbeiten zur Reaktion von Vorschulkindern auf Musik untersuchte (vgl. Moog 1968).

Während der frühesten Periode von fünf bis sechs Monaten beobachtete er, dass die aktive Reaktion auf Klänge zunahm, die Säuglinge hielten inne und wendeten sich der Klangquelle zu, als ob sie sich auf das bewusste Hören der Klänge selbst konzentrieren würden. Moog erwähnt dann, dass Wochen nach dieser aktiven Hinwendung der Aufmerksamkeit Bewegungen zu gehörter Musik auftraten, insbesondere bei Liedern und Instrumentalmusik (vgl. 1968, S. 39), verstanden als frühe Reaktionen auf Rhythmen. Im Fall von Alex ist diese Entwicklungsfolge – zuerst Hinwendung zum Klang, dann Bewegung als Reaktion auf Rhythmus – deutlich nachvollziehbar. Eltern sind mit dieser Zunahme an reflexhafter rhythmischer Aktivität vertraut. Ich erinnere mich, dass beide meiner Kinder etwa um den achten Monat Löffel auf die Tischplatte oder irgendeine Oberfläche in der Nähe schlugen. Es ist eine große Versuchung, dies als bewusstes Rhythmusverhalten zu betrachten und über eine großartige musikalische Zukunft zu fantasieren, zumal zwischen den einzelnen Rhythmus-Impulsen eine gewisse Regelmäßigkeit erkennbar wird. Es ist, als ob sich ein Impuls in einem Zyklus selbstverstärkender Aktivität intensiviert. Dies Verhalten hat den Anschein von Regelmäßigkeit, aber es fehlen die Feinheiten rhythmischer Aktivität wie Pausen, Akzente, Unterteilungen, Entwicklung und die Wiederholung rhythmischer Muster, die eine rhythmische Absicht kennzeichnen.

Der Einsatz der Stimme nimmt während der zweiten Hälfte des ersten Lebensjahres deutlich zu. Moog erwähnt ein Phänomen, das wir immer wieder in der Musiktherapie beobachten, nämlich mit dem Auftreten motorischer Bewegungen zur Musik setzt scheinbar auch der Gebrauch der Stimme ein, als ob die körperliche Erregung bei der Bewegung zur Musik stimmliche Klänge hervorlockt. Denken wir nur daran, wie wir oft nach Bewegung, zum Beispiel nach dem Tanzen, zu singen anfangen, auch ohne ein paar Gläser Alkohol. Aber zurück zu unseren sehr spontanen Babys. In diesem Stadium unterscheidet Moog zwei Typen stimmlicher Reaktion: Plappern als Übung für das Sprechen und was er »musikalisches Plappern« nennt, das nur vorkommt, wenn Musik gesungen oder gespielt wird. Dieses musikalische Plappern hat eine amorphe rhythmische und melodische Struktur im Unterschied zu Übungen fürs Sprechen, die rhythmischer geformt und strukturiert sind. Als Reaktion auf Musik werden Klänge unterschiedlicher Tonhöhe hervorgebracht, entweder auf Vokalen oder wenigen Silben. Sprachähnliche Klänge werden nicht eingesetzt.

Mit 9 Monaten nimmt das Selektionsverhalten zu. Entweder wendet sich das Kind von bestimmten Klängen ab, insbesondere von den Geräuschen und Rhythmen in Moogs Test, oder im Beachten der rhythmischen Aspekte von Worten. Dies stimmt mit der wachsenden Bewusstheit von Sprechlauten und dem sich entwickelnden kindlichen Interesse an dem, was hinter den äußeren Ereignissen vor sich geht, überein. Es ist kein Zufall, dass in diesem letzten Teil des ersten Lebensjahres einfache Bewegungs-Lieder und Guck-Guck-Spiele zunehmen. Es wird zunehmend möglich, Erfahrungen zu teilen und ganze Sequenzen nonverbaler Kommunikation zwischen Kind und Erwachsenen zu gestalten. Beide Partner versuchen, mit den Gefühlen, die hinter den physischen Ereignissen liegen, in Berührung zu kommen, ein Prozess, der für die musiktherapeutische Arbeit von zentraler Wichtigkeit ist. Jedoch müssen wir immer noch sehr vorsichtig sein, diesen Entwicklungen zu viel musikalische Bedeutung zuzumessen. Das Baby zeigt vor allem gesteigertes Vermögen, Veränderungen in der hörbaren Umgebung wahrzunehmen, wobei es die angenehmsten Klänge auswählt. Es beginnt, bestimmten Klängen Wichtigkeit und Bedeutung zuzuschreiben: der Klang der mütterlichen Stimme, die Klänge der alltäglichen Umgebung wie fließendes Wasser für ein Bad, Klänge, die Essenszubereitung anzeigen usw. Moog behauptet, es sei die Aufmerksamkeit auf die Klangeigenschaften, die die meisten Klangäußerungen des Babys und die möglichen musikalischen Erfahrungen während des ersten Lebensjahres bestimmt. Wie bereits im vorigen Kapitel erwähnt, ist genau diese grundlegende Reaktion auf die Qualität der Klänge auch für das Erleben Erwachsener wesentlich.

Parallel zu der allgemeinen Entwicklung nimmt die motorische Aktivität als Antwort auf Musik während des zweiten Jahres markant zu. Der Raum wird in dem Maß freier genutzt, wie das Gehen vertrauter wird, Bewegungen als Reaktion auf Musik kommen häufiger vor, sind unterschiedlicher und dauern länger. Diese Bewegungen werden auch mit anderen ausprobiert, und Moog betrachtet sie als frühes Beispiel für soziales Verhalten in der Reaktion auf Musik. Das Bedürfnis nach Unabhängigkeit nimmt zu, wobei das Kind immer noch engen Kontakt sucht (Stern 1985, S. 10).

Moog ist der festen Überzeugung, dass im Alter von 2 Jahren jedes Kind bei normaler Entwicklung singen können sollte. Das Plappern enthält kuriose Wörter oder Teile von Wörtern, in musikalischer Hinsicht wird es reicher an tonalen Motiven und Intervallen. Vor diesem Stadium enthält das Plappern des Kindes keine einzelnen Tonhöhen, sondern basiert auf ausdrucksstarkem mikrotonalem Gleiten. Kleine Intervalle wie Sekunde und Terz scheinen Teil des anfänglichen Experimentierens. Um den 2. Geburtstag begibt sich ein Kind in die Welt der Quart und Quinte. Spontane Lieder mit ihrer originalen Mischung von mikrotonalem Gleiten, einzelnen Höhepunkten und kuriosen wieder erkennbaren Worten sind das beeindruckendste Kennzeichen in diesem Alter. Die Lieder sind rhythmisch sehr einfach und gradtaktig wie die meisten Kinderreime in der westlichen Tradition; nur wenige Kinderreime stehen im Dreier-Takt. Bei diesen Liedern ist immer noch der sinnenhaft-klangliche Eindruck vorherrschend. Die Tonhöhe wandert, aber die melodische Kontur ist reproduzierbar, oft auf unterschiedlichen Tonhöhen wiederholt. Es ist so, als ob Kontur und einfache rhythmische Gestalten als formale Organisations- und Gedächtnismuster benutzt werden. Je mehr sich der zweite Geburtstag nähert, erweitert sich das Tonhöhenspektrum des Kindes, und die Imitation von Klängen und Worten nimmt zu mit den Versuchen, etwas Ähnliches zu den Liedern zu singen, die dem Kind vorgesungen werden. Bestimmte Melodien werden als feste eigenständige Einheiten erkannt. Sowohl beim spontanen Singen als auch beim Reproduzieren gehörter Melodien nimmt die Genauigkeit bei der klanglichen Gestaltung zu. Unsere Tochter überraschte uns im Alter von 18 Monaten mit der unvermittelten Darbietung ihrer eigenen Version von »Twinkle, twinkle, little star« auf einer Autofahrt. Es war eine Mischung aus ungefähren Intervallen und Rhythmen, dem groben Melodieverlauf sowie einigen ihrer eigenen Worte und einigen Worten des Liedtextes.

Zwischen 2 und 3 Jahren zieht ein Kind es oft vor, still zu sitzen, während es der Musik zuhört. Es bestehen noch Schwierigkeiten im Koordinieren von Rhythmus und Bewegung, die sich aber kontinuierlich auflösen. Eine für Musiktherapeut/innen wichtige Beobachtung Moogs ist, dass sich Kinder in diesem Alter für das spontane Singen einen eigenen zeitliche Rahmen schaffen, nicht aber bei gehörter Musik. Vorschulkinder können das Tempo nicht einhalten, aber sie lassen sich zu allen Formen spontaner Äußerungen zu Musik ermutigen. Der Ambitus ihrer »spontanen Lieder« wächst bis über eine Oktave hinaus, und gelernte Lieder werden länger und genauer gesungen. Das Kind mischt weiter Bruchstücke von gelernten Melodien mit spontanen Liedern. Rhythmische und melodische Muster werden häufiger wiederholt. Diese fantasievollen Neuschöpfungen, die Moog so treffend als Potpourris bezeichnet, spiegeln die Entwicklung des kreativen Spiels wider und sind dem vorschulischen symbolischen Spiel nach Piaget vergleichbar.

Im Alter von 4 Jahren singen Kinder mehr oder weniger genau mit einigen Tempo- und Tonhöhenschwankungen. Singspiele und Bewegungslieder sind in diesem Alter wichtig, Musik und Bewegung gehören unmittelbar zusammen. Tempounterschiede werden nun sicher erfasst und einfache rhythmisch-melodische Muster imitiert. Einige Kommentatoren haben den Anfang kleiner musikalischer Rituale beobachtet, z.B. das spontane Singen einer kleinen Terz, die, obwohl schon früher in Bruchstücken gehört, jetzt im Spiel erweitert werden kann (s. voriges Kapitel, S. 78).

Wie zu erwarten, entwickeln sich Kontrolle und Genauigkeit in den späteren Vorschuljahren. Im Alter von 5 Jahren können die meisten Kinder das Tempo über einen kurzen Zeitraum halten, manchmal dem melodischen Rhythmus der Lieder folgen. Das Bewusstsein für Dynamik wächst, und, wie bei den anderen Parametern, steigt die Koordination von spontanem Singen und Spielen. Die Fähigkeiten sind zwar unterschiedlich entwickelt, doch die meisten Kinder können in diesem Alter Rhythmus, Worte und Tonhöhen eines Liedes in erkennbarer Form wiedergeben, wenn sie auch nicht immer stabil eine Tonart halten und Intervalle genau treffen können. Moog ist überzeugt, dass Kinder im Vorschulalter nicht in der Lage sind, den harmonischen Inhalt zu erfassen: nicht ein einziges Kind in seiner Studie zeigte Unbehagen, wenn es sich eine Reihe dissonanter »Kakophonien« anhörte. Diese Feststellung widerlegt die Annahme, bestimmte Tonalitäten und Tonarten würden Stimmungen und Verhaltensweisen kleiner Kinder beeinflussen.

Manchmal ist ein Musiktherapeut in der glücklichen Lage, mit Kindern während dieser prägenden Vorschuljahre erfolgreich zu arbeiten. Dies war bei M. der Fall, der über einen Zeitraum von zwei Jahren zwischen seinem dritten und fünften Geburtstag musiktherapeutische Behandlung erhielt. Seine Geschichte wird hier detailliert dargestellt, um einige der im vorherigen Abschnitt dargestellten Punkte zu beleuchten und um die Verbindung zum nächsten Abschnitt herzustellen, in dem aus den Prozessen in der frühen Kindesentwicklung musiktherapeutische Interventionen abgeleitet werden.

Die Geschichte von M.

Vorgeschichte

M. wurde kurz nach seinem dritten Geburtstag von der logopädischen Abteilung des örtlichen Krankenhauses zur Musiktherapie überwiesen; als Gründe wurden angeführt: Sprechprobleme, Kontaktflucht Kindern wie auch Erwachsenen gegenüber und zunehmende soziale Isolation. Es wurde betont, seine kognitive Entwicklung sei altersgemäß und er besitze einen passiven Wortschatz, der seinem Alter weit voraus sei. Der derzeitige Stand seines expressiven Sprachvermögens konnte von den Logopäd/innen nicht bestimmt werden.

Seine Mutter vermutete eine Hörschädigung, als er 6 Monate alt war, weil er an seinen Ohren spielte. Das wurde zunächst mit Zahnungsschmerzen erklärt. Bei einer Untersuchung mit 11 Monaten wurde ein gewisser Hörverlust festgestellt, der anscheinend bei einer späteren Untersuchung mit 14 Monaten widerrufen wurde. Es dauerte bis zum 24. Monat, bis die ursprünglichen Zweifel der Mutter durch die Diagnose Hörverlust bestätigt wurden, die zu einem chirurgischen Eingriff führte, bei dem das Mittelohr belüftet wurde (Parazenthese). Daraufhin konnte M. zweifellos klarer hören (der Spezialist nahm an, dass es eine 50-prozentige Verbesserung bedeutete), aber seine Mutter stellte fest, dass seine Kommunikation und sein allgemeines

Verhalten sich nicht verbesserten. Wenn M. sprach, sprach er leise, schnell und undeutlich. Nicht verstandene Sprachteile ersetzte er durch Eigenschöpfungen. Er wurde verwirrt und frustriert, wenn er nicht verstanden wurde, und zog sich daraufhin zurück und isolierte sich selbst. Im Alter von 3 konnte er schon lesen und schreiben. Er war von mechanischen Gegenständen fasziniert und ließ sich beim ersten Besuch der Musiktherapeut/innen viel Zeit, die Schreibmaschine und andere Gegenstände auf dem Schreibtisch zu untersuchen. Allein mit mechanischen Gegenständen zu spielen schien ihn mehr zu interessieren als direkte Kommunikation und interaktives Spiel. Oft nahm er die Gegenwart eines Besuchers nicht wahr und blieb abgeschottet gegen Ereignisse und Menschen um ihn herum. Seine Mutter bestätigte die Beobachtung der Logopäd/innen, dass er ein altersentsprechendes Sprachverständnis besaß. Sie selbst hielt ihn für einen sehr intelligenten Jungen.

M. ist das einzige Kind der allein erziehenden Mutter. Die Eltern der Mutter lebten ganz in der Nähe. Seine Mutter fand ihn sehr fordernd, sie berichtete, dass es ein Vollzeit-Job sei, nach ihm zu sehen. Sie selbst ist eine sehr intelligente und sensible Person, die ihre eigenen persönlichen Probleme mit Hilfe einer Therapie durchgearbeitet hat. Zur Zeit der Überweisung nahm sie noch an einer Gruppe teil, die von einem Kinderpsychiater geleitet wurde und in der Mütter Erziehungsschwierigkeiten bearbeiteten.

Musiktherapeutische Einschätzung und erste Sitzungen

Die Musiktherapie fand in einem freundlichen, luftigen Raum statt mit Fenstern an zwei Seiten und Blick auf etwas Rasen. Eine andere Wand bestand aus einem Spiegel, der als Einweg-Scheibe für Beobachtungszwecke diente. Ein Klavier stand im Raum. Andere gestimmte und nicht gestimmte Percussioninstrumente standen zur Verfügung und waren auf Regalen im Raum abgestellt. Eine freistehende Trommel und ein Becken standen auch zur Verfügung.

Die von der Mutter und dem Logopäden berichteten Eindrücke bestätigten sich in der ersten Musiktherapiesitzung. M. nahm nur flüchtigen Kontakt mit jedem der Instrumente auf, schien mehr daran interessiert zu sein, wie die Instrumente gebaut waren, als an ihrem Klangpotenzial. Wenn er seinen eigenen Einfällen in diesen ersten Sitzungen überlassen war, war es offensichtlich, dass er für die ganze Sitzung bei einem Instrument, wie z.B. einem Glockenspiel, verweilt hätte, um es zu untersuchen, indem er die Stäbe herunternahm und wieder auflegte. Die anwesende Mutter und mich schien er nicht wahrzunehmen. Er ging direkt an einem von uns Erwachsenen vorbei. Augenkontakt vermied er weitgehend. Es gab einige flüchtige Momente von Sich-Einlassen und kurze Instrumentalaktionen, gewöhnlich dann, wenn die Idee dazu von M. kam. Ein- oder zweimal während der ersten Sitzungen folgte er meinen musikalischen Ideen oder imitierte sie, etwa ein Auf-und-Ab-Muster auf einem Xylophon. Er schien sich von Kontaktmöglichkeiten abzuschneiden und noch mehr zu entziehen, wenn ich ihn dazu animieren wollte, sich einem musikalischen Spiel mit mir anzuschließen. Es schien kein Bewusstsein von Schranken und Grenzen für sein Verhalten zu wachsen: z.B. trat er ziemlich oft auf Instrumente, die er eben untersucht hatte. Wenn er sprach, war er kaum zu verstehen. Ich wurde sehr angespannt und empfand Nervosität und Angst, was sogar den Studenten, die uns durch die Einwegscheibe beobachteten, nicht entging. Während einer der Augenblicke, in denen M. alleine auf einem Instrument spielte, das er zu bevorzugen schien, dem Glockenspiel, improvisierte ich spontan eine Begleitung dazu. Ich hoffte, die Musik würde etwas von dem ausdrücken, was sich in dem Raum ereignete: M.s offensichtliches Bedürfnis, sich von jeglichem tragenden Kontakt zu mir zu entziehen. Die dabei entstandene Musik hatte etwas Eindringliches und enthielt ansteigende Melodiephrasen voller Erwartung auf mögliche zukünftige Kontakte. Schließlich sang ich nach einer Pause in der Musik seinen Namen, daraufhin wandte er sich von dem ab, was er gerade tat, und sah zu mir nach hinten. Vielleicht nahm M. wahr, was geschah, hatte aber noch nicht genug Vertrauen, um mit mir Musik zu machen. Die Sitzung wurde auf Tonband aufgenommen. Ich fertigte eine Transskription an und machte daraus eine Erkennungsmelodie für M., die im weiteren Verlauf der Musiktherapie den Ausgangspunkt für Ideen, Variationen und Experimente bildete. Momente, in denen ein Musiktherapeut so intuitiv musikalisch reagiert, können potenziell sehr kreativ sein. Faszinierend daran ist, dass der persönliche und musikalische Stil von Musiktherapeut/innen unterschiedlich auf jede Situation antworten würde. Die Musik, die ich für M. in diesem Moment improvisierte, würde sich sehr von der Musik unterscheiden, die Kollegen improvisiert hätten. Doch würden alle denkbaren Musiken bestimmte Merkmale aufmerksamen Lauschens, der Suche nach einer echten, akzeptierenden und warmen Antwort auf die Situation enthalten.

Es wurde mir sehr schnell klar, dass M. sehr viel Raum brauchte, psychisch wie musikalisch, möglichst wenig Druck von meiner Seite mit behutsamen Impulsen zum Spielen und zu nonverbaler Kommunikation. Er begann sich gegen Ende dieser anfänglichen Arbeitsphase wohler zu fühlen, und es gab die ersten Anzeichen, dass musikalische Interaktion ein Gebiet werden könnte, auf dem wir viel entdecken würden. Zwei Beispiele illustrieren diese Entwicklung. Das erste war, als sein Interesse von mechanischen Gegenständen auf musikalische Spiele wechselte. Während einer Sitzung interessierten ihn die Klammern des Notenständers am Klavier. Ich griff seine Idee auf und spielte die Noten direkt unter jeder dieser Klammern. M. animierte das sehr, und er wiederholte das Zweiton-Motiv auf allen möglichen Tonhöhen und rutschte auf seinem Stuhl auf und ab. Wie wir in der kurzen Darstellung über die musikalische Entwicklung des Vorschulkindes sahen, sind spontane Einfälle in diesem Stadium sehr wichtig. M. hatte diesen Einfall, und dass ich seine Idee aufgenommen hatte und in unsere gemeinsame Aktivität eingebaut hatte, erregte sein Interesse. Das zweite Beispiel war, als wir zwei Trommeln erforschten und zusammen auf dem Boden saßen. M. hatte seine eigene Trommel, und ich hatte meine. Wir stellten ein kleines musikalisches Spiel zusammen – spielen auf Leslies Trommel, spielen auf M.s Trommel usw. Als sich dieses einfache Muster gefestigt hatte, hielt ich kurz inne, bevor ich meine Trommel benannte. Dadurch sollte M. die Möglichkeit erhalten, ebenfalls selbstständig den nächsten Wechsel anzuzeigen. Zunächst tat er das durch Nicken, sah mich an und lächelte – seine direkteste Kommunikationsform bisher. Dieses einfache Warten und In-die-Stille-Lauschen ermöglicht, dass Neugier, Interesse und die Erwartung überraschender Veränderungen entstehen. Wie wir im Kapitel 3 ausführten, ist dies Ausgangspunkt aller musikalischen Kommunikation.

Entwicklung der Beziehung und frühe Arbeitsphase

Es war für alle Beteiligten offensichtlich, dass Musiktherapie ein hilfreiches Medium für M. darstellte, um mit einem Erwachsenen in Beziehung zu treten. Die erste Stufe dieses Prozesses bestand im Aufbau verschiedener Aktivitäten, die sicher und vorhersehbar werden. M. begann, musikalische Muster und Sequenzen zu erwarten, was zu Strukturen führte, in denen eine Vielfalt von Instrumenten zum Einsatz kam: z.B. Trommel und Becken im Wechsel; Aufbauen imitativer Sequenzen und Wechsel-Sequenzen auf Trommel, Becken und Xylophon. Er begann mit den musikalischen Parametern schnell/langsam und zart/laut mit zunehmender Kontrolle zu experimentieren und gewann Vertrauen. Diese Arbeit befähigte M., seine Aufmerksamkeit für eine längere Aktivitätsphase zu halten. Seine Sensibilität für Stimmungsänderungen wurde sichtbar, und aktives Musikmachen wie Spielen auf Trommel und Becken, während er von mir auf dem Klavier unterstützt wurde, wechselte sich ab mit Augenblicken fast persönlicher Reflektion und bewusstem Zuhören. Es ist schwer festzustellen, ob ein Kind oder ein Erwachsener wirklich zuhört, aber über einen Zeitraum von Wochen wird es möglich, die feinen Veränderungen in Haltung oder Stimmung zu beobachten, die Zuhören anzeigen. M. pflegte dies oft dadurch zu zeigen, dass er die Schlegel auf der Trommel ruhen ließ und zu mir herübersah, während ich in einer sanfteren und lyrischen Art weiterspielte. Wir waren nun gut im dritten Monat wöchentlicher Sitzungen, und es entwickelte sich Vertrauen. Ich ging sehr respektvoll mit M.s musikalischen Einfällen um und bezog sie in unser gemeinsames Musikmachen ein. M. begann nun auch einige meiner Ideen aufzunehmen und tolerierte, dass ich den Fortgang unserer Musik eine Zeit lang bestimmte. Er begann auch interaktives Wechselspiel und den spielerischen Wechsel musikalischer Ideen zuzulassen. Einige dieser Wechsel schienen von einer Woche in die andere hinübergenommen zu werden. Am Ende einer Sitzung sagte ich »Aufwiedersehen« im 2-Viertel-Takt. Wir bauten einen rhythmischen Austausch in ein-, zwei- und dreischlägigen kurzen Phrasen auf, manchmal sanft, manchmal laut. In der nächsten Woche ging M. schnurstracks auf die Trommel zu und eröffnete die Sitzung mit einem 2-Noten-Muster, das ich in »Hallo« umwandelte, ehe wir uns wieder mit einem ähnlichen Austausch rhythmischer Ideen beschäftigten. Es war, als ob die Musik die Verbindung zwischen den Sitzungen herstellte, die ersten Klänge der einen Sitzung waren fast identisch mit den letzten Klängen der Woche zuvor.

M. beschäftigte sich immer intensiver mit der Musik, und der Gebrauch der Instrumente wurde kreativer und intelligenter. Im fünften und sechsten Behandlungsmonat begann er, sich dem Kontakt zu widersetzen. Zunächst spielte er noch über weite Strecken der Sitzung, nahm dann aber eine Auszeit und setzte sich auf einen Stuhl in der Ecke des Raumes. Ich spielte ihm weiter zu, jedoch das Bedürfnis, in seinem Stuhl zu sitzen, nahm während der nächsten Sitzungen immer mehr zu, bis er in einer Woche in dem Raum kam und rief: »Heute keine Musik«, und das »keine« nachdrücklich wiederholte. Er musste sich erst beruhigen, bevor er überhaupt Kontakt zulassen konnte. Er konnte in dieser Sitzung nur ein sanftes Singen ertragen. Trotz des inzwischen gewachsenen Zutrauens und Vertrauens in die Musik, zeigte sich große Scheu, sich weiter auf Kontakt einzulassen.

Nach diesen ziemlich schwierigen Sitzungen kehrten wir zurück zu weniger fordernden und konfrontativen musikalischen Aktivitäten; wir spielten nebeneinander auf gestimmten Percussioninstrumenten (Xylophonen und Metallophonen). Dabei konnte sich sein Missmut teilweise auflösen, es begann die Konsolidierung vor einer neuen Arbeitsperiode. Um M. den Einstieg in den örtlichen Kindergarten zu erleichtern, arrangierten wir fünf gemeinsame Sitzungen mit einem anderen Kind und dessen Musiktherapeutin. Wir wollten sehen, inwieweit M. die Situation mit andern Kindern gemeinsam erleben und mit Erwachsenen in Interaktion treten konnte. Zu Beginn ließ M. nur Aktivitäten zu, die er selbst initiierte oder wählte. Allmählich aber respektierte er die Bedürfnisse des anderen Kindes und reagierte auf Impulse von Erwachsenen. Manchmal setzte er während des Spielens die Stimme ein, wobei erkennbar wurde, dass ihm der Melodiefluss bewusst zu werden begann. Die Erzieherin erzählte uns von seinen Aktivitäten im Kindergarten; so zeigte er etwa den anderen Kindern, wie man mit einem oder zwei Fingern Klavier spielt, anstatt nach dem Zufallsprinzip auf die Tasten zu schlagen, ein Beispiel dafür, wie Prozesse aus der Musiktherapie auf die Kommunikation in anderen Lebensbereichen übertragen werden. Bliebe die Musiktherapie nur auf die Interaktion in der Behandlung begrenzt, müsste sie als redundant bezeichnet werden. Ihr Ertrag muss sich in anderen Lebensbereichen zeigen, so wie M. die in der Musiktherapie erworbenen Kompetenzen im Umfeld des Kindergartens einbringen konnte.

Die Mittelphase der Arbeit

Nach einer dreimonatigen Sommerpause kam M. zu weiterer Einzelarbeit. 10 Monate waren seit der anfänglichen Überweisung vergangen. Das Hauptziel dieser Arbeitsperiode war es, individuelle Aktivitäten miteinander zu teilen. Improvisierte und klarer vorstrukturierte Musik und Aktivitäten standen im Gleichgewicht. M. zeigte zunächst wieder sein Interesse an Zahlen, Buchstaben, Formen und nahm wieder Instrumente auseinander, dabei wirkte er aber aufgeschlossener als zuvor. Ein Lied für M. auf einer Rohrflöte griff sein Interesse am Zählen auf. Unsere gemeinsamen Musikstücke wurden länger. Sie enthielten lange Klavierdialoge und Zusammenspiele auf Xylophon und Metallophon. Immer wieder kam es zu synchronem musikalischem Spiel und antiphonalem Wechselspiel nach dem Muster von Frage und Antwort. Sein Spiel wurde vielfältiger und einfühlsam; er nahm wahr, wenn sich Geschwindigkeit, Stimmung und Lautstärke änderten und erkannte auch komplexere Bestandteile wie Phrasenlänge, Pausen, melodische und rhythmische Formen. Nirgends wurde dies deutlicher als in einem längeren Zusammenspiel auf dem Keyboard im gegenseitigen Austausch musikalischer Ideen mit enormer rhythmischer und melodischer Flexibilität. Diese Interaktionen waren frei von Spannung; das Gefühl von Isolation vom Beginn unserer Arbeit trat nun nicht mehr auf.

»Das Katzenlied«

Dieses freie ausdrucksstarke Spielen stand neben den Forderungen nach strukturierterer Musik. Ein Beispiel für komponierte Musik ist »Das Katzenlied«. In der Zeit um seinen 4. Geburtstag brachte M. einige seiner Plüschkatzen mit und ließ mich wissen, wie sie heißen. Wir ließen über Wochen ein Lied mit vielen Strophen entstehen, in dem diese oder andere fantasierte Katzen verschiedene Ausflüge unternahmen – in den Park, in Geschäfte usw. Wir führten ein, dass M. den Ort für die nächste Strophe und die Instrumente auswählte und die Szene beschrieb. In der nächsten Woche brachte ich eine neue Musik mit. Wenn er zu einer weiteren Strophe Lust hatte, fügten wird diese den schon gelernten hinzu. Auf diese Weise baute M. sein Erinnerungsvermögen für eine musikalische Ereignissereihe auf; er zeigte eine erstaunliche Fähigkeit, Einzelheiten des Liedes zu behalten und die nächsten Ereignisse vorauszusehen. Das Lied half ihm nicht nur, den Instrumenten eine repräsentativere und manchmal symbolische Bedeutung zu geben; es ermöglichte auch spontane Gespräche. Er kannte mich nun über ein Jahr und kam an Tagen, wenn er sehr entspannt war, erzählend in den Raum. Er konnte nun bereits ziemlich komplexe Sätze miteinander verbinden; allerdings war seine Sprache zeitweise immer noch unklar und tendenziell zu schnell und zu leise.

Seine Mutter war nicht mehr bei den Sitzungen anwesend, so war M. gehalten, ihr von den Erlebnissen und Aktivitäten zu erzählen. Nach den ersten Sitzungen hatte sich die Mutter zurückgezogen und beobachtete uns durch eine Einwegscheibe. Später wartete sie in einem anderen Raum, um von M. direkt alles über die Sitzung zu erfahren.

M. besuchte nun den Kindergarten regelmäßiger. Dies hatte höchste Priorität, um so viel Kontakt wie möglich zu anderen Kindern zu schaffen. Die Musiktherapie wurde für drei Monate unterbrochen.

Die Abschlussphase

Um den fünften Geburtstag herum bereiteten wir den Schuleintritt vor. Vorkomponierte und improvisierte Musik nahmen in der Arbeit weiterhin gleich viel Raum ein. Ein Lied über die Uhr wurde komponiert, um an M.s wachsendem Interesse an

Gegenwart, Vergangenheit und Zukunft anzuknüpfen. M. konnte die Zeit und das Datum der nächsten Sitzung sagen. Ich musste der Neigung widerstehen, immer mehr Lieder für ihn zu komponieren und improvisierte und freie Musik zu vernachlässigen. An manchen Tagen wollte M. die ganze Sitzung improvisieren und kein neues Lied oder vorkomponierte Musik hören, auch wenn ich in der vorherigen Nacht eine neue Musik für ihn geschrieben hatte. Ein Beispiel aus der Endphase unserer Arbeit zeigt sein Bedürfnis, nach improvisierter Musik. Ich hatte ein Lied über den Eintritt in die neue Schule geschrieben, auch um das Ende der Musiktherapie vorzubereiten. Er aber wollte dieses neue Lied weder hören noch spielen. Stattdessen fragte er nach zwei Becken und einer Trommel und spielte laut zu einem Abschiedssong, wobei er die Trommeln für meinen und die Becken für seinen Namen benutzte. Während der verbleibenden Wochen kam er immer wieder darauf zurück; manchmal wählte er ein ruhiges Spiel am Ende und hatte manchmal offensichtlich Schwierigkeiten, die Sitzung zu verlassen. Er schien die Musiktherapie und unsere Beziehung zu verarbeiten und auf seine Weise zu einem natürlichen Ende zu bringen. Tatsächlich waren die letzten zwei Sitzungen unbeschwerter. Wir schauten nochmals zurück auf alles, was ihm besonders gefallen hatte. M. fragte mehrfach während der letzten beiden Sitzungen nach dem neuen Schullied; er sang und spielte die Trommel dazu.

Nachtrag

M. begann die Grundschule mit 5 Jahren. Sein Schulpsychologe stellte eine Lesereife von über 8 Jahren fest, obwohl immer noch Schwierigkeiten im Kommunikations- und Sozialverhalten bestanden. Die Musiktherapie bot M. zweifelsohne Erfahrungen, die sein Selbstbewusstsein steigerten. Er konnte einige nonverbale Bewältigungsstrategien lernen, die er außerhalb der Sitzungen einsetzte. Seine Sprache hatte sich verbessert, und es erscheint oft unkundig, dass auch unter Berücksichtigung anderer förderlicher Faktoren, wie etwa durch den Kindergarten, Zunahme an Organisiertheit und Klarheit in seinem musikalischen Verhalten mit seiner Entwicklung einherging. Seine Mutter merkte an, dass er nach den Sitzungen immer in einer deutlich guten Stimmung war. M. war ein Kind mit einem komplexen Spektrum von Emotionen und Problemen. Die Musiktherapie ermöglichte es ihm, einiges davon auszudrücken und sich zu entlasten. Er konnte über längere Phasen spielen und lernte, von einem Erwachsenen gesetzte Grenzen besser zu tolerieren. Isoliertes Spielen wurde seltener; Musiktherapie unterstützte diese Augenblicke und führte sie zu wechselseitiger und interaktiver Tätigkeit.

M. besucht jetzt die örtliche höhere Schule. Er glänzt erwartungsgemäß akademisch, hat aber immer noch einige Kontaktprobleme. Seine Mutter berichtet, dass er weiterhin sehr an Musik interessiert ist, nicht aber um sich persönlich auszudrücken. Dieses früh erkennbare kreative Potenzial, das sich in der Musik so deutlich zeigte, kommt nun in seinem Interesse am Schreiben zum Ausdruck. Seine Mutter zeigte mir kürzlich ein Gedicht, das er während der Hauptphase seiner Musiktherapie mit 3 Jahren und 9 Monaten geschrieben hatte:

Today's over
The night climbed down from stepp to stepp.
Oh Sunlight, talk to me.
I am cold in the moon.
I am cold and pale.
Dim under evening star,
Cold am I.

Sadly the sun went down
Till night dropped stars around.

Musiktherapie und die Verbindungen zu kindlichen Entwicklungsprozessen

Der Fall M. kann von der Perspektive wachsenden Musikinteresses, wachsenden Interesses am Erfinden musikalischer Ideen verstanden werden. Auf einer anderen Ebene zeigen sich aber Interaktions- und Entwicklungsprozesse, die frühkindliche Entwicklung generell bestimmen. Musik zu lauschen und Musikmachen ist mit Prozessen körperlicher, intellektueller, emotionaler und sozialer Entwicklung verbunden. Sie schließen die Entwicklung von Nachahmungsfähigkeit, Kontaktaufnahme, Einsatz der Stimme, Sehverhalten, Aufmerksamkeit, Motorik, sozialer Kompetenz und andern Aspekten nonverbaler Kommunikation ein, insbesondere das kürzlich von Stern vorgestellte allumfassende Konzept der affektiven Einstimmung« (Stern 1985, S. 138–162). Das Studium dieser frühen Prozesse verschafft ein Arbeitsgerüst, um Veränderungen in Musiktherapiesitzungen mit Kindern zu beschreiben und zu kontrollieren. Die in diesem Buch beschriebenen Sitzungen mit Kindern basieren auf einem solchen Interaktions-, Transaktions- und Entwicklungsverständnis. Das Schwergewicht liegt im Aufbau einer Beziehung zu dem Kind über Musik, unabhängig um welche Stufe des Kontaktes es sich handelt. Die Musik wird immer so angepasst, dass sie den Bedürfnissen des Kindes gerecht wird. Es wird zunehmend deutlich, dass zwischen den in der Musiktherapie beschriebenen Prozessen und den allgemeinen Entwicklungsschritten viele Gemeinsamkeiten bestehen. Zum Beispiel so zentrale klinische Themen wie der Aufbau von Vertrauen, der Begriff des Begleiters, des zuhörenden Therapeuten, Empathie, Unabhängigkeit ermöglichen und unterstützen gelten gleichermaßen für Kinder und Erwachsene während des gesamten Lebens.

Seit den späten Sechzigern hat das Interesse an den frühen Fähigkeiten des heranwachsenden kompetenten Kleinkindes zugenommen. Ein Großteil der Forschung konzentrierte sich auf die sich entwickelnden Interaktionen zwischen Mutter und Kind. Detaillierte Analysen wurden unter Einsatz hoch entwickelter Kontrollvorrichtungen durchgeführt. Forschungen über Sehverhalten, Beziehungsaufnahme, vorverbale stimmliche Interaktionen –, geben dem Forschenden viele Daten, die sehr viel zum Verständnis über die weitere Entwicklung eines Kindes beitragen (vgl. Schaffer 1977; Brower 1977). Das Kind wird heute nicht mehr wie ein unbeschriebenes Blatt betrachtet, auf dem Erfahrungen gezeichnet und eingeprägt werden, sondern es bringt von Geburt an ein hohes Maß an Kompetenz mit. Es ist allerdings anzunehmen, dass Eltern dies wussten, bevor es in der psychologischen Theoriebildung modern wurde. Die Arbeit von Bower und seinen Kollegen belegte vielfältig die Komplexität der Fähigkeiten, die ein kleines Kind bei seiner Ankunft in der Welt zeigt (vgl. Bower 1977). Trevarthen beobachtete, wie effektiv Säuglinge mit ihren Müttern und schon sehr früh indirekt mit Objekten kommunizieren (vgl. Trevarthen 1977). Wie sich das Verhalten eines Erwachsenen auf ein Kind auswirkt, wurde ebenfalls sorgfältiger untersucht (vgl. Lewis/Rosenblum 1974). Die Fähigkeiten eines Kindes werden innerhalb einer sozialen Beziehung lange vor dem Einsatz von Worten eingesetzt, um Bedeutungen zu kennzeichnen. Das sich entfaltende Verhaltensrepertoire eines Kindes wird zunehmend als Teil eines Handlungsdialoges betrachtet, in dem gemeinsame Unternehmungen von Kind und Erwachsenem reguliert werden (Brunner 1977, S. 287). Kind und Erwachsener scheinen ihre Beziehung über ineinander greifende Transaktionen zu entwickeln, wobei beide für die Entwicklung des Kindes eine wesentliche Rolle spielen. Eine Synthese experimenteller Arbeit auf diesem Gebiet und jüngster Entwicklungen in der Psychoanalyse, wie z.B. die Arbeit von Winnicott und der britischen Schule der Objektbeziehung, stellen ein potenzielles Gerüst dar, um einen Großteil dessen zu beschreiben, was in der Musiktherapie geschieht. Konzepte wie »Handlungsdialog«, »Transaktionen«, »Intersubjektivität« und »gemeinsame Unternehmungen« können hilfreich zum Verständnis der komplexen Interaktionen zwischen Erwachsenem und Kind während des Musikmachens beitragen. Bei M. konnte sich über die Monate eine sehr flüssige Art entwickeln, in der wir uns über gemeinsame Aktionen zu verständigen lernten.

Wir haben bereits erwähnt, dass es möglich ist, im gemeinsamen Musikmachen einen tieferen Sinn zu erleben. Der liegt in den synchronen und antiphonalen Interaktionen des musikalischen Dialogs. So können Reihen ineinander greifender »Transaktionen« mit einem Kind aufgebaut werden. In Interaktionsstudien lag die Aufmerksamkeit auf der Selbstsynchronizität zwischen Bewegungsmustern und Sprache: Der Körper spricht so viel wie die Stimme (vgl. Condon 1977, S. 153–176). Es gibt überzeugende Beweise, dass in einem gemeinsamen zeitlichen Rahmen verschiedenes Verhalten vereinigt werden kann. (Um zu zeigen, wie schwierig das ist, folgende Übung: Reiben Sie Ihren Magen kreisförmig in einer Geschwindigkeit mit einer Hand und mit der anderen Hand schlagen Sie auf den Kopf mit einer anderen Geschwindigkeit.) Das kleine Kind ist ziemlich früh in der Lage, gemeinsame temporale Gerüste auch in verschiedenen Sinnesbereichen wie sehen und hören zu erkennen (vgl. Stern 1985, S. 85). Für Musiktherapeut/innen ist auch die Forschung über Schwierigkeiten beim Synchronisieren als dysfunktionales Verhalten interessant. Condons Arbeit bezieht sich auch auf Kinder mit autistischen Tendenzen und Lernschwierigkeiten. Was z.B. als bizarre und zufällige Körperbewegung eines autistischen Kindes erscheinen mag, kann innerhalb des Wahrnehmungsgerüstes des Kindes Bedeutung haben. Condon fand heraus, dass diese Kinder oft mehrfach auf Klänge antworten. Bei einer verlangsamten Wiedergabe von Filmen über Kinder, die auf Klänge reagieren und die Bewegungen mit den Klängen in Übereinstimmung bringen, fand er einen engen Zusammenhang zu früheren Klangsequenzen. Es war, als ob das Kind auf die Klänge in einem anderen Rahmen antwortete. Dies mag zu den Schwierigkeiten beitragen, mit Kindern in Kontakt zu kommen, die dieses sehr komplexe Verhaltensmuster aufweisen. Es ist erforderlich, geeignete Beobachtungsformen für die Antworten des Kindes zu entwickeln, um seinen einmaligen Zeitrahmen verstehen zu lernen. Wenn ein Kind schon sehr erregt ist, kann die Musik einen zusätzlichen Stimulus erzeugen; ich habe viele Kinder beobachtet, die auf eine musikalische Stimulation mit einem Schwall lauter Klänge zu antworten schienen, bizarre Bewegungen ausführten und gleichzeitig wegsahen. Es könnte sein, dass das Kind eine bedeutungsvolle Verbindung zum Therapeuten herstellt. Es ist aber auch möglich, dass das Kind die Musik als Schutzmauer benutzt, hinter der es sich verstecken kann, um einen längeren Kontakt zu vermeiden. Vielleicht trägt die Zunahme an Hörstimulation zu dem hohen Grad an Übererregung bei. Die Stufe optimaler Erregung kann bei dem Kind schon überschritten sein, und die Erregung fließt in Bewegungen und allgemeines Vermeidungsverhalten über.

Der sich herausbildende 2-Wege-Charakter der Interaktion war in der Arbeit mit M. klar ersichtlich. Diese 2-Wege-Interaktionen zwischen Kind und Erwachsenem sind in jedem Setting beobachtbar. Innerhalb dieses interpersonalen Prozesses entwickelt sich Intelligenz; er ist für jede natürliche Entwicklung unerlässlich. Der Erwachsene lässt dem Kind nicht nur Raum für seine Rolle bei der verbalen oder nonverbalen Konversation, sondern ist auch darauf bedacht, relevante und sozial bedeutsame Verhaltensweisen hervorzuheben. Es ist unwahrscheinlich, dass eine Mutter Verhaltensweisen ihres Säuglings nachahmt, die sie als sozial unangemessen empfindet. Kaye bezeichnet die Rolle des Kindes in diesem sich entfaltenden sozialen System als die des »Lehrlings«. Das kleine Kind besitzt die Neigung oder Empfänglichkeit, sozial zu sein. Kaye ordnet diese Phase der Lehrzeit in vier Stufen:

a) gemeinsamer geteilter Rhythmus von der Geburt bis etwa zum 3. Monat; Dialoge bauen sich auf angeborene Muster des Saugens, der Aufmerksamkeit und Erregung auf;

b) gemeinsam geteilte Absichten; der Erwachsene errät die Absichten des Säuglings; er misst ihnen oft mehr Bedeutung zu, als von außen beobachtbar ist. Er sucht dabei, mit den Gefühlen, die hinter dem körperlichen Ereignis liegen, in Berührung zu kommen;

c) zunehmendes gegenseitiges Teilen mit etwa 8 Monaten; wenn Aspekte der Erwartung und Verlässlichkeit von Erinnerung an Aktivitäten oder Erfahrungen ins Spiel kommen – der Erwachsene hilft oft mit großer Raffinesse beim Regulieren des kindlichen Verhaltens und

d) die Periode gemeinsamer Sprache; das Kind beginnt soziale Diskurse und später auch innere (vgl. Kaye 1984, S. 64–79).

Eindeutig beeinflusst während dieser »Lehrzeit« nicht nur das Kind den Erwachsenen, sondern der Erwachsene zieht das Kind ständig auf höhere Interaktionsstufen, in musikalischen Begriffen mit dem Prozess »Thema und Variation« vergleichbar. Kayes Analysen über Bezugsrahmen und Anpassungsfähigkeit bei Erwachsenen sind interessant für die Entwicklung fördernden Musiktherapeut/innen, die mit den Musik innewohnenden Formen und Gestalten arbeiten, um einen Rahmen für die sich entfaltende Beziehung zu schaffen. Dieser 2-Wege-Prozess, in dem Bedeutungen gemeinsam verhandelt werden, kann verdeutlichen, was während einer Musiktherapiephase geschieht.

Nachahmung/Imitation

Imitation dient sehr dazu, unmittelbaren Kontakt zu einem Kind herzustellen, insbesondere am Beginn der Arbeit. Im Fall M. zeigte ich seine musikalischen Ideen durch Imitation auf. Dies führte dazu, dass auch M. die Ideen aufnahm und/oder sie weiterentwickelte. Dieser Prozess trat später auch in der Umkehrung auf: M. imitierte meine musikalischen Ideen. In ihrer Forschungsarbeit entdeckte Pawlby dies als natürliches Muster. In der frühen Kindheit neigt eine Mutter dazu, das Kind öfter zu imitieren, während das Kind mit zunehmendem Alter die Mutter imitiert. Pawlby beobachtete, dass die folgenden drei Verhaltensarten bei Mutter-Kind-Paaren am häufigsten imitiert wurden: vokalähnliche Klänge, Geräusche und Konsonantenklänge (Pawlby 1977, S. 203–224). Pawlby wies auch darauf hin, dass mit zunehmendem Alter indirekte Beobachtung über ein Objekt auftritt, ein Muster, das oft in der Musiktherapie auftaucht, wenn dem direkten Interesse an der Musik des Therapeuten (der eher passiven Antwort von Seiten des Kindes) der indirekte (aktive) Gebrauch der Instrumente vorausgeht. Pawlby unterstreicht die Gewichtigkeit des imitativen Verhaltens für die Entwicklung der Sprache und den Aufbau des Verständnisses für die Bedeutung gemeinsamer Aktionen. Sie führt als Beispiel ein Kind an, das die motorischen Bewegungen der Mutter beim Trommeln exakt zu reproduzieren versucht, d.h., die Handlung nachzumachen, die Hand in Beziehung zur Trommel zu bringen und damit die Handlung zu verstehen und ihre Bedeutung mit der Mutter zu teilen.

Wechselseitiges Handeln und Stimmverhalten

Wechselseitiges Handeln wurde bereits als Teil einer symmetrischen Anordnung zwischen Erwachsenem und Kind erörtert, wobei der Erwachsene, sensibel für die Muster des Kindes, sich dem Kind anpasst und allmählich einen Rahmen schafft und die Gestalt des Dialoges zusammenfügt. Ähnlich entwickelt das Kind Fähigkeiten, dem Erwachsenen Vorhaben mitzuteilen und auf die Absicht des Erwachsenen zu antworten.

Sehr oft arbeiten Musiktherapeut/innen mit Kindern, die sich auf Grund kognitiver Einschränkungen oder Probleme nur schwer ausdrücken können. Ermutigen und Stimulieren jeglicher stimmlicher Aktivitäten durch die musikalische Interaktion ist dann hilfreich. M. setzte, wenn er entspannt war, seine Stimme frei ein, und im Verlauf der Arbeit synchronisierte er seine stimmlichen Äußerungen mit den Rhythmen, die er in der improvisierten oder vorkomponierten Musik spielte. Synchrone stimmliche Interaktionen mit kleinen Kindern bedeuten oft Stille, Übergänge und nonverbale Signale, die den anhaltenden Strom stimmlichen Spiels zu einem antiphonalen Wechselspiel werden lassen. Das entspannte und kindzentrierte Setting der Musiktherapie mit dieser Altersgruppe begünstigt das spielerische Erkunden stimmlicher Klänge. Das richtige Zeitmaß finden ist ein zentrales Merkmal bei der Stimmarbeit. Es ist oft zu beobachten, wie eine Mutter dem Kummer ihres Säuglings durch gesteigerten Stimmeinsatz begegnet; Tempo und Lautstärke der Stimme nehmen zu, um dann synchron mit den Bewegungen des Babys ruhiger zu werden. Wie Stern (1977, S. 81–105) verwendet auch Bullowa musikalische Parallelen, um das frühe Spiel zwischen Mutter und Kind zu charakterisieren: »Bewegung, Klang und Rhythmus machen einen großen Teil der gemeinsamen Erfahrung aus, bei der sich Kleinkind und Eltern begegnen – synchrone Muster und potenzielle Muster von Kontrapunkt und Synkopierung.« (Bullowa 1979, S. 71)

Sich auf das Kind einstellen

Die Betonung und der Aufbau eines nonverbalen Kodes durch Imitation, Stimmeinsatz, Wechselspiel, gegenseitige Aufmerksamkeit und Verständnis hilft, einige Stufen interaktiver Musiktherapiesitzungen zu verstehen. Dieses gemeinsame Erkunden scheint in der Arbeit mit einem nicht sprechenden Kind noch wichtiger zu sein. Die Abfolge musikalischer Gesten oder Botschaften wird Teil der sich entfaltenden Geschichte zwischen dem Erwachsenen und dem Kind. Sie erhält eine signifikante Bedeutung, die angestrebt, von beiden geteilt und potenziell verstanden wird. Wie können wir sicher sein, dass wir die Gefühle hinter der musikalischen Geste verstehen? Ein Kind produziert beispielsweise auf einer Trommel eine Reihe von Klängen – physikalische Ereignisse in Raum und Zeit. Direktes Wiederholen dieser Klänge ist reines Imitieren. Dabei kann es sein, dass wir nicht hinter die Klänge und damit in Kontakt mit der Gefühlswelt des Kindes kommen. Ich benötige Schlüssel, um seine Gefühlswelt zu verstehen und die richtige Spur zu finden, mit meiner musikalischen Reaktion ohne Worte die Intention des Kindes zu bestätigen. Sicherlich zeigt eine Abfolge imitativen Spiegelns instrumentaler und stimmlicher Klänge dem Kind nicht an, dass ich das ganze Bild verstanden habe. Es hilft auch nicht mitzuteilen, dass ich die Gefühlswelt, in der sich das Kind befindet, verstanden habe. Daniel Sterns Bezeichnung des »affekt atunement«, der »affektiven Einstimmung« kann hier weiterhelfen. Dass ein befriedigender zwischenmenschlicher Austausch (ein wechselseitiger Austausch von Gefühlszuständen) geschieht, hat für Stern verschiedene Prozesse zur Voraussetzung. Der Erwachsene muss einen Weg finden, die Gefühlszustände des Kindes aus dem äußeren Verhalten (in unserem Beispiel dem Trommelspiel) »herauszulesen«. Der Erwachsene zeigt etwas von dem, was er verstanden hat, indem er etwas anbietet, das mehr als eine Imitation dieses Verhaltens ist, jedoch Ähnlichkeit mit ihm hat. Im Beispiel des Trommelns könnte der Therapeut die ähnliche Geschwindigkeit oder Lautstärke als Teil seiner musikalischen Antwort aufgreifen, die aber auch eigene Einfälle des Therapeuten beinhaltet. Der Therapeut kann diese Einfälle auch auf einem anderen Instrument darstellen. Das Kind muss jedoch eine Verbindung zwischen diesem Verhalten des Erwachsenen und seinem eigenen herstellen können. Diese Verbindung besteht dann nicht in einfacher Imitation, sondern im für das Kind nachvollziehbaren Versuch, mit den Gefühlen des Kindes in Kontakt zu kommen (vgl. Stern 1985, S. 139). Wenn wir die stimmliche Interaktion betrachten, ist der Prozess ähnlich. Das Kind produziert etwas mit seiner Stimme, der Therapeut gibt etwas zurück, vielleicht von einem anderen Instrument unterstützt, als ob er durch das Kind zur Handlung aufgerufen wurde. Dies ist keine exakte Nachahmung des kindlichen Produktes, aber es enthält Merkmale davon. Der Erwachsene arbeitet einige der Ideen des Kindes ein und erweitert sie mit seinen individuellen Variationen. Dies mag das Kind zu einer Antwort veranlassen, die wieder aufgegriffen und vom Erwachsenen ausgearbeitet wird. Eine Kette gegenseitigen stimmlichen Wechselspiels mit instrumenteller Unterstützung entsteht. Wieder ist die musikalische Form von Thema und Variation eine angemessene Analogie für diesen fließenden Dialog. Nach Stern ist dieses gegenseitige Einstimmen niemals exakte Kopie; Übereinstimmung geschieht in verschiedenen Modi – z.B. können die Körperbewegungen des Kindes in den stimmlichen Produkten des Erwachsenen entweder durch Synchronisierung von Tempo oder Lautstärke oder als antiphonale Antwort enthalten sein. Die Übereinstimmung versucht die Gefühlte hinter dem äußeren Verhalten zu reflektieren. Stern (ebd., S. 142) stellt fest: »We appear to be dealing with behaviour as expression rather than a sign or symbol, and the vehicles of transfer are metaphor and analoque.« »Wir scheinen es eher mit Verhalten als Ausdruck denn als Zeichen oder Symbol zu tun zu haben, und das Transportmittel des Transfers sind Metapher und Analogie.«

Sehverhalten

Musiktherapeut/innen teilen mit anderen Entwicklungstherapeut/innen das Interesse, Kinder dazu zu ermutigen, sowohl Spielgegenstände (in unserem Fall ein weites Spektrum wunderschöner Instrumente, die nicht nur anzusehen, sondern zu berühren, zu fühlen und festzuhalten sind) als auch Erwachsene oder andere Kinder, wenn es sich um Gruppenarbeit handelt, zu betrachten. Fantasien nachgehen und visuelles

Fixieren sind Handlungen, die von Kindern normalerweise beherrscht werden und früh zum Mittel werden, Aufmerksamkeit auszudrücken. – »Kann ich damit jetzt spielen, Mama?« Im Unterschied zu den Ohren können die Augen ausgeschaltet werden, um den Informationsstrom zu regulieren, man kann den Blick abwenden, die Augenlider schließen oder die Pupillen aufreißen (vgl. Robson 1967, S. 13–25). Direkter Augenkontakt zwischen Kind und Erwachsenem ist eine reiche Kommunikationsquelle, die auch im Erwachsenenalter erhalten bleibt. Dieser Kontakt, oft mit einem Lächeln verbunden, prägt den Bindungsprozess beträchtlich. Mütter sprechen ihre Kinder oft sehr natürlich *en face* an – eine oft bevorzugte Position am Anfang musiktherapeutischer Interventionen, wenn sie von dem Kind akzeptiert wird.

Manchmal kann der indirekte Konakt über ein Instrument für Kind und Therapeut natürlicher sein. Das Instrument ist dann der gemeinsame Punkt visueller Aufmerksamkeit. Oft wird die Mutter über die visuelle Aufmerksamkeit des Kindes zu einem Objekt geführt; sie wird dann darüber reden, um so die Handlung am Objekt für beide signifikanter und bedeutungsvoller zu machen. Sehr oft kann der Erwachsene die Blickrichtung des Kindes vorhersagen (vgl. Collis/Schaffer 1975, S. 315–320). Scaife und Bruner sehen darin, dass ein Kind dem Blickrichtungswechsel eines Erwachsenen folgt, wachsende Neugier und abnehmende Egozentrik (Scaife/Bruner 1975, S. 265 f.).

Entwicklungsverzögerung kann zu Schwierigkeiten bei der Entwicklung visueller Aufmerksamkeit führen. Miranda und Fantz, z.B. weisen auf einige Schwierigkeiten hin, die Kinder mit Down-Syndrom beim Demonstrieren visueller Präferenzen im Vergleich mit einer Gruppe ohne Entwicklungsverzögerung haben (vgl. Miranda/Fantz 1973, S. 555–561). In der Art, wie sich autistische Kinder Erwachsenen nähern, beobachteten Hutt und Ounsted normale Annäherungsgesten bei abgewandtem Blick: z.B. Annäherung mit ausgestreckten Armen, mit abwärts gerichtetem Gesicht. Nach Hutt und Ounsted wird das Abwenden des Blicks als Regulator benutzt, weil die visuelle Informationsfülle das autistische Kind überfordern würde (vgl. Hutt/Ounsted 1966, S. 346–356). Die Folgerungen aus dieser Forschung können Musiktherapeut/innen bei ihren Versuchen helfen, in Kontakt mit autistischen Kindern zu kommen. In der Arbeit mit einem Kind, das an Autismus leidet oder autistische Merkmale aufweist, ist eine »face to face«-Position zu bedrohlich. Jedoch nebeneinander zu sitzen und sich mit den Instrumenten zu beschäftigen und über sie miteinander zu kommunizieren kann wesentlich entspannter sein. Es ist besonders zu erwähnen, dass in Fällen, wo visuelle Aufmerksamkeit unmöglich ist, wie bei blinden Kindern, die Sprache sich normal entwickeln kann, wenn ein ausreichendes Angebot an alternativer akustischer und taktiler Interaktionserfahrung besteht (vgl. Fraiberg 1971, S. 381–405). Reaktionen blinder Menschen auf Musik unterstreichen, dass Musik ohne visuelle oder sogar aktive Teilnahme verstanden werden kann.

Andere Aspekte nonverbaler Kommunikation

Musik kann als eigenständiges nonverbales Kommunikationssystems betrachtet werden. Es ist für jeden Beobachter aktiver Musiktherapie offensichtlich, dass musikalische Interaktion viele Aspekte nonverbaler Kommunikation umfasst, die über das klangliche Geschehen hinausgehen. Sie besitzen alle eine eigene Bedeutungsebene. Räumliche Anordnung, Körperhaltung, Gesichtsausdruck, Gestik, Kopfnicken und andere nonverbale und subtile Systeme der Kommunikation könnten separat untersucht werden. Wie beim Stimmverhalten und bei Beziehungen zwischen Musik und Sprache sind Betonung, Pausen, Wiederholungen und rhythmische Gestaltung in diesen Systemen beobachtbar; musikalische Terminologie kann angewendet werden, um einen großen Teil der nonverbalen Kommunikation wie einen tänzerischen Ablauf zu beschreiben.

Bei geistiger Behinderung ist oft die nonverbale Kommunikation beeinträchtigt. Das Vermeiden des Sich-Annäherns wurde bei autistischen Kindern beobachtet. Schwierigkeiten können durch spezifische motorische und neurologische Probleme definiert sein. Dabei sind nonverbale Signale besonders wichtig, wenn das Kind oder der Erwachsene, aus welchem Grund auch immer, nicht sprechen kann. Das richtige Zeitmaß zur Gestaltung sozialer Antworten kann gestört sein, oder es können Probleme beim Erkennen und Kodieren nonverbaler Inhalte bestehen. Dann erscheint das Interaktionsmuster als sprunghaft und undeutlich. Wieder einmal bietet die musikalische Interaktion ein rhythmisches und zeitorientiertes Gitter, das das Kind oder den Erwachsenen befähigt, ein breites Spektrum nonverbaler Kommunikation zu erkunden, sich wieder anzueignen, zu lernen oder anzuwenden.

Musikmachen als die Entwicklung förderndes Spiels

Musikmachen mit Kindern trägt viele Merkmale der entwicklungsfördernden Funktion des Spiels überhaupt. Ich beziehe mich oft in der Arbeit mit Vorschulkindern insbesondere auf das »Spielen mit Klängen«. Leonard Bernstein beschrieb das Spielen der Instrumente oder das Komponieren als Spielen mit Klängen und Noten; man jongliere mit Klangbildern, hantiere mit Lautstärke, gleite, hüpfe und schlage Saltos mit Rhythmen und Klangfarben usf. (1976, S. 129).

Das Kind hat oft am Spiel mit stimmlichen Klängen große Freude, auch bevor Instrumente eingeführt werden. Klänge werden erkundet, imitiert, es wird mit ihnen um ihrer selbst willen gespielt. Hier wie auch im Spiel gibt es keine strikten Regeln. Das Kind entdeckt, dass ein Klang eine sofortige Wirkung auf den Erwachsenen haben kann, der wiederum zum Antworten ermutigt wird. So bauen sich die Anfänge eines engen Interaktionssystems auf. Es mag für ein Kind mit Lernschwierigkeiten einige Zeit dauern, bis es diese Verbindungen herstellt. Musiktherapeutische Intervention kann diesen Prozess fördern, auch wenn das Kind einige Monate braucht, bis es zu verstehen beginnt. Geduldiges Warten wird zweifelsohne belohnt.

Einige Kinder mögen körperliche Schwierigkeiten in der Handhabung der Instrumente haben oder im Verständnis, wie die Instrumente klingen. Es können spasmische oder Wahrnehmungsschwierigkeiten bestehen. Das Kind kann beim allmählichen Erkunden eines Instrumentes und beim Entwickeln angemessener Verhaltensweisen ihm gegenüber unterstützt werden. Das Kind spielt nach dem Konzept von Ursache und Wirkung, wobei es dafür verantwortlich ist, dass etwas Wundervolles geschieht: Die Klänge entspringen seinem Tun. Dies wird oft spielerisch wiederholt. Dabei genießt das Kind die Erkenntnis, dass »ich« für diese Handlung und für die Beeinflussung des Erwachsenen verantwortlich bin. Dieses Wohlgefühl kann auf sehr ökonomische Weise zu Stande kommen: eine minimale Bewegung in Richtung einer aufgehängten Glocke oder ein leichtes Kratzen auf einem Trommelfell. Auch auf rezeptiver Ebene kann einem Kind zu dem Verständnis verholfen werden, dass »ich« den Erwachsenen z.B. durch Lächeln, meine Stimme oder Hinwendung zur Klangquelle beeinflusst habe, diesen Klang zu produzieren. Neugier und spielerische Freude an den elementarsten Klängen sind nicht auf Kinder beschränkt. Wenn einer Gruppe von Erwachsenen versichert wird, dass es nicht auf musikalische Standards ankommt, wird immer wieder ein spontanes Vergnügen am Erkunden der Instrumente freigesetzt. In der Arbeit mit Erwachsenen scheint es, als ob die musiktherapeutische Erfahrung dem inneren Kinde völlige Freiheit im spielerischen Ausdruck erlaubt.

Musik machen ist eine vollständige Erfahrung in Raum und Zeit mit einem sicheren Gefühl von Anfang und Ende. Wir beschäftigen uns mit Prozessen der Gestik und Intentionalität. Das Spiel kann sich vollenden, auch wenn nur ein einzelner Klang platziert oder zwei Klänge zusammengefügt werden. Auch dann finden Prozesse der Organisation und der Integration statt. Man benötigt sehr wenig Zeit, um eine musikalische Geste ausführen zu können, z.B. um einen Schlegel aufzunehmen und die Trommel zu spielen, und kann dann beträchtliche Zeit in der Musik verharren. Es handelt sich bei dem Spiel nicht nur um eine in sich geschlossene vollständige Erfahrung, sondern es richtet sich auch spielerisch an alle Sinne. Dieser der Musik in besonderem Maße zukommende Aspekt hat einige Therapeuten dazu geführt, das Konzept der sensorischen Integration zu untersuchen, bei dem die Hör- und Sehaspekte der Musik mit der Entwicklung anderer Gebiete wie Wahrnehmungs- und motorische Fähigkeiten verbunden werden können (James 1984, S. 79–88).

Beim Musikmachen kann ein großes Spektrum von Gefühlen erkundet werden. In vielfältiger Hinsicht besitzen Musikinstrumente, um Winnicotts Terminologie zu benutzen, die Eigenschaften von »Übergangsobjekten« (1971, S. 1–30). Wie kann von einem Musikinstrument in gleicher Weise tröstliche Wirkung für ein Kind ausgehen wie von seinem Schmusetuch? Alvin bemerkt, dass Instrumente durch den Kontakt, beispielsweise mit Händen oder Mund, als Erweiterung des Körpers betrachtet werden können, worüber die Gefühle von Schutz und Projektion erlebt werden (Alvin 1977, S. 7–13).[1] Ein Kind kann ein Instrument anschauen, es berühren oder sogar

---

1 Ebenso vgl. Klausmeier 1978, S. 144ff., 231.

auch riechen. Alle Gefühle des Spielers können auf das Instrument projiziert werden, und gleichzeitig dient es als ein Mittel der Kommunikation mit anderen und überbrückt so die Kluft zwischen innerem und äußerem Erleben. Das Kind hört seine Klänge unmittelbar und zugleich auch das Spiel des Erwachsenen. Dabei kann es die eigenen Grenzen und die der anderen erkunden. Instrumente setzen dem Spieler – wenn auch nur ganz geringfügig – Widerstände entgegen, deren Handhabung ihm das Gefühl von Meisterschaft und Kontrolle erlebbar machen, parallel zum Begriff des Meisterns in der Psychoanalyse. Instrumente sind verlässliche Partner; sie können sich nicht rächen, sie plaudern nichts aus, was man ihnen anvertraut hat. Musik kann nicht verletzt werden; das Kind und der Erwachsene lernen bald, dass Musik ein riesiges Spektrum an Gefühlen aushalten kann, auch destruktive Gefühle, die man nicht auszusprechen wagt. Instrumente sind auch gleich bleibende Objekte, was sehr wichtig für die Arbeit mit unsicheren Kindern ist, die auf Zuverlässigkeit in ihrer Umgebung angewiesen sind. Instrumenten können in der Fantasie spezielle Qualitäten und Charakteristika und sogar die Rolle imaginärer Figuren zugeschrieben werden.

Martin, 10 Jahre alt, ist ein Kind mit einigen körperlichen Problemen (leichte Athetose) und komplexen emotionalen Schwierigkeiten. Seine Eltern sind in einer Beziehungskrise. Martin benutzte die Instrumente in seinen Musiktherapiesitzungen als Teil einer Psycho-Oper. Er belegte drei Instrumente mit den Charakteristika seiner Mutter, seines Vaters und sich selbst. Im Verlauf der Wochen konnte Martin die Sitzungen nutzen, um sich mit seinen Gefühle und Reaktionen auseinander zu setzen, mit denen er die Situation zu Hause zu bewältigen suchte. Er sang die Aussagen seines Vaters an seine Mutter und ihn mit einer tiefen Stimme. Die Antworten der Mutter stellte er durch ein anderes Instrument und mit einer höheren Stimme dar. Alle seine Gefühle und Reaktionen lagen in den musikalischen Strukturen, die sich während der Therapie entfalteten. Er war in der Lage, die Instrumente mit allen möglichen Gefühlen zu belegen, und erkundete verschiedene Verbindungen und Integrationsmöglichkeiten.

Die Prozesse in Martins Musiktherapie wurden sorgfältig supervidiert und sind ein eindeutiges Beispiel für die machtvolle Art und Weise, in der Musikinstrumente eine tief greifende Bedeutung für ein Kind annehmen können. Ein Instrument wird als Brücke benutzt – das Spielfeld – zwischen der inneren und äußeren Welt des Kindes und zwischen dem Kind und dem Erwachsenen.

Beweis einer Entwicklungsabfolge: Musik in der späteren Kindheit

Bis auf das letzte Beispiel ging es bisher um Musik und Musiktherapie mit kleinen Kindern. Was geschieht mit dem spontanen Musikmachen während der Schulzeit eines Kindes? Welche neuen Einflussfaktoren kommen nun ins Spiel? Diese Fragen sollen hier beleuchtet werden und uns Aufschluss geben über musiktherapeutische Arbeitsmöglichkeiten mit älteren Kindern. Eine gemeinsame Grundlage für alle

Kinder, unabhängig von musikalischem Training, ist der Einfluss der musikalischen Erfahrungsbreite in der eigenen Kultur. In der westlichen musikalischen Tradition sind dies tendenziell Kinderlieder und Aktivitäten an Instrumenten, obwohl die derzeitige Entwicklung des praktischen Musikmachens in Schulen zunehmend eine Frage des Lehrkörpers, der Finanzen und schließlich der Politik ist. Hinzu kommt der Einfluss von Fernsehen, Radio und gängiger Populärmusik mit ihren Veränderungen, engen Verknüpfungen mit Mode und anderen aufeinander einwirkenden Einflüssen auf das heranwachsende Kind und den jungen Erwachsenen. Daraus folgt, dass musikalische Entwicklung in einem komplexen Bedingungsgefüge von Einflüssen des Elternhauses, der Schule, der Umgebung und individueller Begabung geschieht.

Goodman meint, dass die musikalische Entwicklung ähnlich in Phasen verläuft, wie es von Piaget beschrieben wurde (1981, S. 564–583). Sein Konzept hat das Interesse von Musikpsychologen auf sich gezogen. Pflederer z.B. hat eingehend auf dem Gebiet der Merkfähigkeit im Zusammenhang mit der musikalischen Entwicklung geforscht. In einem ihrer Projekte fand sie heraus, dass 8-Jährige in der Lage sind, auf mehr als ein musikalisches Ereignis gleichzeitig zu achten und dies weit mehr als 5-Jährige (Pflederer 1964, S. 251–268). Rider arbeitete an Aufgaben der Merkfähigkeit als Mittel, den kognitiven Status der musikalischen Wahrnehmung zu untersuchen. In einer Studie stellte er Aufgaben zu Rhythmus und Tempo, bei geistig zurückgebliebenen Kindern im Alter von 7 bis 13 Jahren. Rider schloss, dass unbeachtet der Entwicklungsverzögerung die Fähigkeit, den Rhythmus zu reproduzieren der des Tempos vorausgeht. In einer zweiten Studie verwendete er 15 musikalische Aufgaben, und es bestanden klare Korrelationen zwischen Alter, zusätzlicher Unterstützung für den Gebrauch dieser Aufgaben bei der Begutachtung der kognitiven Fähigkeiten (Rider 1977, S. 126–138; 1981, S. 110–119). Funk und Whiteside argumentieren, dass im Unterschied zur klassischen Merkfähigkeit bei Objektexperimenten eine musikalische Entsprechung variiert werden muss, bevor sie einem Kind präsentiert wird. Das Kind sagt tatsächlich nichts über den Transformationsprozess an sich aus (1981, S. 46–49). Ob musikalische Entwicklungen auf musikalische Merkfähigkeit zurückzuführen sind oder nicht, mag nur eine Frage der Interpretation sein. Hargreaves bemerkt, dass die Ergebnisse von zunehmendem Erinnerungsvermögen, Aufmerksamkeit und Wahrnehmungsfähigkeiten und kompetenter verbaler Ausdrucksfähigkeit unter anderen sich entwickelnden Verhaltensweisen beeinflusst sein können (1986, S. 31–50). Es ist vielleicht angemessener, von einer kritischen musikalischen Unterscheidung als von musikalischer Merkfähigkeit zu sprechen.

Andere Entwicklungsmodelle wurden als Grundlage für musikalische Entwicklungsstudien vorgestellt. Gardener schlägt drei Stufen künstlerischer Entwicklung vor: eine vorsymbolische Stufe bis etwa zum ersten Lebensjahr; eine Entwicklung im Gebrauch von Symbolen bis etwa 7 Jahren; und ein späteres Stadium, in dem frühere Prozesse verfeinert werden (zit. nach Funk/Whiteside, S. 45f.). Shuter-Dyson und Gabriel beziehen sich auf die differenziertere Arbeit von Bruner, der beobachtet, dass das Kind immer wieder auf eine frühere Stufe zurückkehrt, um sich von dort weiterzuentwickeln wie bei einer Spirale (vgl. Shuter-Dyson/Gabriel, S. 101). Der überzeugende Vergleich mit einer Spirale wurde von June Tillman aufgegriffen. Sie nahm über 700 Kompositionen von Kindern im Alter ab 3 Jahre auf, analysierte sie und entwickelte daraus eine Abfolge musikalischer Entwicklung in Gestalt einer Spirale. Ihr Modell integriert einen Teil der oben diskutierten klassischen Forschung, insbesondere die Arbeit von Moog und Piaget. Tillman kritisiert an einem Groß- teil bisheriger Forschungen zur musikalischen Entwicklung, dass sie sich auf die

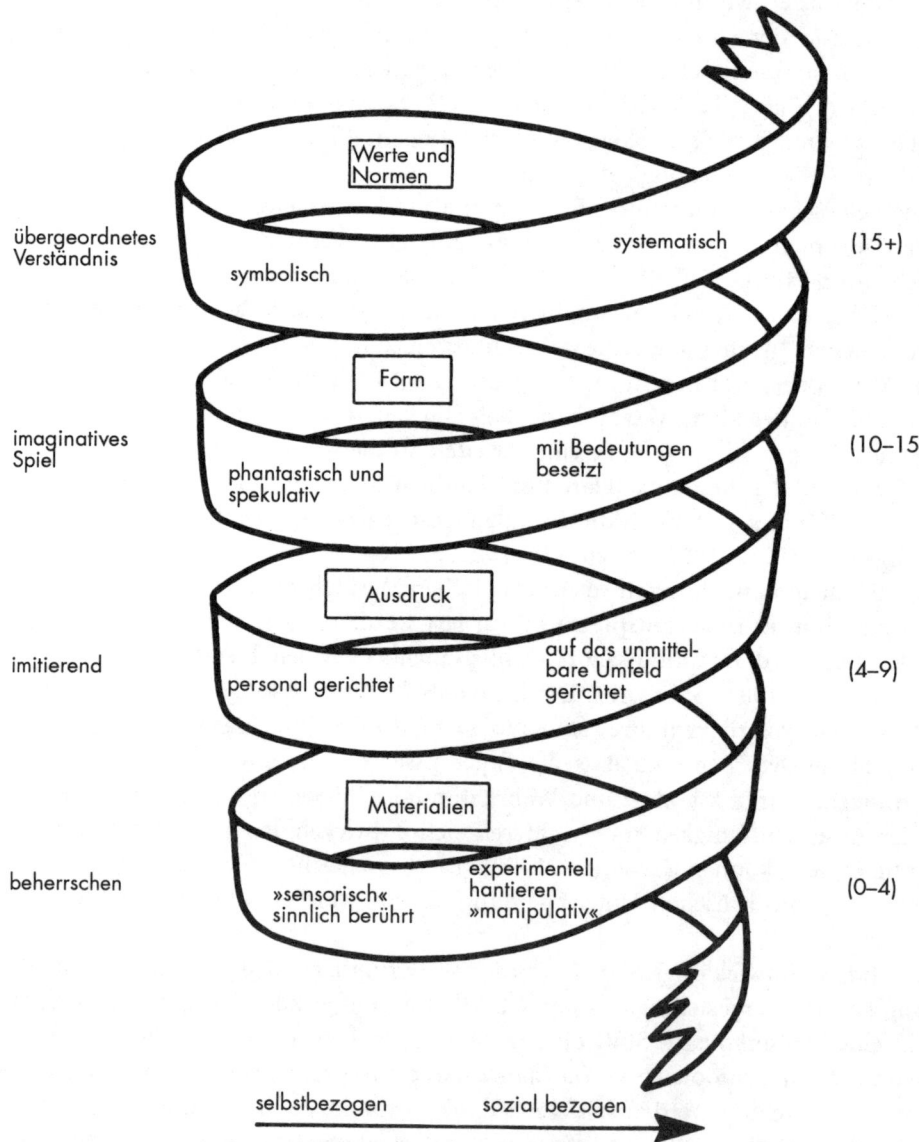

Abbildung 1: Die Spirale der musikalischen Entwicklung (Swanwick/Tillmann 1986).

Reaktion des Kindes auf Klänge konzentrierte. Ein Musiktherapeut jedoch hat es in seiner Arbeit mit dem musikalischen Spiel der Kinder zu tun; Tillman nennt dies »Komposition« oder »musikalisches Angebot«, bei dem sie die Spontaneität des musikalischen Prozesses mehr betont als das wiederholte musikalische Produkt. Sie arbeitete bei der Veröffentlichung der Forschungsergebnisse mit ihrem Supervisor, Professor Keith Swanwick, zusammen. Professor Swanwick nimmt in seinem Buch »Music, Mind and Education« Bezug auf diese Studie (Swanwick 1988 und Swanwick/Tillman 1986, S. 305–339). Swanwick/Tillmann fassen eine Entwicklungsabfolge »über die Stufen Beherrschen, Imitation und imaginatives Spiel« zusammen (ebd., S. 309).

Die Gestalt der Spirale, die aus Tillmans Forschung entstand, stellt ein sorgfältig konstruiertes Modell dar, um die Komplexität der von Kindern in der Musiktherapiesitzung präsentierten musikalischen Gesten verstehen zu lernen (s. Abb. 1, S. 112). Das Modell ist sehr flexibel, mit einer sowohl vertikalen Zwei-Wege-Bewegung als auch einer Rechts-links-Seitenbewegung. Ein Kind kann in einer Abfolge durch die Spirale auf eine frühere Stufe zurücktauchen, um sich eine neue Stufe anzueignen, was auch bei Lernprozessen bei Erwachsenen beobachtbar ist. Die linke Seite der Spirale repräsentiert eher individuelle, die rechte eher soziale Kennzeichen. Swanwick/Tillman haben die verschiedenen Entwicklungsmodi sehr klar und detailliert beschrieben, von sensorisch zu systematisch, und die Themen Beherrschen, Imitation, imaginatives Spiel und Meta-Kognition. Ich kann mit einer kurzen Beschreibung der einzelnen Stufen der Gewichtigkeit dieser Arbeit nicht gerecht werden, und dem Leser ist deshalb dringend empfohlen, sich mit der Quelle selbst zu beschäftigen. Praktische Illustrationen der verschiedenen Modi werden die folgenden Beispiele musiktherapeutischer Arbeit mit älteren Kindern beinhalten.

Musiktherapie mit älteren Kindern

Die folgenden beiden Beispiele stellen den Versuch dar, einige der wichtigsten theoretischen Themen in diesem Kapitel praktisch zu illustrieren. Durch die Kombination von »Musik« und »Therapie« kommt es auch zu einer Begegnung mit der Psychologie des Kindes.

Der Fall Julia

Überweisung und Diagnostik
Julia war zum Zeitpunkt der Überweisung zur Musiktherapie 9 Jahre und 5 Monate alt. Sie hatte ernste Sprach- und Sprechprobleme, sowohl was das Auffassen als auch das Mitteilen von Sprachinhalten betraf. Sie verweigerte jegliche Art von Interaktion, was sie von ihren Altersgefährten isolierte. Der Logopäde schätzte, dass ihr verbales Verständnis dem eines Kindes von 3 Jahren und 7 Monaten und ihre verbale Aus-

drucksfähigkeit dem von 2 Jahren und 4 Monaten entsprach. Ihr Verhalten zeigte einige autistische Merkmale wie ritualisiertes und repetitives Spiel, jedoch betrachtete das multiprofessionelle Team das Sprachproblem als die eigentliche Wurzel ihrer sonstigen emotionalen und sozialen Schwierigkeiten. Sie besuchte eine Sprachabteilung, wo sie auch wegen einer Musiktherapie vorgestellt wurde.

Julia reagierte stark auf Musik: Alle Berichte vermerkten ihre Liebe zur Musik. Bei unserem musikalischen Zusammenspiel passte sie sich sehr sensibel dem Tempo, verschiedenen Lautstärken und verschiedenen Stimmungen der Musik an. Sie folgte synchron mit fast unheimlicher Genauigkeit den kleinsten Veränderungen und Bewegungen meines Spiels, den Pausen und Abschlussphrasen. Sie schien mit Rhythmus sehr flexibel umgehen zu können und konnte ziemlich komplexe Muster akkurat imitieren. Sie fühlte sich beim Imitieren sehr sicher, was als Widerspiegelung ihrer Sprachschwierigkeiten angesehen werden kann und ihres starr strukturierten Verhaltens. Sie neigte dazu, bei allen Instrumenten das rhythmische Potenzial zu nutzen, bildete Muster, die sie über eine ganze Improvisation hinweg wiederholte. Beim Betrachten der Spirale von Swanwick/Tillman kann davon ausgegangen werden, dass sie den »sensorischen Modus« durchlaufen hat, wobei der Schwerpunkt auf einem Fasziniertsein von der Qualität der Klänge und den Extremen der Lautstärke lag. Sie hat eine Meisterschaft entwickelt im Kontrollieren eines gleichmäßigen Pulses und wie Instrumente zu beeinflussen sind, den »manipulativen Modus«. Ihr Spiel war nahezu fehlerlos beim Imitieren gehörter Musik. Auf einer Stufe begann sie zu verstehen und assimilierte die rhythmischen Muster in ihr Spiel, die Teil der sie umgebenden musikalischen Übereinkunft waren, verfestigte Muster. Obwohl anhand der Spirale zu sehen ist, dass Julias Musikmachen eigentlich in gewissem Maß altersentsprechend ist, zeigt sich auf einer anderen Ebene, dass sie mit ihren rhythmischen Mustern in der Beziehung zu ihrem Gefühl »musikalisch festzustecken« beitragen. Es war ihr in dieser Anfangsphase nahezu unmöglich, die einfachste musikalische Idee von sich aus zu initiieren. Ihr Sinn für Melodie war ebenfalls nicht gut entwickelt, sie imitierte einige stimmliche Klänge, aber mit nur wenigen spontanen Lauten. Beliebte Lieder sang sie manchmal rhythmisch exakt, aber so, als ob die Worte ihr nichts bedeuteten. Sie sprach schnell und rhythmisch ungenau mit wenig Stimmkontur und Modulation. Aus einem weiteren Blick auf die Spirale konnte geschlossen werden, dass Julia in frühere Modi zurücktauchen musste, um spontanere Reaktionen auf Klänge zu erkunden und um zu weniger rhythmisch Kontrolliertem und konventionell Geordnetem ermutigt zu werden. Die Versuchung war groß, mit Julia ziemlich komplexe Musik zu machen, zumal die Sitzungen in dieser Hinsicht musikalisch stimulierend und befriedigend wurden. Aber wozu sollte Förderung ihres großen Imitationsvermögens und ihrer hoch entwickelten rhythmischen Intelligenz hilfreich sein? Es bestand die Gefahr, dass diese Betonung des Rhythmischen nur die Echolalie, das automatische Wiederholen von Worten und Phrasen, bestärkte und ihre kommunikativen Schwierigkeiten vertiefen würde. Verständlicherweise widersetzte sie sich der Veränderung ihrer so sicheren Welt der Ordnung und war sehr frustriert, wenn ihre Bedürfnisse nicht sofort befriedigt wurden. Jede Einschränkung der Sicherheit, die ihr ihre Musik gab, musste sehr vorsichtig angebahnt werden. Innerhalb ihres musikalischen Verhaltens zeigten sich ihre größten Fähigkeiten und gleichzeitig auch ihre schwerwiegendsten Probleme.

Die Anfänge der Arbeit

Die Musiktherapiesitzungen begannen mit dem Versuch, ein Gefühl von Sicherheit und Vertrauen aufzubauen. Ein Begrüßungslied wurde komponiert, das sie ermutigen sollte, ihre rhythmische Fähigkeit durch Hinzufügen und Verändern von Mustern innerhalb des metrischen Rahmens zu erweitern. Ihre Merkfähigkeit für Einzelheiten dieses Liedes war offensichtlich, sogar nach einmaligem Hören und einer Pause über Weihnachten. Um rhythmische Starre zu vermeiden, ermutigte ich sie, rhythmische Variationen zu allen schon eingeführten Mustern hinzuzufügen. Dies geschah erstmals in einem kurzen spanischen Tanz, der kennzeichnend für unsere ersten Sitzungen wurde. Sie veränderte manchmal die rhythmischen Muster, nachdem sie sich gut gesetzt hatten, und begann spontan Vokalklänge im Mittelteil zu singen. Am Ende dieser Anfangsphase – einem Zeitraum von 5 Monaten mit 2 Sitzungen pro Woche – machte sie die ersten Versuche, rhythmische Muster oder Aktionen von sich aus zu beginnen.

Der mittlere Abschnitt

Während dieser Phase wurde sie ermutigt, kleinste musikalische Ideen zu initiieren. Dies bedeutete eine Rückkehr zu einigen der frühesten Klangerfahrungen. Wir luden Julia in erster Linie ein, einen Klang zu spielen. Sie begann versuchsweise einen und dann zwei Klänge z.B. auf einer Chimes zu erkunden. Sie begann die Klänge, die sie produzierte, zu singen und dies im Verlauf der Wochen mit zunehmender Genauigkeit. In der Zwischenzeit versuchte ich ihr zu zeigen, dass ich ihre Klänge imitieren konnte und versuchen würde, ihre Ideen aufzunehmen, indem ich sie als Grundlage für eine kurze Improvisation benutzte. Nach dem Begrüßungslied am Anfang fragte sie oft nach den Chimes und arbeitete schwer daran, mir einige einfache Klänge zu geben, ohne zu fixiert auf sie zu sein. Wir kehrten nach diesem schwierigen Teil der Sitzung immer auf ein sichereres musikalisches Terrain zurück.

Julia tolerierte diesen schwierigen Teil der Sitzung nicht immer. In diesen Fällen nahm sie keine Einladung an, eine Aktivität zu beginnen. Dann schlug sie auf die Klaviertasten und wies Melodieinstrumente ab. Einmal reagierte ich musikalisch darauf, indem ich auf eine Klaviertaste schlug. »Sehr ungezogen«, sagte sie darauf und wünschte sich ein bekanntes Lied. Ich riskierte es, ihrem Wunsch nicht entgegenzukommen und fuhr mit Spielen fort. Sie begann mit ihrer Stimme Klänge zu erzeugen, die ich in den Sitzungen bisher nicht gehört hatte. Die Klänge und die Musik, die wir zusammen machten, schienen sehr spontan und von sehr persönlicher Ausdruckskraft. Ich spürte, dass sie versuchte, mir einige der Schwierigkeiten mitzuteilen, denen sie in diesem anstrengenderen Teil unserer Arbeit gegenüberstand. Wir bearbeiteten diesen Augenblick, und bei späteren Gelegenheiten war es ihr möglich, ähnlich spontan zu sein. Sie begann melodische und rhythmische Muster mit mehr als zwei Klängen zu initiieren. Am Ende der 6-monatigen Mittelphase war sie daran gewöhnt, neue Muster zu erfinden und zu variieren. Allerdings war dieser Teil der Arbeit immer noch schwierig für sie, und während einiger Sitzungen bat sie um das »Goodbye«-Lied, wenn sie das Erfinden zu sehr anstrengte. Zu anderen Zeiten verließ sie den Raum mit einem festen »Nein«. Dieser Widerstand war die vollständige Umkehrung der früheren spontanen Freude, die sie mir und der Musik entgegenbrachte. In der Diskussion dieser Arbeit in der Supervision und mit anderen Teammitgliedern wurde deutlicher, dass Julia es nun widerstrebend erleben musste, wie die einmal sichere Welt der Musik und der rhythmischen Unabhängigkeit sich in einen Bereich wandelte, in dem sie auf einige ihrer Probleme stieß. Wir waren überzeugt, dass es wichtig war, weiter diesen Widerstand mit so viel Unterstützung und Flexibilität wie möglich durchzuarbeiten.

Die Abschlussphase

In der abschließenden 6-monatigen Phase von Musiktherapiesitzungen verfestigte sich ihr nun gewonnenes spontanes Verhalten, bei dem sie selbst die Initiative ergriff. Wir waren in der Spirale von Swanwick/Tillman in den frühen sensorischen Modus zurückgetaucht. Julia war fasziniert von der Qualität einfacher Klänge und gab ihr rhythmisches Imitationsverhalten allmählich auf. Sie begann musikalische Gesten zu entwickeln, bei denen sie Tempo oder Lautstärke veränderte oder absichtlich gegen meine Musik spielte, um ihren eigenen Bedürfnissen zu folgen. Ich erinnere mich an einen schönen Augenblick, als sie weiterspielte, nachdem ich aufgehört hatte, und dabei lachte. Sie spielte ihre Musik, und die war eben noch nicht abgeschlossen. Am Anfang unserer Arbeit hatte sie es schwer gefunden, dies auszudrücken. Sie konnte mit zunehmender Genauigkeit Tonhöhen treffen und bis zu fünf verschiedene Intervalle erfassen und melodisch wiedergeben.

Sie konnte anstrengende Übungsteile in den Sitzungen besser durchhalten und tolerierte eher Änderungen im erwarteten Ablauf der Sitzung. Nach über 60 Sitzungen äußerte ihr Sprechtherapeut: »Musiktherapie half dem Kind, seine rigide Haltung zu lockern, zu entspannen und eigenmotiviert zu lernen.« Es war für andere Beobachter offensichtlich, dass über die ganze Arbeitsperiode hinweg Musiktherapie das geeignete Mittel für sie war, um ihren Entwicklungsrückstand aufzuholen. Indem sie sich in den Sitzungen von dem sehr sicheren Terrain rhythmischer Imitation auf das riskantere und verletzlichere Feld flexibler Interaktion zubewegte, entwickelte sie die Initiative für selbst verantwortete musikalische Ideen. Nach Swanwick/Tillman können wir annehmen, dass sie durch die Spirale getaucht ist, um sich ihre spontane Reaktion auf Klänge wieder anzueignen, um fähig zu werden, sich musikalisch und persönlich auszudrücken. So konnte sie die verfestigten Verhaltensmuster früherer Entwicklungsphasen verlassen, um sich erkundendes, innovatives und »spekulatives« Verhalten anzueignen, das Swanwick/Tillmann im spontanen Musikmachen bei vielen 10-Jährigen beobachtet haben.

Robert und Julian

Überweisung und Diagnose

Robert war zum Zeitpunkt der Überweisung 9 Jahre und 8 Monate und Julian 9 Jahre und 4 Monate alt. Beide Jungen besuchten eine Lernbehindertenschule und hatten spezifische Sprachprobleme; Robert und Julian waren entwicklungsverzögert. Die Schwierigkeiten kamen bei beiden Jungen durch eine beträchtliche soziale Isolierung von Gleichaltrigen. Sie konnten gut Lesen, hatten aber schwache Rechen- und Malfähigkeiten. Zusätzlich wirkte Robert oft verwirrt und frustriert und stotterte stark. Julian war sehr scheu und überempfindlich.

Roberts spontane Musik war sehr schnell und ungleichmäßig. Wenn er angeregt wurde, langsamer zu spielen, wurde sein Spiel strukturierter. Während der Eingangsuntersuchung begann er das Prinzip der rhythmischen Imitation zu verstehen; er lachte, wenn seine Klänge nachgeahmt wurden. Beim Singen war er sehr zurückhaltend; er brauchte ein langsames Tempo und viel Raum, um die Wörter akkurat zu formen. Er wurde ermutigt, lauter zu singen und sich selbst rhythmisch zu begleiten; dann wurden die Wörter deutlicher. Er genoss das Gefühl, lauter zu werden, und interessierte sich hauptsächlich für extrem laute und extrem leise Musik. Sein musikalisches Spiel schien dem von Swanwick/Tillman als »sensorisch« beschriebenen Modus zu entsprechen, wobei erste Anzeichen von Beherrschung des »manipulativen« Modus bestanden. In der Anwärmphase mit zwei Sitzungen pro Woche wurden vier Ziele angestrebt:

1. Er sollte in der Musik die Frustration überwinden, die er bei verbaler Kommunikation erlebte, wobei Singen als Übergang zum Sprechen diente;
2. bewusstes Hören und Erinnerung fördern;
3. Selbstwertgefühl und Selbsteinschätzung und
4. Mitteilungsfähigkeit entwickeln helfen.

Julians spontane Musik war sowohl langsam als auch schnell, meist im mittleren Tempo, ungeordnet und sprunghaft bei zunehmendem Tempo. Er bemühte sich sehr, Änderungen in der Geschwindigkeit und im Melodienrhythmus mitzuvollziehen, zu folgen und konnte einfache rhythmische Muster imitieren. Er reagierte auf das neue Wechselspiel und beteiligte sich an der Improvisation. Am Anfang spielte er sehr schnell und entschuldigte sich, wenn er den Eindruck hatte, daneben eine »falsche« Musik zu spielen. Es zeigte sich eine Verbindung zwischen Ausmaß seiner Frustration, dem Ausmaß des Stotterns und der Aufmerksamkeit des Hörens.

Im Verlauf einer Begutachtungssitzung nahmen wir seinen Hang, sich immer wieder zu entschuldigen, in einer Improvisation über »Sorry ist ein lustiges Wort« auf. Er fand das amüsant und spielte während dieser Sitzung zunehmend lauter und sang das Abschiedslied in einer höheren Tonart als zuvor. Sein musikalisches Spiel wurde gestaltet (»manipulativer Modus«) mit deutlichen Anzeichen »eigener Ausdrucksfähigkeit« (Swanwicks/Tillmans Spirale, S. 112). Ziele für die erste Arbeitsphase waren

1. Selbstvertrauen und Bereitschaft zu eigener Initiative entwickeln,
2. durch Betonung positiver Erfahrungen sein frustriertes und ängstliches Verhalten zu verringern und
3. durch Singen von bekannten und eigens für ihn komponierten Liedern die Aufmerksamkeit von verbaler Kommunikation wegzulenken.

Da für beide Jungen ähnliche Ziele bestanden, entschieden wir, auf gemeinsame Sitzungen hinzuarbeiten.

Die Anfänge der Arbeit

Eine Anfangsphase von 20 Einzelsitzungen half jedem Kind, Vertrauen in das musiktherapeutische Setting zu gewinnen. Lieder und Instrumentalaktivitäten wurden entsprechend den Bedürfnissen des Einzelnen entwickelt. Roberts »besonderes Lied« gab ihm genügend Zeit, die Wörter gut zu formen, und endete mit lauter und schneller Musik. Bei Julians Lied konnte man zwischen einer lauten und leisen Version wählen. Es war für mich ein besonderer Tag, als er um die laute Version bat. Robert interessierte sich zunehmend für das Liedersingen und brachte Liederbücher zu den Sitzungen mit. Er erfand oft seine eigenen Handlungen zu Liedern. Sein Spiel wurde geordneter und ausdauernder. Er schlug besonders gern während des Singens die Gitarre, und sein Singen wurde lauter und tonsicherer. Sein Wortgedächtnis nahm zu, und er begann zuzuhören und länger in Interaktion zu bleiben, obwohl gleichzeitiges Spielen und Singen über längere Zeit schwierig für ihn war.

Julian begann, mit zunehmendem Selbstvertrauen bestimmte Instrumentalaktivitäten und Lieder zu fordern. Seine rhythmischen Fähigkeiten wurden kontrollierter, insbesondere seine Sensibilität, dem Rhythmus der Liedmelodie zu folgen. Er sang mit zunehmender Vitalität, Lautstärke und Sicherheit. Er war weniger ablenkbar und konnte sich über die 25 Minuten der Sitzung konzentrieren. Gegen Ende dieser ersten Phase, die sich über 5 Monate erstreckte, bemerkte sein Lehrer, dass er seit der musiktherapeutischen Arbeit strukturierter wurde und sich in der Klasse mehr zutraute, er zeigte mehr Wachsamkeit seiner Umgebung gegenüber. Ich erinnere mich, dass es mich sehr bewegte zu beobachten, wie durch die Musik sich seine Persönlichkeit entfaltete und aufblühte. Am Ende dieser Stufe entschuldigte er sich kaum noch.

Gemeinsame Sitzungen

In den ersten sechs Monaten gemeinsamer Sitzungen standen folgende fünf Förderbereiche im Mittelpunkt:

1. Aktivitäten mit der Stimme
Das »spezielle Lied« verlieh jedem Kind seine einmalige musikalische Identität. Durch Lieder, die wir füreinander sangen und spielten, entwickelte sich gegenseitiges Zuhören und Respektieren. Andere Lieder entwickelten wir gemeinsam, wobei jedes Kind bei der Wahl der Gestaltungsmöglichkeiten mitwirkte.

Beide Jungen entwickelten zunehmende Sensibilität für die spezifischen Sprachprobleme des anderen und ließen einander genügend Raum, um sich zu artikulieren. Das Singen wurde lauter und freier, wobei sich beide gegenseitig unterstützten und ermutigten. Wir arbeiteten auch mit spontanen Vokal- und Konsonantenklängen, um die stimmliche Klangvielfalt zu vergrößern. Diese Stimmspiele unterstützten wir durch musikalische Fantasiegeschichten, z.B. eine Autoreise bergauf und bergab.

2. Bewusstes Hören und Gedächtnis
Beide entwickelten ihre Merkfähigkeit für Details, insbesondere für die Liedtexte. Robert hatte immer noch Schwierigkeiten, das Tempo zu halten, und Julian spielte weniger geordnet, wenn er angespannt oder abgelenkt war.

3. Selbstorganisation
Es war interessant zu beobachten, wie jedes Kind seine Bedürfnisbefriedigung zunehmend selbst organisierte und wie sich dies auf den anderen auswirkte. Das manchmal auftretende unreife Verhalten des einen wurde von dem anderen kommentiert und allmählich verändert. Die zwei Jungen entwickelten ihr eigenes System, aufeinander zu warten, der Entscheidungsfindung und der Gestaltung des Sitzungsverlaufs. Die Interaktionsmuster zwischen Erwachsenem und Kind, die sie in den Einzelsitzungen kennen gelernt hatten, wurden in die Beziehung der Kinder zueinander übertragen.

4. Spontaneität
Wir begannen, mehr gemeinsam zu improvisieren, nachdem jedes Kind sich der Musik, der Emotionen und des Raumes des anderen bewusster war. Anfänglich trat viel Überaktivität und gleichzeitiges Spielen auf, was deutlich zurück in die Desorganisation und das Chaos führte. Allmählich erkundeten wir gemeinsam musikalische Parameter wie leise/laut, langsam/schnell. Manchmal schien Julian sehr aufgebracht über Roberts lautes Spielen, obwohl er in diesem Stadium keine Schwierigkeiten hatte, selbst laut zu spielen. Sie begannen es auch zu genießen, zu der Musik des anderen zu tanzen.

5. Verringerung von Frustrationen und ängstlichem Verhalten
Beide Jungen schienen mehr (Selbst)vertrauen und eine durchgehend positive Haltung während der Sitzung zu entwickeln. Sie wurden füreinander sensibler und tolerierten die Bedürfnisse des anderen. Anstatt sich zu entziehen, schienen sie mehr

in der Lage zu sein, mit schwierigen und frustrierenden Bereichen konfrontiert zu werden und ihre Gefühle nach außen zu bringen. Manchmal führte dies dazu, dass der eine den Wunsch des anderen ablehnte, wo er sich früher passiv angepasst hätte. Nun kam es zu Aushandeln, zu Kompromissbildung. In dieser Zeit berichtete Julians Lehrerin, dass er oft quer durch den Klassenraum rief und sie ihn bitten musste, leiser zu sprechen. Seine Mutter berichtete ebenfalls, dass sie sein gewachsenes Selbstvertrauen mit der Musiktherapie in Verbindung brachte. Er hatte sein »spezielles Trommellied« zu Hause gesungen und überraschte damit seine Familie, da er zuvor immer laute Klänge gefürchtet hatte. Laute Klänge wurden auch auf der Straße zunehmend toleriert. Beide Eltern von Robert wiesen darauf hin, dass er sich weniger zurückzog und besser gelaunt war. Seine Sprache verbesserte sich auch. Er gebrauchte mehr Musik zu Hause und sang zu seinen Platten.

Die Abschlussphase

Sie umfasste sechs Monate gemeinsamer Sitzungen mit gelegentlichen unterstützenden Einzelsitzungen, wenn während krisenhafter Zeiten Konzentration auf Aufmerksamkeit zusätzliche Stütze erforderten. In dieser Phase war deutlich, dass Roberts musikalischer Ausdruck und sein Interesse immer noch sehr stark von der augenblicklichen Stimmung abhängig waren. Er war allerdings deutlich besser in der Lage, Julians Bedürfnisse zu akzeptieren, mehr zuzuhören, mitzuteilen und wechselseitig zu kommunizieren. Julian entwickelte seine individuelle musikalische Ausdrucksfähigkeit weiter und fand viel Unterstützung in der Musiktherapie. Er brachte Themen, die ihn beschäftigten, in die Sitzungen mit und konnte sie verbalisieren.

Um die Rollenflexibilität weiterzuentwickeln, wurden ein älterer Junge aus ihrer Klasse (er hatte auch Sprachprobleme und Erfahrung in Einzelmusiktherapie) und ein Musiktherapiestudent mit in die Gruppe genommen. Der neue Junge veranlasste Robert und Julian zu einem Entwicklungsschub im Bereich musikalischen und sozialen Verhaltens. Er half ihnen auch, den Studenten zu tolerieren. Gegen Ende dieser Periode hatten Robert und Julian genug Selbstvertrauen entwickelt, um sich der Gruppe stellen zu können, einschließlich dem Studenten in der Gruppenimprovisation.

Abschließende Punkte

Robert und Julian haben gezeigt, wie eine Einzeltherapie sich allmählich zu einer Gruppentherapie entwickeln kann. Dies entspricht dem natürlichen kindlichen Entwicklungsmuster, bei dem neben der dyadischen Beziehung zwischen Erwachsenem und Kind allmählich die Übernahme von Rollen in der Peergroup an Bedeutung gewinnt.

Alle diese Fallbeispiele zeigen, wie sich das musikalische Verhalten im Fortschreiten der Therapie gemäß der Spirale von Swanwick/Tillman (s. S. 112) ändert. Dass es sich dabei auch um Entwicklungsveränderungen handelt, wurde von anderen Kollegen wie Logopäden und Lehrern beobachtet. Es handelt sich also nicht um rein subjektive Feststellungen der Musiktherapeut/innen. Was jedoch bei all diesen Beispielen fehlt, ist die kontrollierte Messung der Veränderungen. Die Entwicklung von Maßstäben, um Verhaltensänderungen in der musiktherapeutischen Arbeit mit Kindern im Sinne empirischer Wissenschaft nachzuweisen, ist Thema des nächsten Kapitels.

Musiktherapie und die Gesundheit des Kindes

Ein Forschungsüberblick

Einleitung

Zu Beginn meiner Forschungstätigkeit Ende der 70er-Jahre in England stand die Notwendigkeit, die anekdotenhaften Beschreibungen aus der Pionierzeit der Musiktherapie mit Kindern, etwa bei Alvin oder Nordoff und Robbins, durch empirisch nachprüfbare Wirksamkeitsnachweise zu ergänzen. Aus einer Untersuchung des British Journal of Music Therapy (s. erstes Kapitel) geht hervor, dass sich 16 Prozent der untersuchten Artikel auf Arbeit mit Kindern beziehen, die unter verschiedenen Behinderungen und Auffälligkeiten leiden (Bunt 1984, S. 2–8). Bei einigen steht der Einsatz von Musiktherapie bei Kindern mit speziellen Bedürfnissen im Vordergrund (vgl. dazu Brown 1974, S. 8; Lee 1981, S. 6–12; Morgenstern 1974, S. 9–16), bei anderen sind es bestimmte Symptome, wie z.B. Autismus, Taubheit, emotionale Verwirrung, Blindheit und körperliche Behinderungen (vgl. dazu Warwick 1984, S. 2–8; Austin 1970, S. 2–10; Sheppard 1977, S. 6–10; Wolf 1978, S. 6–9; Reaks 1971, S. 31–35). Elaine Streeter untersucht anhand beschreibender Fallstudien modellhaft die Rolle von Musiktherapeut/innen bei der Begutachtung und Behandlung von Vorschulkindern mit Sprachproblemen. Sie hebt dabei hervor, dass Musiktherapie besonders geeignet ist, das Zusammenwirken von emotionaler Belastung und Entwicklungsverzögerung angemessen einzuschätzen 1978, S. 2–6). Von den fünf kritischen Arbeiten, die von der Forschungsgruppe des BJMT untersucht und kategorisiert wurden, beschäftigen sich drei mit Kindern. Champbell Mc Queen, ein Musikpädagoge, entwickelte einen Test, um im Vergleich zu einer Kontrollgruppe nachzuweisen, dass sich die Fähigkeit des Kindes, alltägliche Gegenstände zu erkennen, durch Musiktherapie verbessert. Die Verbesserungen in Prozentzahlen werden allerdings nicht näher erläutert und diskutiert (vgl. 1975, S. 2–8). John Chesney, ein klinischer Musikpsychologe, entwarf ein System, um musikalische Vorlieben bei Kindern mit Down-Syndrom zu analysieren (vgl. 1980, S. 8–15). Der dritte Artikel beschreibt die Interventionsstudie von Hammersmith, auf die wir später ausführlich eingehen (Bunt u.a. 1981, S. 2–10).

Eine Untersuchung, an der 164 amerikanische Musiktherapeut/innen mitwirkten, hebt die immer noch allgemein gültigen Ziele hervor, an denen sich Musiktherapeut/innen orientieren, die mit lernbehinderten Kindern arbeiten: Erweiterung der Konzentrationsspanne, Kooperation mit Gleichaltrigen und Erwachsenen, Augenkontakt, Augen-Hand-Koordination, angemessener Sprachgebrauch, auditives Unterscheidungsvermögen und aktive Beteiligung (vgl. Lathom 1980). Es ist nur ein kleiner Schritt, diese Ziele in Fragen umzuformen und für forschungsorientierte

Interventionen zu operationalisieren. Eine solche immer noch unveröffentlichte Studie wurde in den frühen 70er-Jahren am Goldie Leigh Hospital im Süden Londons über die Effizienz der Musiktherapie an zwei Gruppen von Kindern mit schwerwiegenden Behinderungen durchgeführt. Eine Phase aus der Musiktherapie wurde mit einer ähnlichen Phase aus der Betreuungszeit durch einen Lehrer verglichen. Zusätzlich wurden standardisierte Entwicklungstests und Bewertungsskalen verwendet, um bei jedem Kind das Niveau von Einzelspiel und Interaktion mit dem Erwachsenen vor und nach der Musiktherapie aufzuzeichnen. Die Studie machte, obwohl sie keine überzeugenden Ergebnisse hervorbrachte, deutlich, welche Sensibilität notwendig ist, um Messsysteme zu finden, die kleinste Verhaltensänderungen bei Kindern nachweisen, und die Schwierigkeiten, die der Einsatz standardisierter Tests mit sich bringt (Carr/Collias).

Zwei Skalen wurden von Paul Nordoff und Clive Robbins für die Arbeit mit Kindern entwickelt: »die Kind-Therapeut-Beziehung in der musikalischen Aktivität« und »musikalische Mitteilsamkeit« (1986). Diese Skalen dienen den Nordoff-Robbins-Therapeuten zur Auswertung; darüber hinaus sind sie wegen ihrer spezifischen Terminologie kaum verwendbar.

Ethologen beschreiben detailliert das Verhalten von Tieren und Menschen. Ihre Vorgehensweise kann für den musiktherapeutischen Forscher beim Finden einfacher und klarer Beschreibungsstufen und bei der Entwicklung eines exakten Forschungsstiles sehr hilfreich sein. Nach Aussagen des Ethologen muss jede neue Disziplin über lange Zeiträume direkte Beobachtung durchführen und dabei klare Beschreibungen und Klassifikationssysteme aufbauen (vgl. Hinde 1976, S. 1–19; Richter 1979). Aus der direkten Beobachtung können Kategorien ausgewählt und spezifischere Fragen gestellt werden. Sollen solche Kategorien von verallgemeinerbarem Wert sein, muss ein hoher Grad an Reliabilität bestehen. Allgemeinere und spekulative Hypothesen ergeben sich aus den klar formulierten und verlässlichen Beschreibungen. Um interpersonale Beziehungen zu erfassen, lassen Ethologen neben verlässlich quantifizierbaren auch ergänzende und subjektive Daten zu. Für forschende und praktizierende Musiktherapeut/innen ist die strikte ethologische Vorgehensweise, bei der der Forscher passiver Beobachter ist, schwierig. Videoaufnahmen können dies zu einem gewissen Maß kompensieren, weil sie mehrmals unter verschiedenen Fragestellungen betrachtet und ausgewertet werden können. Strenge zeitorientierte Messsysteme können für die Videoanalyse konstruiert werden, wobei Dauer und Häufigkeitsmessungen in Relation zur »Gesamtbetrachtungszeit« wesentlich höhere Reliabilität ergeben als allgemeinere bipolare Beurteilungen wie »entspannt-angespannt« etc.

Zwischen 1978 und 1985 habe ich eine Reihe miteinander verbundener Projekte durchgeführt, um für die interaktive Musiktherapie mit behinderten und verhaltensauffälligen Kindern einfache und eingegrenzte Beschreibungsmethoden zu entwickeln. Davon soll im Folgenden die Rede sein. Leser, die sich mehr für die Praxis als für die Forschung interessieren, verweise ich auf die Zusammenfassung dieses Kapitels.

Das Hammersmith-Projekt (1978–1980)

Diese Interventionsstudie hatte zum Ziel, die Rolle der Musiktherapie für Kinder mit Lernschwierigkeiten zu untersuchen. Untersuchungsort war South Hammersmith in London. Beim Sammeln der Beobachtungen über Kinder in der Musiktherapie konnten wir einige Bereiche entdecken, in denen Musiktherapie effektiv zu sein schien. Es wurden zwei Forschungsstrategien entwickelt: (a) Begutachtung des Nutzens der Musiktherapie für die zu diesem Projekt überwiesenen Kinder; und (b) die Einschätzung musiktherapeutischer Intervention durch die medizinisch-therapeutischen Mitarbeiter. Das Projekt wurde vom National Medical Research Fund gefördert und der Pädiatrischen Abteilung der Charing Cross Hospital Medical School in London zugeordnet.

Während des Projekts wurden 80 Kinder (von 302) aus vier Sonderschulen und einem Vorschulkindergarten für Kinder mit besonderen Auffälligkeiten zur Musiktherapie überwiesen. Nach einer Begutachtungsphase wurde jedes Kind individuell untersucht (s. Abbildung 2 auf S. 125 als Beispiel für einen musiktherapeutischen Begutachtungsbogen). Das Begutachtungsverfahren beinhaltete detaillierte Verhaltensbeobachtungen des Kindes in der Musiktherapie und im Klassenzimmer; die Beobachtungen des Lehrers oder der Kindergärtnerin der Musiktherapiesitzung; Gespräche mit den Eltern und anderen Mitgliedern des paramedizinischen Teams; Bezug zu medizinischen Daten. Mehr als die Hälfte der Kinder konnte an irgendeinem Punkt des Projektes paarweise oder in kleinen Gruppen behandelt werden.

Einfache Auswertungsverfahren in Form von Fragebögen sollten Hinweise geben, ob Mitarbeiter Veränderungen bei den Kindern beobachten konnten, die in Verbindung mit der musiktherapeutischen Intervention stehen konnten, und die Einstellung der Mitarbeiter der musiktherapeutischen Intervention gegenüber aufzeigen. Die Ergebnisse dieser Befragungen sollten den Ausgangspunkt für zukünftige Detail-Studien werden.

Der Pilotfragebogen

Der erste Fragebogen hatte »Pilot«-Natur und wurde für den Kindergarten entworfen, um die Beiträge der Musiktherapie nach den ersten acht Monaten des Projekts zu begutachten. Der Fragebogen war in fünf Hauptbereiche unterteilt: körperliche Fähigkeiten, Wahrnehmungsfähigkeiten und Aufmerksamkeit, Motivation, Kommunikationskompetenz und Sozialverhalten. Die zwei Kindergärtnerinnen und der Musiktherapeut füllten die Fragebögen für die sieben Kinder der Gruppe aus. Die Ergebnisse kamen zu Stande über eine Auswertung der Ja-Antworten zu den Beobachtungsgegenständen in Prozenten z.B. bei »imitiert Vokalklänge«, »initiiert Gesten,« »tritt in Wechselspiel ein« und des »mehr als vorher«, d.h. vor der musiktherapeutischen Intervention.

Name:
Datum:

Rhythmisches Verhalten/Tempo
Vorhandensein eines musikalischen Pulses
Organisation der Schläge
Tempo
Flexibilität im Tempo
Bewusstsein für das Tempo des Therapeuten
Imitation/selbst initiierte rhythmische Muster

Vokalklänge
wann
welche
spontan/nachahmend

Gebrauch von Blasinstrumenten

Reaktionen auf Veränderungen
laut/leise   bewusst   geht mit
Tonhöhe
Klangfarbe
besondere Interessen

Schwierigkeiten, die sich im musikalischen Verhalten widerspiegeln
Motorik
- grob
- fein
Wahrnehmung
- anfänglicher Focus
- Konzentration
Kommunikation
-Verständnis
- Ausdruck
Motivation
Emotionales Verhalten

Zusätzliche Kommentare

Abbildung 2: Musiktherapeutischer Begutachtungsbogen

Die Ergebnisse ergänzten die intuitiven Beobachtungen. Die Bereiche, auf denen nach dem Eindruck der Mitarbeiter die Kinder besonders gut auf die Musiktherapie reagierten, wurden für jedes Kind herausgearbeitet. Ein 3-jähriger Junge, ziemlich ruhig und in seinem Spiel unmotiviert (sowohl mit Instrumenten als auch mit Spielsachen im Kindergarten), hatte z.B. über die 8 Monate ein lebendigeres, lauteres Spielen entwickelt und wurde als ein allgemein vertrauensvollerer Junge angesehen. In den Musiktherapiesitzungen begann er, seine Stimme zunehmend lauter einzusetzen, und gebrauchte klarere Gesten, um seine Wahl anzuzeigen; dieses Verhalten beobachteten die Mitarbeiter auch im Kindergarten. Seine Kindergärtnerin schrieb:

> Tom zeigt starkes Interesse und Enthusiasmus für die Instrumente und für die ganze Musiktherapiesitzung; es ist, als ob er zur Musikzeit »aufwacht«. Er nimmt Menschen und Gegenstände um ihn herum bewusster wahr. Er steht sogar vom Stuhl auf, um etwas zum Spielen zu holen – für Tom eine radikale Veränderung. Er teilt sich mit und wechselt viel besser ab. Er verteidigt seine eigenen Dinge und zeigt klar, was er möchte (Bunt 1979, S. 24).

Die Ergebnisse des Fragebogens waren auch für die Entwicklungsprofile jeden Kindes hilfreich; bei den Kindern mit starken körperlichen Behinderungen wurden z.B. während dieser kurzen Zeitspanne keine großen Veränderungen in der Körperkontrolle erwartet. Bereiche, in denen jedes Kind Veränderungen – oder keine – gezeigt hatte, könnten in spätere Zielsetzungen einfließen. Die beiden Ziele, die alle Kinder miteinander verbanden – (1) Aufmerksamkeit bündeln und die Konzentrationsspanne erweitern; (2) Zunahme an und Anhalten von Vokalklängen – standen interessanterweise an der Spitze der entsprechenden Abschnitte, als die Ergebnisse im Ganzen betrachtet wurden. Am anderen Ende der Rangskala stand der Bereich Sozialverhalten, für den bei diesen sehr kleinen Kindern von einer langsamen Entwicklung ausgegangen wurde. Eine sehr positive Begleiterscheinung des Fragebogens war ein größeres Verständnis für die besonderen Bedürfnisse jeden Kindes auf Seiten der Kindergartenmitarbeiter wie auch der Musiktherapeut/innen.

Kindzentrierter Fragebogen

Der zweite Fragebogen entstand aus dem Pilotbogen heraus; er wandte sich an die Mitarbeiter des Kindergartens und der Schule und befasste sich mit der Frage, ob Musiktherapie während der 18-monatigen Intervention in irgendeiner Weise zur allgemeinen Entwicklung des Kindes beigetragen hatte. Er enthielt die gleichen Hauptabschnitte wie der Pilotbogen, wurde um den Abschnitt emotionales Verhalten ergänzt. Fragen aus dem vorhergehenden Fragebogen wurden verändert oder weggelassen und andere hinzugefügt. Es wurde unterstrichen, dass es hier um Beiträge ginge, da es die vielen sich überschneidenden und nicht erfassten Einflüsse im Leben eines Kindes schwierig machen, von der Musiktherapie aus zu verallgemeinern. In einer 7-Punkte-

Skala konnte von 1 (eindeutige Verbesserung) bis 7 (eindeutige Verschlechterung) bewertet werden. 15 Mitarbeiter füllten Fragebögen über 37 Kinder unter 12 Jahren aus, die während des ganzen Projekts regelmäßig an der Musiktherapie teilgenommen hatten. Die Hauptpunkte können wie folgt zusammengefasst werden:

Fortschritt der Kinder in der Musiktherapie

Das Spektrum des Gesamtdurchschnitts reicht von 1,36 bis 4,12 (wobei 4 »keine Wirkung« bedeutet). Anmerkungen des gleichen Lehrers über die zwei Kinder an jedem Ende der Skala unterstützen diese Zahlen:

Kind A (sehr positiver Gesamtwert von 1,36).
»Nach einem zögerlichen Start entwickelte sie sehr schnell einen enthusiastischen Zugang zu ihrer Musiktherapie. Die positive Haltung, die sie gegenüber diesen Aktivitäten zeigte, hielt auch in der Klasse an und kam in der Zunahme an Selbstvertrauen und deutlich verbesserten Beziehungen zu Gleichaltrigen und Lehrern zum Ausdruck« (Klassenlehrer).

Der leitende Lehrer dieser Schule bezieht sich mit seinem allgemeinen Kommentar auf dieses Kind am Ende des Fragebogens über Haltung (s. unten).

Kind B (»keine Wirkung« der Musiktherapie, Tendenz zur negativen Seite der Skala 4,12).
»Er machte alle meine Erwartungen zunichte, dass er von der Musiktherapie profitieren würde, indem er die Sitzungen als Möglichkeit, sich regressiv und infantil zu verhalten und den Musiktherapeut/innen und mich zu manipulieren, nutzte. Obwohl dieses Verhalten zwischen den Sitzungen nicht anhielt, war es für mein Empfinden gravierend genug, um seine Teilnahme an der Maßnahme zu überdenken.«

Die Arbeit mit Kind B zeigt beispielhaft die hoch erregende Natur der Musik. Das ruhigste musikalische Ende einer Sitzung reichte nicht aus, um seine Über-Erregung, die Grund für die Überweisung war, zu dämpfen. Der Sitzung folgte Unterricht im Klassenzimmer und nicht eine Spielphase draußen, wo er einen Teil der verbleibenden Erregung vielleicht hätte abreagieren können.

Die Ergebnisse der Kinder, die an Musiktherapiegruppen teilnahmen, zeigten insgesamt eine sehr positive Tendenz. Es ist möglich, dass dies mit dem Wunsch der Mitarbeiter, ein positives Feedback über die Arbeit zu geben und dem Forscher zu gefallen, zusammenhängt; in der Psychologie wird dies als »social desirability effect« (»Wirkung der sozialen Erwünschtheit«) bezeichnet. Ein gleiches Ergebnis wie im »Pilot«fragebogen zeigten die Angaben der Mitarbeiter, die die Kinder gut kannten. Durch sie wurden die intuitiven Beobachtungen der Musiktherapeut/innen bestätigt. In vielen Fällen stimmten Äußerungen auf individuellen Fragebögen mit den objektivierten Details der musiktherapeutischen Befunde überein, die den Mitarbeitern nicht unbedingt geläufig waren. Ein Lehrer schrieb über einen 11-jährigen Jungen:

»Ich habe den Eindruck, dass D. ein intelligentes, aber sehr unruhiges Kind war. Die Therapie, der er sich mit den Musiktherapeut/innen unterzogen hat, hat die Unruhe fast ausgelöscht, und deshalb haben sich seine Haltung, sein Verhalten und seine Leistungen erheblich verbessert. Ich war erfreut, dies seinen Eltern am letzten Elternabend mitzuteilen, und wir sehen einer guten Schulkarriere entgegen.«

Während des 2-jährigen Projektes hatte D. 62 musiktherapeutische Einzelsitzungen und 7 Sitzungen mit einem Klassenkameraden zusammen. Er zeigte sich als sehr eigensinniges Kind mit viel Widerstand gegenüber Ideen, die nicht von ihm stammten. Im ersten Teil der Therapie reagierte er nur, wenn er für die Musik, die wir machten, verantwortlich war (vergleiche dazu die entgegengesetzte Position in Julias Fallbeschreibung, Kapitel »Musiktherapie bei Kindern«). Er bildete ziemlich komplexe Muster und eine spezifische Anordnung für die Instrumente. Er begann nur sehr langsam, auf meine Musik zu hören und Änderungen aufzunehmen. Erst nach einer längeren Arbeitsphase begann er in einer Sitzung, meine musikalischen Ideen zu akzeptieren und ihnen zu folgen; es entwickelte sich eine ununterbrochene freie Improvisation von 30 Minuten Länge. Wir hatten gehofft, dass er diese interagierende Form des Mitteilens auch mit einem Klassenkameraden entwickeln würde, was sich aber als zu schwierig für ihn erwies, und so blieben wir bei der Einzelarbeit. In späteren Stadien der Arbeit war er in der Lage, persönliche Themen in den Sitzungen einzubringen, improvisierte frei und bearbeitete einige seiner verwirrten und abgespaltenen Gefühle. Er entwickelte musikalische Reisen und Fantasien und begleitete sich selbst mit seinem eigenen »Orchester« von Instrumenten. Gegen Ende der Arbeit konnte er die Anwesenheit eines Musiktherapiestudenten tolerieren. Seine Lehrerin bewertete in seinem Fragebogen folgende Bereiche der »Entwicklung von« mit 1 (eindeutige Verbesserung):

● Kontrolle der Bewegungen,
● feinmotorische Fähigkeiten,
● Bewusstsein für Bewegung im Raum,
● positive Erwartung an Musiktherapeut/innen,
● Arbeitsmotivation nach Rückkehr ins Klassenzimmer,
● allgemeines verbales Verständnis,
● Beziehungen mit Erwachsenen,
● Beziehungen mit anderen Kindern,
● Bewusstsein für die Bedürfnisse anderer,
● Vertrauen und Selbstwertgefühl;

und Abnahme von:

● Hyperaktivität und Impulsivität,
● der Frustationsschwelle,
● von negativem Verhalten.

Diese Liste steht in enger Verbindung zu den Therapieempfehlungen am Anfang:

● ein gleich bleibendes und entspanntes Setting schaffen, in dem er wechselseitige (2-seitige) Interaktion und in seinem eigenen Tempo den Wunsch nach Mitteilung entwickeln kann,
● sein Selbstvertrauen und Vertrauen in der musikalischen Beziehung entwickeln und vor einer Teilnahme an Paar- und Kleingruppenarbeit
● ein zusätzliches Ventil für sein Gefühl von Frustration und akuter Isolation schaffen.

Zielsetzungen für die Therapie und die abschließende Begutachtung des Lehrers beinhalteten Faktoren, die sich auf Selbstvertrauen, Bewusstsein, Beziehung, Verständnis, Isolation, Frustration und Kontrolle bezogen. Seine Eltern berichteten ebenfalls, dass er zu Hause entspannter war und es zu weniger Temperamentsausbrüchen kam als am Anfang der Musiktherapie.

Die Analyse der Gesamtbewertung einzelner Hauptentwicklungsbereiche ergab folgende Rangfolge:

● Motivation (2,54),
● körperliche Fähigkeiten (2,61),
● Wahrnehmungsfähigkeiten und Aufmerksamkeit (2,68),
● Sozialverhalten und Spiel (2,94),
● Kommunikationsfähigkeit (2,98),
● emotionales Verhalten (3,12).

Es bestehen nur geringe Differenzen in den Gesamtwertungen in dieser Reihenfolge; Stufe 3 zeigt immer noch eine »leichte Verbesserung« an.

Musiktherapie erscheint nach dieser Untersuchung für diese Kinder ein hoch motivierendes Medium zu sein. Abbildung 3 zeigt die Reihenfolge der individuellen Aussagen aus den Fragebögen entsprechend der von den Mitarbeitern angegebenen Priorität. Die Items am Anfang jeder Sektion, wie Kontrolle der Bewegung, positive Erwartung an die Musik, Zuhören, Entwicklung von Selbstwert, stimmten mit einigen der allgemeinen Ziele der musiktherapeutischen Intervention überein.

Die Reihenfolge der Probleme

Die 37 Kinder wurden in 8 Untergruppen unterteilt: z.B. Kinder mit körperlichen Behinderungen, Kinder mit Hörschwächen. Die Ergebnisse wurden auf signifikante Unterschiede in der Bewertung zwischen den Gruppen untersucht (ausführlich dargestellt in Bunt 1985). Es wurden keine signifikanten Unterschiede gefunden, womit bestätigt ist, dass Musiktherapie für sich beanspruchen kann, ein weites Spektrum von Problemen und Behinderungen wirksam zu beeinflussen, wenn sie an den Bedürfnissen der Kinder orientiert ist.

Schwierigkeiten mit dem Fragebogen

Offensichtlich waren bestimmte Bereiche für die Mitarbeiter leichter zu bewerten als andere. Die Mitarbeiter sagten aus, dass sie Schwierigkeiten hatten beim Versuch, Aussagen mit Bezug auf innere seelische Zustände wie Angst oder Frustration zu bewerten. Beschreibungen müssen in Zukunft viel einfacher sein. Die zusätzliche Aufmerksamkeit, die den Kindern in der Musiktherapiegruppe entgegengebracht wurde, könnte zu Unterschieden in der Bewertung beigetragen haben.

Fragebogen zur Haltung der Mitarbeiter

Ein dritter Fragebogen diente dazu, die Haltungen der Mitarbeiter zu der Intervention zu begutachten. 25 Mitarbeiter (Schulleiter, Lehrer, Therapeuten und Kindergärtnerinnen) füllten diesen Fragebogen aus, der von einem Studenten, der nicht direkt an der Intervention beteiligt war, ausgewertet wurde.

Statistische Analysen der Ergebnisse zeigen an, dass die Therapeuten eine signifikant positivere Einschätzung hatten als die Lehrer und Kindergärtnerinnen, die Schulleiter standen auf dem dritten Platz. Dieses Ergebnis war zu erwarten, denn der Musiktherapeut arbeitete als Teil eines paramedizinischen Teams und hatte den meisten Kontakt zu anderen Therapeuten, und die Intervention galt ja auch als therapeutisch.

Ein Beschäftigungstherapeut schrieb:

> *»Musiktherapie ist eine subtile Form der Therapie und sehr angebracht bei ›schwierigen‹ Kindern ... Das Kind findet einen Weg, sich selbst auszudrücken, dies ermöglicht dem Therapeuten, in Beziehung mit dem Kind zu treten und die inneren Gefühle zu verstehen, die das Kind nicht verbalisieren kann oder will.«*

Finanzielle Verantwortung dämpfte die insgesamt positive Reaktion der Schul- und Stationsleitungen. Ein Schulleiter schrieb:

> *»Obwohl wir weder Zeit noch Ressourcen hatten, das genau zu messen, bemerkten die Lehrer und ich augenscheinliche Veränderungen im Verhalten, bei der Lernhaltung und sozialen Interaktion der Schüler. 99 Prozent schätzten wir positiv ein. Die detaillierten und verständlichen Musiktherapieberichte gaben neue Einsichten über die Kinder. Dies war ein wertvoller und sehr geschätzter Beitrag ... Ich denke insbesondere an ein Kind (Kind A oben), das schmerzlich introvertiert war und überhaupt keinen Augenkontakt aushalten konnte. Jetzt beobachte ich sie, wie sie ihren Partner kommandiert – ihm fast befiehlt; ihr Partner wird von den meisten Lehrern als »schwierig« beschrieben. Sie hält jetzt mit mir für etwa 5 Sekunden Augenkontakt und antwortet mit einem Lächeln. ... Ich würde es gerne sehen, dass Musiktherapie an dieser Schule mit einer begrenzten und speziellen Anzahl von Kindern weitergeführt wird.«*

1   *Entwicklung einer positiven Erwartung gegenüber der Musik*
2   Entwicklung einer positiven Erwartung gegenüber den Musiktherapeut/innen
3   *Entwicklung der Fähigkeit zuzuhören*
4   "   *anhaltender Konzentration*
5   "   *kontrollierter Bewegungen*
6=   "   *von Selbst-Vertrauen und Selbstwertgefühl*
6=   "   von Motivation bei Rückkehr in die Klasse
8   "   Aufmerksamkeitszentrierung
9   "   organisierter rhythmischer Bewegung
10   "   *der Fähigkeit, zuzuhören und still zu sein*
11   "   der Fähigkeit, die Stimme einzusetzen
12=   "   des Erinnerungsvermögens für Gehörtes
12=   "   von Beziehungen zu Erwachsenen
12=   "   *der Fähigkeit, eine Aktivität zu initiieren*
15   "   beidhändiger Fähigkeiten
16=   "   grobmotorischer Bewegungen
16=   "   *feinmotorischer Bewegungen*
16=   "   der Hand-Auge-Koordination
19   "   der Wachheit
20   "   des Greifens
21   "   der Aufnahme von Augenkontakt
22=   "   des Bewusstseins für Bewegung im Raum
22=   "   des Gefühls der Unabhängigkeit
24   "   des Körperbildes
25=   "   des beständigen Interesses an Aktivitäten im Klassenzimmer
25=   "   der Handlungsinitiative
27   "   von Beziehungen zu anderen Kindern
28   "   *des nachahmenden Spiels*
29 Positive Haltung und Stimmung beibehalten
30 Abnahme negativen Verhaltens
31 Entwicklung im allgemeinen Sprachverhalten
32 Abnahme von Angst, Anspannung und Frustration
33= Entwicklung konstruktiver Neugier
33= Abnahme des Frustrationsgrades
35= Entwicklung der Fähigkeit zu teilen
35=   "   der Motivation zu kreativem Handeln
37   "   *des symbolischen Spiels*
38   "   von Aktivitäten, um mit Ablenkung fertig zu werden
39=   "   des nonverbalen Ausdrucks von Bedürfnissen
39=   "   des Bewusstseins für die Bedürfnisse anderer
41 Abnahme an Hyperaktivität und Impulsivität
42 Abnahme obsessiver Manirismen
43 Entwicklung des Als-ob-Spiels
44 Abnahme von Widerstand und aggressivem Verhalten
45 Entwicklung alternativer Kommunikationsformen
46   "   der sprachlichen Artikulation
47   "   des rhythmischen Sprachflusses

Anmerkung: Aussagen in Schrägschrift erscheinen in jedem der sechs Abschnitte des Fragebogens als Erstes.

Abbildung 3: Skala der Aussagen

Die positive Haltung gegenüber der Musiktherapie nahm im Verlauf des Projektes allgemein zu, und die Arbeit wurde besser verstanden. Die Mitarbeiter erfuhren, dass Musiktherapie ein weites Anwendungsgebiet hat. (Dieses Ergebnis gab den Befunden aus dem kindzentrierten Fragebogen mehr Gewicht.) Den Mitarbeitern wurde der Unterschied zwischen Musiktherapie und Musikunterricht klar. Sie sagten aus, dass Diskussionen mit dem Therapeuten und schriftliche Berichte ihr Verständnis für die Kinder vertiefte. Der Musiktherapeut konnte eine hilfreiche Sichtweise der individuellen kindlichen Bedürfnisse aus unterschiedlichen Perspektiven vermitteln. Die Mitarbeiter begrüßten eine längerfristige Behandlung. Anders als im vorhergehenden Fragebogen, in dem keine der kleineren spezifischen Untergruppen mehr zu profitieren schien, gaben die Mitarbeiter die Bedeutung musiktherapeutischer Arbeit für Kinder mit folgenden Problemen in einer Prioritätsfolge an:

- Kinder mit emotionaler Verwirrung
- Kinder mit ernsten Sprachstörungen
- Kinder, die als »unbeholfen« bezeichnet werden
- Kinder mit Sehstörungen
- Kinder mit tief greifenden Lernschwierigkeiten
- Kinder mit leichten Lernschwierigkeiten
- Kinder mit körperlichen Behinderungen
- Kinder mit Hörstörungen

Demnach wird Musiktherapie für Kinder mit emotionalen Problemen und ernsten Sprachstörungen als besonders wichtig angesehen. Im zweiten Fragebogen wurden viele Veränderungen bei Kindern mit Hörstörungen der musiktherapeutischen Intervention zugeschrieben. Bei dem Fragebogen über »Haltung /Einstellung« fanden wir eine breiter gehaltene Ansicht über Fragen zur unmittelbaren Relevanz der Musiktherapie für Kinder mit Hörstörungen. Für die Lehrer, die mit dieser Gruppe von Kindern weniger zu tun hatten, war die Verbindung zwischen Musik und dem Kind mit Hörstörungen nicht so offensichtlich. Jedoch wurde, wo immer die Mitarbeiter die Möglichkeiten der Musiktherapie erkannten, für mehr musiktherapeutische Hilfen plädiert. Ein Logopäde an einer Schule für Gehörlose kommentiert:

>»Als Logopäde empfinde ich, dass Musiktherapie enorm viel zur Sprech- und Sprachentwicklung eines Kindes beitragen kann, insbesondere in den vitalen Bereichen Tonhöhe, Rhythmus und Betonung.«

Die Mitarbeiter beschlossen ihre Fragebögen mit der nachhaltigen Bestätigung, dass Musiktherapie eine notwendige Ergänzung zum kommunalen Gesundheitsdienst für Kinder und für alle Sonderschularten und Sonderversorgungs-Abteilungen ist. Ein leitender Physiotherapeut schrieb:»Ich empfinde, dass alle Stationen für behinderte Kinder in der Lage sein sollten, auf die Expertise von ausgebildeten Musiktherapeut/innen zurückzugreifen.« Der Nutzen der musiktherapeutischen Intervention wurde für die überwiesenen Kinder als sehr positiv eingeschätzt. Diese positive Reaktion trat trotz des Versuches auf, positiv und negativ gehaltene Fragen auszubalancieren und ihre Anordnung dem Zufall zu überlassen. Die Mitarbeiter neigten dazu, genauso positiv wie im vorhergehenden Fragebogen über die Kinder zu antworten. Zusätzlich zu den Antworten auf die spezifischen Fragen fügten 19 Mitarbeiter ihre eigenen Kommentare hinzu, einige von ihnen wurden zitiert. Zwei Kollegen und der Musiktherapeut kodierten die verschiedenen Kommentare und zentrierten sie um folgende erkennbare Hauptthemen:

a) Musiktherapie ist ein notwendiger Bestandteil jeden Teams, das sich mit der Versorgung behinderter Kinder beschäftigt (7 Kommentare).
b) Positive Veränderungen wurden auf Grund der musiktherapeutischen Intervention beobachtet (4 Kommentare).
c) Musiktherapie verschafft weitere Einsichten in die Problematik der Kinder (3 Kommentare).
d) Musiktherapie trägt zur allgemeine Sprech- und Sprachentwicklung bei (3 Kommentare).
e) Musiktherapie trägt zur allgemeinen Körperkoordination bei (1 Kommentar).
f) Musiktherapie fördert soziale Interaktion (1 Kommentar).

Am Ende des Projekts konnten praktische Vorschläge über die Anzahl der an einem Arbeitstag behandelten Kinder gemacht werden. Natürlich steht die Anzahl in engem Zusammenhang mit den individuellen Problemen der Kinder und dem persönlichen Stil der Therapeutin oder des Therapeuten. Während dieses Projektes standen Einzel- und Kleingruppenarbeit im Gleichgewicht. Nie gab es mehr als 8 Sitzungen an einem Tag; 6 waren üblich, drei vor und drei nach dem Mittagessen. Maximal 8 Kinder bildeten eine Musiktherapiegruppe. Die meisten Sitzungen dauerten bis maximal eine Stunde.

Im Nachhinein kann dieses Projekt für die retrospektiven Fragebögen, wegen des Mangels an systematischen Kontrollen und der umfangreichen Fragebögen, die den Mitarbeitern zur Gesamteinschätzung und zum Verhalten der Kinder gegeben wurden, kritisiert werden. Trotzdem verschafften sie einen reichhaltigen Informationsstamm, der zum Mittelpunkt des nächsten Projektes werden konnte. Der abschließende Kommentar eines beteiligten Lehrers fasst die sehr positive Interventionsstudie und -erfahrung zusammen:

»Musiktherapie bietet für das behinderte Kind eine einmalige Möglichkeit, vorher noch nicht erkannte Fähigkeiten zu entdecken. Dies kann die Kommunikation fördern und Beziehungen mit Erwachsenen und Kameraden aufbauen.«

Das Isling/Haringey-Projekt (1980)

Das vorherige 2-jährige Interventionsprojekt warf viele Fragen auf. Wir entschieden, mit einer begrenzten Zahl sehr einfacher und direkter Fragen über die Wirksamkeit der Musiktherapie bei kleinen Kindern weiterzumachen. Auf der Grundlage der von den Mitarbeitern im vorhergehenden Projekt gemachten Angaben über das allgemeine Wirkungsspektrum der Musiktherapie bei Kindern mit Lernschwierigkeiten konzentrierten wir uns auf einige Schlüsselbereiche. Konsultationen, insbesondere bei Psycholog/innen, überzeugten von der Notwendigkeit das, was Musiktherapie leistet, von natürlichen Reifungsprozessen abzugrenzen. Wir können davon ausgehen, dass die Entwicklung von Kindern auch ohne therapeutische Intervention Veränderungen unterliegt, wenn auch in einigen Fällen viel langsamer als normal. Kann man nun nachweisen, dass ein bestimmtes Ergebnis ausschließlich aus einer musiktherapeutischen Intervention resultiert, z.B. ein veränderter Gebrauch der Stimme?

Dieses Projekt wurde im Departement of Music an der City University in London durchgeführt und wurde von der Music Therapy Charity gesponsort. Praktisch gearbeitet wurde in Vorschulkindergärten und Sonderabteilungen im Haringey und Islington Distrikt in Nord-London (s. Bunt 1985).

Wir begannen mit der Formulierung von drei Grundfragen (ebd.):

1. Gibt es irgendwelche Veränderungen, die in einer Phase von Musiktherapie klar beobachtet werden können?
2. Wie kann irgendeine dieser Veränderungen aufgezeichnet und analysiert werden?
3. Unterscheidet sich irgendeine dieser Veränderungen signifikant von ähnlichen Phasen der allgemeinen Entwicklung ohne Musiktherapie?

Zeitlich begrenzte und per Video aufgezeichnete Therapieausschnitte sollten ein höheres Maß an Reliabilität gewährleisten als die im letzten Projekt verwendeten subjektiven und qualitativen Fragebogenuntersuchungen. Filmdokumente kann man mehrmals unter verschiedenen Fragestellungen und von verschiedenen Beobachtern untersuchen.

Aus 18 Vorschulkindern mit weit reichenden Problemen wurden trotz Zuordnungsschwierigkeiten bezüglich tatsächlichem Alter, Entwicklungsalter und Geschlecht so passend wie möglich zwei Gruppen gebildet. Jede Gruppe hatte eine Phase von 12 wöchentlichen Einzelsitzungen und eine entsprechende Phase ohne Musiktherapie, sodass die Gruppen selbst auch die Kontrollgruppen bildeten (»basic crossover research design«). Jedes Kind wurde während der ersten zwei Spielminuten auf jedem der fünf einfachen Instrumente (Tamburin, Klangstab, Glockenspiel, Maracas und chinesische Flöte) in der Interaktion mit den Musiktherapeut/innen gefilmt.

Tabelle 3: Projektentwurf

Gruppe	n.	CA	DA	Geschlecht	Jan	März	Juli
1	9	38	18,6	5j, 4m	*.......MT	............*	............*
2	9	38,4	18,5	5j, 4m	*.............	*.......MT	............*

Anmerkungen: n. = Anzahl in der Gruppe
CA = chronologisches Alter in Monaten
DA = Entwicklungsalter in Monaten (Entwicklungstests)
j, m = Junge, Mädchen   MT = Musiktherapiephase

Die Auswertung geschah in verschiedenen Stufen:

Erste Auswertungsstufe

Um klar beobachtbare Veränderungen herauszufinden (Frage 1), wurden 21 Studenten jeweils Filmausschnitte von 30 Sekunden Länge vom Beginn und dem Ende der Musiktherapiephase jeden Kindes präsentiert. Die Anordnung der Ausschnitte und des darin gewählten Instruments war zufällig. In einer kurzen Pause von 15 Sekunden zwischen den jeweils 14 Segmentpaaren sollte die Frage »Welches Segment (A oder B) steht am Ende der Musiktherapiephase?« beantwortet werden. Die Studenten lagen in 81 Prozent der Fälle richtig mit ihren Einschätzungen. Bereits nach einer so kurzen Therapiedauer von 12 Wochen waren also eindeutige Veränderungen nachweisbar – auch bei zufälliger Anordnung der präsentierten Therapieausschnitte. Die Studenten gaben an, dass sie sich bei ihrer Einschätzung an folgenden Beobachtungskriterien orientierten: zunehmender Augenkontakt, mehr soziale Interaktion, höhere geistige Präsenz, mehr Einsatz der Stimme, längere Spielphasen und extrovertiertes Verhalten.

Zweite Auswertungsstufe

Die von den Studenten genannten Einschätzungskriterien wurden Grundlage weiterer Detailuntersuchungen. Standardisierte Zeitproben von einer Minute mit jedem Instrument in verschiedenen Stadien der Therapie wurden für jedes Kind nach den Kriterien Zeitdauer und Häufigkeit in folgenden Beobachtungsbereichen analysiert (Frage 2):

a) das Instrument erklingen lassen/zum Erklingen bringen (Maß der Spielzeit),
b) Einsatz der Stimme,
c) Betrachten des Instrumentes,
d) Betrachten des Erwachsenen,
e) Wegsehen.

Alle Messungen erreichten einen akzeptablen Grad an Interreliabilität von über 80 Prozent Übereinstimmung. Über 7 Stunden Videofilm wurden auf diese Weise analysiert.

Dritte Auswertungsstufe

Da die verbrachte Zeit mit und ohne Musiktherapie gleich lang war und die Gruppen gut zusammenpassten, war es möglich, die Ergebnisse einer Reihe statistischer Tests zu unterziehen. Damit konnte die dritte Frage nach Unterschieden mit und ohne Musiktherapie gestellt werden. Insbesondere die spezifischen Erlebnismöglichkeiten, die die Kinder an den Musikinstrumenten nutzten, ermöglichten die vorläufige Schlussfolgerung, dass eine Phase Musiktherapie, auch wenn sie nur 12 Wochen lang war, messbare Verhaltensänderungen bewirkte, die in der Phase ohne Musiktherapie nicht auftraten.

Unser Interesse gilt hier den praktischen Implikationen dieser zeitorientierten Ergebnisse und möglichen Verbindung mit allgemeinen Prozessen der Entwicklungspsychologie, die in den vorhergehenden Kapiteln ausgeführt wurden.

Die basalen Eigenschaften von Trommel und Rassel (Maracas) traten in ihrer Wirkung auf die Kinder auffallend hervor. Sie stimulierten Spielfreude und Aufmerksamkeit am stärksten. Die Reaktionen auf solche Instrumente können als motorisch reflexhaft und elementar bezeichnet werden. Das andauernde und rhythmische Potenzial der Trommel und die taktile und klangliche Qualität der Maracas scheinen Kinder direkt anzuziehen. Melodieinstrumente wie Flöte und Glockenspiel führten zu langem Blickkontakt mit dem Erwachsenen. Klangstab und Schlegel, deren Handhabung die Koordination beider Hände für Stab und Schlegel erfordert, waren bei den Kindern weniger erfolgreich als erwartet.

Die Messung der Spielzeit (das Instrument erklingen lassen/zum Erklingen bringen) war insofern von allgemeinem Nutzen, als sie zur Untersuchung verschiedener Organisationsstufen des Spiels selbst führte. Es erwies sich zwar, dass am Ende der musiktherapeutischen Phase der Kontakt zum Instrument länger war. Die Zunahme der Gesamtspielzeit am Instrument entspricht aber nicht unbedingt einem entwickelteren Gebrauch des Instrumentes im Sinne musikalischer Kreativität. Ein Kind kann über einen längeren Zeitraum zufällig und unorganisiert spielen, ein anderes hingegen kurz, mit wenigen Klängen, aber auf differenziertere Weise. Trotzdem kann diese Zunahme an Spielzeit mehr Bereitschaft anzeigen, das inzwischen vertrauter gewordene Instrument zu erkunden und mit ihm in Kontakt zu kommen. Da die meisten Kinder, die an dem Projekt teilnahmen, nur über sehr kurze Aufmerksamkeitsspannen verfügten, kann die verlängerte Spieldauer dennoch als bedeutsamer Hinweis auf eine positive Änderung gelten.

Die Messung des Stimmeinsatzes zeigt von allen Instrumenten die signifikantesten Änderungen an. Die zeitorientierten Ergebnisse wurden durch Sitzungsnotizen und intuitive Beobachtungen des Musiktherapeuten ergänzt. Er bemerkte, dass die Kinder mit dem Fortgang der Musiktherapiesitzungen zunehmend die Stimme einsetzten. Sie dabei zu unterstützen und zu ermutigen, war therapeutisches Hauptanliegen für die meisten Kinder, von denen sich viele in einem vorverbalen Stadium befanden. Musikmachen und von musikalischen Klängen umgeben zu sein, schien spontanen Einsatz der Stimme zu stimulieren. Wie in der Messung der Spielzeit kann diese Änderung eng mit dem wachsenden Vertrauen, das sich zwischen Kind und Therapeut entwickelt, zusammenhängen. Das Kind fühlt sich zunehmend wohl im freien Erkunden stimmlicher Klänge mit dem Therapeuten zusammen. Wie bei der Messung der Spielzeit am Instrument muss in einem weiteren Projekt die Struktur der stimmlichen Äußerungen genauer untersucht werden. Immerhin können wir aber sagen, dass Musiktherapie die Bereitschaft, die Stimme zu gebrauchen, fördert. Dabei zeigen sich deutliche Parallelen zu früher diskutierten Bereichen nonverbalen Verhaltens: Anfang und Ende, Anzahl, Timing und Phrasierung von Klängen. Die Entwicklung stimmlicher Aktivität ist ein Bereich, in dem Musiktherapie einen wichtigen Beitrag, wo angezeigt auch in Verbindung mit Logopädie, zu leisten vermag.

Die Ergebnisse zum visuellen Verhalten sind damit eng verbunden. Während der musiktherapeutischen Behandlungsphasen reduzierte sich das Wegsehen und nahm das Hinschauen zum Instrument und zum Therapeuten zu. Diese Beobachtungswerte sind als Zunahme des teilnehmenden Verhaltens der Kinder zu verstehen. Das Betrachten aller fünf Instrumente scheint am Beginn der Intervention im Mittelpunkt zu stehen. Instrumente scheinen die sofortige Neugier und das Interesse eines Kindes anzuziehen. Das Betrachten der Klangstäbe, Maracas und Trommeln nahm während der Musiktherapiephase zu. Wie schon erwähnt, scheinen Melodieninstrumente das Betrachten des Erwachsenen am meisten hervorzurufen. Bei diesen Betrachtungsmessungen bestehen große individuelle Unterschiede, und die Situation ist komplizierter als diese einfache Analyse annehmen lässt. Zum Beispiel muss das Wegsehen von der Klangquelle nicht unbedingt bedeuten, dass das Kind nicht am musikalischen Geschehen beteiligt ist. Wie oft schließen wir selbst die Augen, während wir Musik hören? Tatsache ist, dass viele Kinder in diesem Projekt große Schwierigkeiten hatten, beides, das Spiel-Objekt und einen sogar vertrauten Erwachsenen, anzusehen. Die Ergebnisse bezüglich des Visualkontaktes sind jedoch ein weiterer positiver Indikator für die Relevanz der Musiktherapie in dieser Altersgruppe.

Die Ergebnisse dieses Projektes heben ebenso die Notwendigkeit längerer Interventionsphasen hervor, um ein Anhalten der Veränderungen im Verhalten zu beobachten, denn nach der Phase wöchentlicher Musiktherapiestunden war ein bemerkenswerter Rückfalleffekt festzustellen. Das Filmen der Kinder in einem musiktherapeutischen Kontext nach 12 Wochen ohne musiktherapeutische Intervention wirft ethische und methodologische Fragen auf.

In der Schlussfolgerung kann gesagt werden, dass Musiktherapie, wenn sie innerhalb der Sitzungen beobachtet, analysiert und mit Phasen allgemeiner Entwicklung ohne Musiktherapie verglichen wird, einen erheblichen Einfluss auf das ausgewählte Spektrum von sich entwickelndem Verhalten aufweist. Es war möglich, positive Antworten auf die drei Ausgangsfragen zu bekommen. Die benutzten zeitbegrenzten Messungen waren sehr einfach und beruhten im Wesentlichen auf den Feststellungen von Fremdbeobachtern. Innere Prozesse, die viele Therapeuten als Herzstück der Musiktherapie betrachten, bleiben bei diesem Projekt zu Gunsten von eindeutig beschreib- und messbarem Verhalten außer Betracht.

Wie beim Hammersmith-Projekt bestand ein Nebeneffekt der Untersuchung darin, dass an drei der beteiligten Abteilungen Mittel für eine Fortsetzung der musiktherapeutischen Arbeit mit anderen Therapeuten bereitgestellt wurden.

Das Hackney-Projekt (1981)

Das Hackney-Projekt berücksichtigt die grundsätzliche Frage, ob die sich bei den kurzen Interventionsphasen zeigenden Veränderungen nicht einfach auf die zusätzliche persönliche Zuwendung zurückzuführen ist. Dann würden ähnliche Veränderungen aus anderen Aktivitäten bei gleicher Zuwendung resultieren, wie z.B. im Park spazieren gehen oder Spiel mit anderen Gegenständen. Was ist spezifisch durch die Musik bedingt, und welche Prozesse würden sich auch bei anderen Interventionsformen einstellen? Um Antworten auf diese komplexeren Fragen zu finden, wurde ein längeres Projekt in einer Sonderschule in Hackney durchgeführt. Das Einzelspiel mit dem Lehrer oder einem Assistenten diente dabei als Grundlage für Vergleiche, die zeigen sollten, dass Musiktherapie neben allgemein entwicklungsförderndem Spielen spezifische Qualitäten besitzt, die nur ihr zukommen. Eine längere Intervention über drei Schultrimester sollte genauere Aufschlüsse geben als die vorhergehenden kurzen Behandlungszeiten. Durch einen Vergleich zwischen Musiktherapie – keine Musiktherapie – Spieltherapie sollte das schwierige Problem der Verallgemeinbarkeit musiktherapeutischer Ergebnisse bewältigt werden (Bunt 1985, S. 226–72).

Die Gruppen für dieses Projekt wurden nicht speziell zusammengestellt. Nach Rücksprache mit Mitarbeitern und Eltern bildeten wir aus einer zufälligen Stichprobe von Kindern einer pädiatrischen Abteilung, eines Kindergartens und zweier Schulklassen zwei vergleichbare Gruppen von je 8 Kindern mit einem Durchschnittsalter von 7 1/2 Jahren. Keines der Kinder konnte sprechen.

Die Versuchsanordnung des vorhergehenden Projekts wurde durch zusätzliche Filmaufnahmen ergänzt, die das Spielen eines jeden Kindes mit einem ihm vertrauten Erwachsenen dokumentieren. An den zeitlichen Schnittstellen zu Beginn und Ende der Musiktherapiephasen wurden zwei komplette Musiktherapiesitzungen gefilmt. Einschränkungen beim Filmen und bei den benutzten Instrumenten wurden nicht vorgenommen; es stand bei diesem Projekt auch ein Klavier zur Verfügung.

Es wurden die gleichen zeitorientierten Messungen wie im vorhergehenden Projekt benutzt, um zu sehen, ob sich signifikante Ergebnisse bei einem längeren Versuchszeitraum zeigen. Die Spielsitzungen wurden wie die Musiktherapiesitzungen ausgewertet, wobei »Instrument« durch »Spielzeug« ersetzt wurde. Die Gesamtzeit jeder Sitzung wurde analysiert; für Vergleiche wurden Prozentzahlen der Gesamtzeit benutzt. Das analysierte Video-Material umfasste über 6,5 Stunden an Spielzeit und 27,5 Stunden Musiktherapie.

In einer Reihe von 6 Vorversuchen mit einer Patientengruppe wurde zusammen mit den Musiktherapiestudenten, die das Material qualitativ auswerten sollten, eine Auswertungsskala entwickelt und unter Bezugnahme auf das vorherige Projekt diskutiert. Die endgültige Version (s. Abb. 4, S. 139f.) enthielt nur Beschreibungen, die bei voneinander unabhängigen Beobachtern eine Reliabilität von 80% erreichten. Ein Standardbeispiel der ersten 5 Minuten eines jeden Spiel- und Musiktherapiefilms wurde in zwanzig 15-Sekundenintervalle unterteilt. In einer Pause von 15 Sekunden sollten die Beobachter ihre Angaben machen.

Abschnitt A

Motorische Aktivität (Spielen)

0 - keine beobachtbare Aktivität

1 - Aktivität ist desorganisiert, z.B. unkontrolliert, ungerichtet, chaotisch

2 - Aktivität tendiert dahin, desorganisiert zu sein

3 - nicht sicher, weder desorganisiert noch organisiert

4 - tendiert dahin, organisiert zu sein

5 - Aktivität ist organisiert, z.B. klar, eindeutig, gerichtet

Bewertung: 0 – 5

Ist die Aktivität auf den Kontext bezogen (B) oder nicht bezogen (N)?

Kodierung: B oder N (R or U für related und unrelated)

Macht das Kind störende Bewegungen, beispielsweise mit dem Kopf schlagen, mit den Händen flattern, mit Gegenständen werfen?

Kodierung: M für Ja oder X für nein

Abschnitt B

Aktivität mit der Stimme

0 - keine stimmliche Aktivität

1 - Das Kind setzt die Stimme in freiem Sing-Sang ein, z.B. ohne erkennbare Konsonanten

2 - Das Kind setzt die Stimme mit klaren Einzel- und Doppelsilben ein, z.B. da, goo, ah-da, usw.

3 - Das Kind bildet einen fortlaufenden Stimmfluss (z.B. mehr als zwei Silben) von klar erkennbaren Silben, beispielsweise da da da-da oo-ah

4 - Das Kind gebraucht erkennbare Wörter.

5. - Das Kind verwendet zwei oder mehr erkennbare Wörter miteinander

Bewertung: 0–5. Es soll die höchste Stufe in einer Intervallprobe bewertet werden. Schreien, Seufzen, Lachen oder Anstrengungsgeräusche werden nicht berücksichtigt

Ist die Aktivität auf den Kontext bezogen (B) oder nicht bezogen (N)?

Kodierung: B oder N

Abschnitt C

Stufen der Aktivität

Ist die Aktivität anhaltend oder nicht?
Kodierung: A für Ja oder X für Nein.

Imitiert das Kind den Erwachsenen oder nicht? Dies beinhaltet eine 1:1-Korrespondenz zwischen der Imitation des Kindes und der Handlung des Erwachsenen – Gestik, Klang usw.
Kodierung: 1 für Ja oder X für Nein.

Beginnt das Kind eine neue Aktivität oder nicht? Dies schließt ein, dass das Kind eine neue Aktivität beginnt oder die Richtung innerhalb einer Aktivität verändert.
Kodierung: B für Ja oder X für Nein.

Ist die Aktivität des Kindes hauptsächlich:
- Kind-zentriert (K), beispielsweise selbstzentrierte Aktivitäten wie Lutschen oder in den Mundnehmen von Spielsachen oder das eigene Haar bürsten,
- Objekt-zentriert (O), beispielsweise manipulieren, erkunden oder spielen an/mit Gegenständen,
- Erwachsenen-zentriert (E), den Erwachsenen in die Aktivität einbeziehen, ihn berühren, nach ihm sehen, nach ihm fassen.

Kodierung: K, O oder E

Abschnitt D

*Interaktionsmodi (Bitte den vorherrschenden Modus mit einem * kennzeichnen)*

Unterstützt der Erwachsene die Aktivität des Kindes oder nicht, beispielsweise durch imitieren des Kindes oder durch Folgen einer Idee des Kindes?
Kodierung: EU für Ja oder X für Nein.

Lenkt der Erwachsene die Aktivität des Kindes oder nicht, beispielsweise durch Ermutigung zum Nachahmen oder Auswahl einer Aktivität für das Kind?
Kodierung: AL für Ja oder X für Nein.

Besteht ein Wechselspiel oder nicht, beispielsweise beide, der Erwachsene und das Kind, haben Anteil an Richtung und Verlauf der Aktivität?
Kodierung WS für Ja oder X für Nein.

Abbildung 4: Bewertungsskala für eine qualitative Analyse

Auswertung

Diese komplexe Folge von statistischen Tests und wiederholten Messungen wurde computergestützt ausgewertet (Bunt 1985, S. 226–272) und führte zu folgenden Haupterkenntnissen:

- Im Durchschnitt wurde mit den Spielsachen längere Zeit gespielt als mit Musikinstrumenten.
- Es bestanden signifikante Unterschiede bei der stimmlichen Aktivität in Musiktherapie, Spiel und ohne Musiktherapie. Die Musiktherapie rief eindeutig Änderungen hervor, ein Ergebnis, das frühere Nachweise bestätigt.
- Tendenziell wurden Gegenstände in der Spielsitzung mehr angeschaut als in der Musiksitzung, obwohl in der Musiktherapie die Blickkontakte zu Gegenständen gegen Ende der Intervention in beiden Gruppen zunahmen.
- Im Durchschnitt wurden Erwachsene während der Musiktherapiesitzungen mehr als in den Spielsitzungen angesehen.
- In der Musiktherapie wurde im Durchschnitt zwar mehr weggeschaut als in den Spielsitzungen, das Wegsehen ging aber am Ende der Musiktherapie mehr zurück als in den Spielsitzungen.
- Das Ausmaß der Rückfalleffekte war am Ende der Phase ohne Musiktherapie bei der ersten Musikgruppe nicht so groß wie im vorherigen Projekt. Dies weist darauf hin, dass ein Teil des Fortschritts erhalten blieb.

Mit der Bewertungsskala konnte erwartungsgemäß nachgewiesen werden, dass das Spielverhalten der Kinder insgesamt organisierter und gerichteter wurde; die meisten Veränderungen traten in der Musiktherapiephase auf.

Andere allgemeine Ergebnisse waren:

a) Einige Veränderungen in der Musiktherapie zeigten sich auch in den Spielsitzungen, sodass zwischen der Einführung von Musiktherapie und Veränderungen außerhalb der Musiktherapie Verbindungen nachweisbar wurden.
b) Musiktherapie teilt mit dem Spiel die Potenz, Veränderungen auszulösen. Allerdings ist dies abhängig davon, inwieweit die Aktivitäten mit dem Kontext in Beziehung stehen. Je vertrauter dem Kind der gesamte Spielkontext ist, desto mehr Instrumente oder Spielsachen setzt es ein und desto bereitwilliger benutzt es seine Stimme.
c) Bestimmte Trends legten die Annahme nahe, dass Musiktherapie in der Lage war, abruptes Verhalten innerhalb der Sitzungen zu verringern. Es gab auch einige Nachweise, dass sich dies von der Musiktherapie auf das Gesamtverhalten zu übertragen begann.
d) Zu Beginn der Musiktherapiesitzungen gab es signifikant weniger Stimmaktivitäten ohne Bezug zum Kontext als im Spiel. Die meisten auf den Kontext bezogenen Stimmaktivitäten traten am Ende der Musiktherapiephase auf.
e) Eine längere Musiktherapiephase scheint besonders Ausdauer und Initiative zu fördern und die Fähigkeit, einen Erwachsenen nachzuahmen.

f) Die Entwicklung von objektzentrierterem und auf Erwachsene bezogenerem
    Verhalten nahm mit dem Älterwerden der Kinder während des Projektes zu,
    wobei sich kindzentrierte Aktivitäten durch das ganze Projekt hindurch bei der
    Musiktherapie weniger zeigten als in den Spielsitzungen.
g) Es bestand eine signifikante Differenz zwischen der aktiven Unterstützung durch
    den Erwachsenen in der Musiktherapie und in den Spielsitzungen. Die Unterstüt-
    zung des Erwachsenen war in der Musiktherapie wesentlich größer, insbesondere
    am Anfang des Projekts. Die Unterstützung durch den Erwachsenen nahm in dem
    Maße ab wie ein Wechselspiel mit den Musiktherapeut/innen entstand und die
    Kinder vertrauter mit der Musik und den Musiktherapeut/innen wurden. Diese
    Entwicklung von kindzentriertem Fokus zu Beginn hin zu wechselseitiger Inter-
    aktion und dem Erlebnis von Partnerschaft kennzeichnete die gesamte Musikthe-
    rapie in diesem Projekt. Im Gegensatz blieb die richtungsanzeigende Rolle des
    Erwachsenen in den Spielsitzungen eher erhalten als in der Musiktherapie.
h) Eines der Hauptergebnisse dieses Projektes ist, dass Musiktherapie signifikant zu
    der Entwicklung der Wechselbeziehung mit einer anderen Person beiträgt. Im
    Musikmachen gibt es für ein Kind mit Schwierigkeiten viele Möglichkeiten, ein
    Repertoire an geteilten Erfahrungen und Bedeutungen mit dem Therapeuten
    aufzubauen. Dieses flexible und gegenseitige Interagieren ist ein zentrales Thema
    dieser Arbeit mit Kindern. Hervorzuheben ist, dass mit dieser musikalischen
    Interaktion die natürlichen Entwicklungsprozesse des Kindes eng verbunden
    sind. Der Nachweis dieses Zusammenhanges ist durch diese Studie erbracht.

Zusammenfassung

Trotz der Reifungsveränderungen über eine längere Interventionsphase hinweg belegen die Ergebnisse dieses Projektes, dass Musiktherapie Änderungen in einem weiten
Spektrum von Verhaltensweisen auslösen kann. Einige dieser Änderungen können
auch bei Spielsitzungen auftreten, aber andere wie Stimmeinsatz und Wechselspiel
scheinen spezifischer für Musiktherapie zu sein. Für entwicklungspsychologisch orientierte Musiktherapeut/innen ist es jetzt notwendig, noch längere Projekte durchzuführen mit einer Wiederaufnahme nach sechs Monaten bis zu einem Jahr, um zu
überprüfen, wie die Änderungen erhalten geblieben sind und benutzt wurden als
Bausteine in der Entwicklung der Gesamtpersönlichkeit. Wie in jeder Forschung
dieser Art führt eine Reihe von Fragen systematisch zu den nächsten, und es ergibt
sich ein neues Bündel von Ideen, das aus der vorherigen Arbeit resultiert.

Schlussfolgerungen

Aus diesen drei miteinander verbundenen Projekten ergibt sich, dass Musiktherapie
in spezifischer Weise auf die Gesundheit eines Kindes einzuwirken vermag. Vieles
davon ergibt sich aus der Bedeutung, die dem Musikalischen in der kindlichen

Entwicklung zukommt. Die drei Projekte beleuchten diese Zusammenhänge, die zu einer akademischen Grundlage der Musiktherapie und ihrer zunehmenden Validität als paramedizinische Disziplin beitragen, die Kindern mit allen Arten von Problemen und Schwierigkeiten fundierte Hilfeleistungen bieten kann. Wir haben jetzt ein Stadium erreicht, in dem Fallstudien aus der Arbeit mit Kindern in ein übergreifendes Verständnis des musiktherapeutischen Prozesses eingeordnet werden können und so eine Verbindung hergestellt werden kann zwischen den einzelnen musiktherapeutischen Prozessen und deren therapeutischen Ergebnissen mit dem allgemeinen Stand der Forschung.

Keine der drei Studien untersuchte den Zusammenhang zwischen individuellen Therapiezielen und dem Therapieergebnis. Die Hammersmith-Studie enthält zwar in den Fragebögen Informationen über individuelle Therapieergebnisse. Vieles davon ging jedoch bei der Prüfung von Tendenzen in gruppenorientierten Studien verloren. Ein angemessenes Modell könnten Einzelfallstudien sein mit sorgfältig vorbereiteten Grundmessungen und Fragen. Das in diesem Kapitel beschriebene allgemeine Forschungsdesign hat die Schwierigkeit, dass ein höchst komplexer Ereignis- und Informationsstrom auf eine sehr allgemeine Stufe reduziert wird. Ganze Projekte können z.B. der Quantität und Qualität des Stimmeinsatzes, der spontan während des Musikmachens sich entfaltet, gewidmet werden. Wir haben angezeigt, dass Änderungen in diesen Bereichen auftreten, und jetzt können noch genauere und komplexere Fragen gestellt werden. Andere Bereiche, die einer umfangreichen musiktherapeutischen Forschung offen stehen, umfassen:

- den Prozess der Imitation,
- den Prozess der Imitation von Ideen,
- Verbindungen zwischen rhythmischer Musterbildung und der Entwicklung von Sprache und motorischen Fähigkeiten,
- die Phrasierung und das Timing von Antworten zwischen Kind und Therapeut,
- die emotionalen Reaktionen der Kinder auf Musik,
- Musikmachen als Form des Spielens,
- die Bedeutung des musikalischen Instrumentes als Zwischen- oder Übergangsobjekt,
- Motivation zum Musikmachen,
- die Entwicklung körperlicher Fähigkeiten,
- Improvisation und die Verbindungen zu Fantasie und Als-ob-Spiel.

Eine solche Liste befasst sich hauptsächlich mit Prozessen der Musiktherapie. Weitere ergebnisorientierte Fragen beziehen sich auf spezielle Krankheits- oder Störungsbilder: z.B. der Nutzen von Musiktherapie für Kinder mit zerebraler Lähmung, Krebs oder ernsten Sprachstörungen, um nur drei Bereiche aufzuzählen. Effiziente Interventionsstrategien können betrachtet werden. In der Arbeit mit Vorschulkindern kann Forschung z.B. helfen herauszufinden, ob eine musiktherapeutische Förderung von Eltern und Sorgeberechtigten mit dem Ziel, ihre Ideen und Spielfreude im

Umgang mit den Kindern zu fördern, nicht effektiver ist als separate Einzelmusikthe-rapie mit einem Vorschulkind. Keines der in diesem Kapitel beschriebenen Projekte untersuchte die Interaktionen zwischen den täglichen Pflege-Sorgepersonen und dem Kind, obwohl die sorgeberechtigte Personen natürlich über den Therapieverlauf unterrichtet wurden. Ein Teil jüngerer Forschung beschäftigt sich mit diesem Thema. Auriel Warwick und Pierette Muller haben kürzlich Forschung in Musiktherapie mit autistischen Kindern und deren Müttern betrieben. Ein Teil der Forschung beschäf-tigte sich mit der Betroffenheit auf Seiten der Mütter in den Interaktionen. Sitzungen fanden bei den Kindern zu Hause statt, und alle Kinder im Projekt kamen zu Einzelmusiktherapie- und gemeinsamen Sitzungen mit ihren Müttern. Die Forscher hatten den Eindruck, dass ein echter Bedarf an Musiktherapie in der Familie besteht. Auriel Warwick (1988, S.7) schreibt:

»Musik hat für uns alle ihren Platz als rezeptive Erfahrung allein, ich bin aber überzeugt, dass sie von großem Wert sein kann, wenn es darum geht, Gefühle zu teilen und mitzuteilen, insbesondere in der Familie, wenn es zu schwierig ist, sich mit Worten auszudrücken.«

Musiktherapie und Gesundheit bei Erwachsenen

Einleitung

Musik spielt im Leben der meisten Menschen eine wichtige Rolle. Die musikalische Entwicklung in der Kindheit und im jungen Erwachsenenalter wurde im vorletzten Kapitel ausgeführt. Gibt es weitere Entwicklungen im musikalischen Profil eines älteren Erwachsenen? Welche Beziehungen bestehen zwischen der persönlichen Geschichte eines Erwachsenen und den musikalischen Vorlieben? Gibt es signifikante Kennzeichen in der Entwicklung der gesamten Lebensspanne, die in Bezug zu Musiktherapie stehen? In diesem Kapitel werden einige Verbindungen zwischen der Musiktherapie und der Entwicklung nach dem Konzept der Lebensspanne erforscht. Die Schlüsselstellung, die Improvisation in der Musiktherapie spielt, wird untersucht. Der klinische Schwerpunkt dieses Kapitels liegt in der Zusammenfassung von Projektarbeiten auf dem Gebiet seelischer Gesundheit und in der Begleitung von Krebskranken. In einem weiteren Kapitel werden andere Anwendungsbereiche der Musiktherapie, z.B. für Erwachsene mit geistigen Behinderungen, zusammengefasst.

Das musikalische Profil des Erwachsenen

Die meisten von uns können sich eine Lieblingsmelodie ins Gedächtnis rufen, sie singen oder ihren Rhythmus schlagen. Menschen können sich an musikalische Formen und Muster erinnern. Singen in der Kirche oder ein Sing-Sang in der Kneipe, heutzutage das Mitsingen zu Hintergrundmusik sind Beispiele für musikalischen Ausdruck in der Öffentlichkeit. Die Entritualisierung der derzeitigen westlichen Kultur bietet immer weniger Gelegenheiten für gemeinsames musikalisches Feiern (s. S. 81ff.). Sie bedingt die Teilung zwischen Menschen, die Musik anhören, den passiven Empfängern und denen, die aktiv teilnehmen, die Musik spielen. Ein Ergebnis ist die Bewunderung großartiger musikalischer Talente, seien sie Eric Clapton, Alfred Brendel, Maria Callas oder Miles Davis.

Wir sind alle der uns umgebenden musikalischen Kultur mit ihrer ganzen stilistischen Bandbreite ausgesetzt. In gewissem Maße teilen wir alle diese musikalische Tradition. Am Beispiel des musikalischen Elements Melodie kann beobachtet werden, dass die Erwachsenen- und Kindheits-Profile ähnlich sind. Wir kennen alle Menschen, die Schwierigkeiten haben, Töne zu treffen; es gibt aber auch Menschen, die eine Melodieform innerhalb einer Tonart halten können und nur gelegentlich um ein musikalisches Intervall abweichen (vgl. Dowling 1982, S. 421). Eine Vorliebe für tonale und harmonische Melodien ist ebenso ein Kennzeichen des melodischen Profils Erwachsener, auch die Bevorzugung bekannter Melodien und harmonischer Sequenzen vor dissonanten.

Der Einfluss musikalischer Ausbildung

Musikalische Ausbildung trennt ursächlich den Musiker vom so genannten Nichtmusiker. Der Begriff Nichtmusiker trägt zu dem Mangel an Selbstvertrauen bei, der so oft von musikalisch nicht Ausgebildeten ausgedrückt wird. Jedoch können ausgebildete und nicht ausgebildete Musiker ähnliche grundlegende emotionale Reaktionen auf das gleiche Musikstück zeigen. Der nicht ausgebildete Musiker benutzt Analogien und Metaphern, um seine Erfahrung zu beschreiben; der ausgebildete Musiker mag dies auch tun, fügt aber zusätzlich musikalische Beschreibungen hinzu. Wiederholtes Hören befähigt beide, die Musik auf einer tieferen Ebene zu erkunden. Was den ausgebildeten Musiker vom gelegentlichen Hörer unterscheidet, ist der Grad an erinnerter Information. Ein gelegentlicher Hörer mag sich nur an die wichtigen Details im Vordergrund der Musik erinnern, z.B. die Hauptthemen, hingegen ist der ausgebildete Musiker in der Lage, diese Information auf dahinter liegende Prozesse und größere musikalische Zusammenhänge zu beziehen; dies ist abhängig von der Wahrnehmungsfähigkeit für einzelne Details und dem Grad der Aufmerksamkeit. Diese Unterteilung ist natürlich relativ, denn auch ein professioneller Musiker wird in seiner Hörfähigkeit wahrscheinlich weit übertroffen von einem Genie wie Mozart oder Britten. Als Leiter kann ich meine Aufmerksamkeit bündeln und mir der Fehler und Probleme im Ensemble bewusst sein und über mehrmaliges Hören Korrekturen vornehmen. Diese Bewusstheit verblasst im Vergleich zu einem genialen Dirigenten wie Boulez, der Berichten zufolge Stimmfehler eines bestimmten Spielers im komplexen Orchesterklang lokalisieren kann.

Ein relatives Maß an Fähigkeit ist für das Lesen von Musik erforderlich. Manche finden es extrem schwierig, auch nur die Grundlagen musikalischer Notation zu begreifen. Einige ausgebildete Musiker können eine neue musikalische Partitur wie eine Novelle lesen und hören innerlich exakt die komplexen Beziehungen zwischen den Klängen. Solche Musiker können eventuell auch die relative und die absolute Höhe eines Tones hören. Ob jemand Musik bis zu einem bestimmten Grad lesen kann oder nicht, hindert nicht daran, von einer Darbietung gefangen genommen zu werden. Viele Erwachsene benutzen ihr musikalisches Gedächtnis zum rein mechanischen Lernen. Meine Arbeit als Begleiter bringt mich mit Menschen verschiedenster musikalischer Ausbildung und Spezialisierung zusammen. Mich bewegt die Hingabe zum Musikmachen bei Menschen, die Musik nicht lesen können. Mitglieder eines Laienchores üben zwischen den Proben mit einem Freund, um die Musik der letzten Probe zu lernen. Einmal völlig verinnerlicht sind die Musik, allerdings auch Fehler, gut gefestigt. Das Thema Notation taucht im Musikgebrauch von Stammeskulturen kaum auf. Komplexe Muster werden über Generationen als *die* kulturelle

Quelle der Gesellschaft weitergegeben. Hier gibt es weniger Unterteilungen zwischen Spezialisten und Generalisten. Die Kultur betrachtet jeden Menschen als Teil des Ausdrucks von Musik und Tanz, viele Kulturen haben nicht einmal ein Wort für Musik.

Ein Instrument lernen heißt, auch körperliche Fähigkeiten sehr hoch zu entwickeln. Die alte Maxime »Es ist nie zu spät, etwas zu lernen« gilt nur bedingt für das Erlernen eines Instrumentes. Wir sind heute Zeugen eines sehr gesunden Interesses in der Erwachsenenbildung: Praktische Anleitung auf verschiedenen Musikinstrumenten wird immer populärer. Ein Kind, das in jungen Jahren mit dem Spielen eines Instrumentes beginnt, bringt die Voraussetzung dafür mit, die körperliche Gewandtheit zu entwickeln, die für das Spiel eines Instrumentes erforderlich ist, allerdings fehlt es oft an der Lernmotivation. Offensichtlich ist in späteren Jahren das Verhältnis genau umgekehrt: die Lernmotivation ist groß, jedoch können die instrumentellen und körperlichen Fertigkeiten sich nur begrenzt entwickeln. Aber wie beim Sänger ist es immer noch möglich, sich in einem allgemeinen Sinn auch aktiv am Musikleben zu beteiligen.

Wie in späteren Fallbeispielen zu sehen sein wird, haben Erwachsene, die entweder zur Einzel- oder Gruppentherapie überwiesen wurden, sehr unterschiedliche musikalische Biografien. Der musikalische Geschmack variiert; einige hatten als Kinder Musikunterricht, einige können Noten lesen, andere nicht. Menschen fühlen sich beim Singen und Spielen von Musikinstrumenten unterschiedlich wohl. Am Anfang einer Musiktherapiegruppe oder eines Mitarbeiterworkshops sind oft Kommentare wie »ich bin nicht musikalisch« oder »ich war in der Schule nie gut in Musik« oder »ich kann nicht singen« zu hören. Menschen mit einer gewissen musikalischen Ausbildung werden oft von anderen Gruppenmitgliedern gebeten, vorzuspielen oder zu »zeigen, wie es geht«. Menschen mit musikalischer Bildung finden das Improvisieren ähnlich schwierig, wie sich von den Einschränkungen einer musikalischen Zwangsjacke zu befreien; sie sind einen formalen oder prüfungsorientierten traditionellen Musiklehrstil gewohnt und müssen u. U. lange und hart daran arbeiten, um die offene Spontaneität eines Kindes wieder zu entdecken und sich von Ängsten, Zweifeln und wetteifernden Haltungen zu befreien, die freies Singen oder Musikmachen bedrohen.

Die Beziehung zwischen musikalischer Bildung, persönlicher Geschichte und dem freien musikalischen Erkunden fordert die Musiktherapeut/innen heraus, Menschen beim Entdecken oder Wiederentdecken ihrer Fähigkeit, Musik zu machen, zu unterstützen. Das hat Konsequenzen für die angebotene Musik; ein Beispiel dafür ist die Debatte unter Musiktherapeut/innen über die Balance zwischen improvisierter und komponierter Musik – insbesondere die Verwendung alter Lieder in der Arbeit mit älteren Menschen.

Improvisation in der Erwachsenenmusiktherapie

Eine Gruppe von Musiktherapeut/innen erkundete bei einem Improvisationsworkshop ihre Gefühle. (Er war Teil einer 2-tägigen Tagung in Bristol.) Die meisten Therapeuten hatten Erfahrung mit Gruppen, insbesondere mit psychisch kranken Erwachsenen. Es zeigten sich drei Themenbereiche: und zwar solche, die sich hauptsächlich auf (a) die Musik, (b) den Gruppenprozess und (c) die Schnittstellen von (a) und (b) beziehen.

(a) Die Musik

– ein neues Instrument spielen ist mit einer Mischung aus Spaß und Angst verbunden,
– es braucht Zeit, sich an ein neues Instrument zu gewöhnen und seine Möglichkeiten zu erkunden,
– Improvisationen sind am Anfang sehr bruchstückhaft und unzusammenhängend; einige finden dies ziemlich verwirrend,
– warum wählt man welches Instrument,
– Rhythmus ist ein Schlüsselelement, um den musikalischen Charakter der Gruppe zu beeinflussen,
– die Dominanz bestimmter Instrumente,
– auf andere hören und entscheiden, wann man spielt und wann nicht; nicht zu spielen hat eine starke Wirkung auf die Gruppe,
– Schwerpunkt auf Hörbewusstsein und Sensibilität für musikalische Vorgänge, ohne ständig Augenkontakt zu halten,
– der Wert offener Spielsituationen, die wesentliche Strukturen hervorbringen (die Gruppe kann dabei Grenzen und Grundregeln vereinbaren, z.B. die Erlaubnis laut, chaotisch oder nicht rhythmisch zu spielen),
– die Sicherheit der musikalischen Strukturen und deren Entwicklung durch die Gruppe und den Therapeuten,
– vielleicht ist es nicht was, sondern wie gespielt wird.

(b) Der Gruppenprozess

– Vertrauen muss zu anderen Gruppenmitgliedern aufgebaut werden, ehe Gefühle mitgeteilt werden können
– Themen um Führung – nicht führen oder führen wollen –, die Gruppe identifiziert einen Führer und gibt dieser Person die Erlaubnis zu führen oder nicht
– Raum lassen für andere Gruppenmitglieder

(c) Themen an der Schnittstelle

– angenehme Gefühle beim Für-sich-selbst-Spielen und Auf-sich-selbst-bezogen-Sein,
– Gefühle der Selbstidentifikation entwickeln sich durch die Musik: »mein Klang« oder »mein Instrument«,

– Themen musikalisch durchzuarbeiten, ohne Worte benutzen zu müssen, erleichtert,
– Gruppenprozesse bilden sich in musikalischen Prozessen ab,
– andere Menschen über das gemeinsame Musikmachen kennen lernen,
– Musik ermöglicht, sich entspannter zu fühlen und eine gemeinsame Aktivität zu teilen,
– Respekt für die Stille nach der Musik und die Zartheit dessen, was dann gesagt wird,
– Balance des verbalen und musikalischen Inhalts; für manche Menschen sind Worte sehr wichtig, wohingegen sie für andere den in der Musik erfahrenen Gefühlen im Weg stehen (vgl. Bunt 1986).

Ziele der Improvisation in der Musiktherapie

Musiktherapeut/innen diskutieren viel über die zentrale Stellung der Improvisation sowohl in der Einzel- wie auch der Gruppenarbeit mit Kindern und Erwachsenen. Ist Improvisation ein Mittel, um Menschen zu helfen, in Kontakt mit ihren tiefsten Gefühlen zu kommen? Ist der Ausdruck eine authentische Reflektion des Selbst? Ist es möglich, sich hinter der Musik zu verstecken, die Musik als Abwehr zu benutzen oder sogar unehrlich zu sein? In Kapitel 3 wurde nachgewiesen, dass musikalische Formen über Jahrhunderte mit den tiefsten menschlichen Gefühlen und Impulsen belegt waren. In der Musiktherapie sprechen Menschen davon, dass Musik ihnen hilft, ein Gefühl freizusetzen, in musikalischen Gesten ein Gefühl zu artikulieren, für das sie keine angemessenen Worte finden. Am Ende einer solchen musikalischen Erfahrung scheint es, als ob in einem anderen Zeitrahmen für assoziierte Probleme bedeutungsvolle Verbindungen herausgefunden wurden, die für Worte oft unzulänglich waren; dies ist eine Art transzendentaler Erfahrung. Gefühle und Impulse können in musikalischer Form artikuliert werden, die in anderen Formen ziemlich gefährlich, destruktiv oder sogar schädlich sind. Damit kann erklärt werden, warum der ritualistische Wahnsinn von Stravinskys »Frühlingsopfer« oder die missverstandene inzestuöse Paarung am Ende des ersten Aktes von Wagners »Die Walküre« beim Hören tolerierbar sind. In musikalischen Improvisationen können Menschen sich von sehr vielen Gefühlen befreien und Verletzendes und Schmerzhaftes auflösen.

Es gibt sehr viele verschiedene Improvisationsstile in der Musiktherapie; ein führender amerikanischer Musiktherapeut, Kenneth Bruscia, hat sie in »Improvisational Models in Music Therapy« zusammengefasst. Im Kapitel über Definitionen verweist Bruscia auf die »schöpferische, spontane, unwillkürliche, reichhaltige« Natur des Improvisierens in der Musiktherapie, die im »gleichzeitigen Erfinden und Spielen«von Musik besteht (1987, S. 5). Das Endergebnis einer Improvisation kann dem ähnlicher sein, was Bruscia als einfache »Klangformen« beschreibt: Der Schwerpunkt dann liegt mehr auf dem Prozess als auf dem künstlerischen musikalischen Endprodukt. Musiktherapeut/innen sind dafür ausgebildet, auf den höchsten musikalischen Ebenen zu arbeiten und können sich an die Vielfalt von Klängen und musikalischen Formen in den von Klienten geschaffenen Improvisationen anpassen. Ich erinnere mich an eines der praktischen Mottos meiner Lehrerin Margaret Percival: »passe dich an oder vergehe«; dies scheint eine sehr angemessene Maxime zu sein für das Reagieren auf Klänge und musikalische Gesten in Improvisationen; wenn man als Musiktherapeut Themen, Ideen oder Impulse im Spiel von Patient/in nicht aufgreift, gehen sie dem therapeutischen Prozess verloren.

Bruscia zählt folgende allgemeine Ziele der Musiktherapie auf, die sich Improvisationen bedient:

- Bewusstsein für das körperliche, emotionale, intellektuelle und soziale Selbst,
- Bewusstsein für die physikalische Umgebung,
- Bewusstsein der anderen, einschließlich bedeutsamer Familienangehöriger, Gleichaltriger und Gruppen,
- Wahrnehmung und Unterscheidung in sensomotorischen Bereichen,
- Einsichten über sich selbst, andere und die Umgebung,
- Selbstausdruck,
- interpersonale Kommunikation,
- Integration des Selbst (sensomotorische Erfahrungen, Ebenen des Bewusstseins, Teile des Selbst, Zeit, Rollen usw.),
- interpersonale Beziehungen zwischen bedeutsamen anderen, Gleichaltrigen und Gruppen,
- persönliche und interpersonale Freiheit (ebd., S. 7–8).

Bruscia erörtert den Einsatz von Improvisation bei Diagnostik, Behandlung und Evaluation. (Sein Buch liefert eine verständliche Beschreibung vieler verschiedener Modelle der Improvisation als Musiktherapie. Es ist Pflichtlektüre für alle, die mehr über die weltweite Entwicklung der Musiktherapie lernen wollen. Die ersten Kapitel konzentrieren sich auf wesentliche Improvisationsmodelle in der Musiktherapie, einschließlich Paul Nordoff und Clive Robbins »Kreative Musiktherapie«, Juliette Alvins »Freie Improvisationstherapie« und Mary Priestley »Exploratorische Musiktherapie«; vgl. auch Bruscia 1988, S. 10–24). Er behandelt aktive und rezeptive Aspekte, wie auch die Debatte um das Gleichgewicht von musikalischen und verbalen Inhalten innerhalb einer Sitzung. Das Hauptthema gewinnt zusätzliches Gewicht durch die Beziehung zwischen dem Umgang mit Improvisation und der Philosophie und Behandlungsmethode des Therapeuten. Bruscia beobachtet, dass die verschiedenen Improvisationsmodelle und die entsprechenden Verläufe von Sitzungen in zwei Gruppen aufgeteilt werden können: Auf der einen Seite werden strukturierte Aktivitäten betont, die gewöhnlich vom Therapeuten gelenkt werden, und auf der anderen eine mehr frei fließende Methode. Die Modelle können auch als Teil eines Kontinuums beschrieben werden, das von einer direktiven bis zur non-direktiven Methode reicht. Eine strukturierte oder gelenkte Sitzung scheint einen klaren Anfang, eine klare Mitte und ein klares Ende zu haben, wobei sich alles auf das zentrale Thema hin oder von ihm weg bewegt. Diese Form der Gruppensitzung wurde im zweiten Kapitel beschrieben. In der anderen, der frei fließenden oder non-direktiven Sitzung scheint der Schwerpunkt klientenzentrierter zu sein, von Augenblick zu Augenblick verändert sich die Richtung. Diese wurde in Form der Einzelsitzung im zweiten Kapitel beschrieben. Bruscia bestätigt, dass in der Praxis der Gruppenarbeit eher die strukturierte Methode bevorzugt wird und in der Praxis der Einzelarbeit die frei fließende.

Musiktherapie und psychische Gesundheitspflege bei Erwachsenen

Im ersten Kapitel wurde gezeigt, dass Musiktherapie in der Geschichte als unspezifisches Ablenkungsmittel von mentaler Anspannung und Leiden eingesetzt wurde und dass erst in letzter Zeit das ganze therapeutische Potenzial für die Gesundheitspflege bei Erwachsenen erkannt und studiert wurde. In Großbritannien wurden im Rahmen des Psychiatrischen Dienstes in großen Einrichtungen für psychisch kranke Erwachsene Musiktherapieabteilungen aufgebaut. Musiktherapeut/innen haben Angebote über das ganze Alters- und Problemspektrum hinweg entwickelt: Langzeitarbeit mit chronisch Kranken, Kurzzeitarbeit für Akutkranke, spezifische Arbeit mit jüngeren und älteren Menschen. In Abstimmung mit den Rückführungsplänen haben Musiktherapeut/innen begonnen, Dienste in kleinen Tageskliniken, gemeindeorientierten Zentren und Wohnheimen zu entwickeln. Die in diesem Abschnitt beschriebene Arbeit ist Projektarbeit auf der Grundlage einer großen Institution wie auch einer kleineren Abteilung in einem Allgemein-Krankenhaus.

Im United Kingdom hat sich die Tradition einer musikorientierten aktiven Methode entwickelt; Klienten werden ermutigt, Livemusik zu schaffen oder ihr zuzuhören. Auf sehr viele verschiedene Musikstile wird dabei zurückgegriffen; im Mittelpunkt steht allerdings die von Klienten improvisierte Musik. Auch komponierte Musik hat ihren Platz, von Volkmusik, Klassik, Jazz, Volksliedern bis zu gegenwärtig populärer Musik. Interaktion durch die Musik, sowohl zwischen Gruppenmitgliedern als auch dem Therapeuten wird betont. Diese Betonung einer breiten musikalischen Grundlage hat zu dem britischen Typ der Musiktherapeut/innen geführt: Gefordert wird ein weit reichender musikalischer Hindergrund, bevor er zur Ausbildung zugelassen wird. Das Vertrauen auf Livemusik vor aufgezeichneter Musik und die Entwicklung von Interaktionen mit dem Therapeuten werden in Helen Odells Überblick über ihre musiktherapeutische Methode in der psychischen Gesundheitspflege hervorgehoben (1988, S. 52–61).

Im zweiten Kapitel wurden Verbindungen zwischen psychoanalytischer Theorie und Musik dargestellt mit der Schlussfolgerung, dass es gegenwärtig keine klare psychodynamische Bedeutung von Musik gibt. Einige Musiktherapeut/innen beziehen jedoch ihre Arbeit auf Prozesse in der psychoanalytischen Theorie. Am bekanntesten und auf diesem Gebiet international anerkannt ist die britische Therapeutin Mary Priestley. In ihrer spezialisierten Methode »Exploratorische Musiktherapie« (ursprünglich »analytische Musiktherapie« genannt) spricht der Klient Themen, die er in die Sitzung mitbringt, wie in einer normalen analytischen Sitzung durch und erkundet sie dann in der musikalischen Improvisation. Sehr oft nehmen Therapeut und Klient eine bestimmte musikalische Haltung ein. Hat der Klient z.B. über seine Schwierigkeiten, Ärger auszudrücken, gesprochen, kann er während des ersten Abschnitts der Improvisation entscheiden, einen Teil seiner Ärgergefühle herauszuspielen, während der Therapeut die kontrollierende Seite seiner Persönlichkeit spielt; im zweiten Abschnitt können die Rollen getauscht werden. Damit die beiden gespaltenen Seiten gehört und integriert werden können, spielt Mary Priestley die Tonbandaufnahme der Improvisation vor. Der Klient hört alle Abschnitte der Musik, und der Therapeut hilft ihm, die Elemente der gesamten Improvisation zu erkennen. In einer abschließenden Diskussion kann ein Teil dieser musikalischen Erkenntnisse verbal aufgearbeitet werden. Priestley beschreibt, dass vieles von dem, was in der musikalischen Interaktion geschieht, eine Reflektion oder Analogie verschiedener internaler Prozesse darstellt (vgl. 1982, 1983). Helen Odell beschreibt ihre psychodynamische Herangehensweise als Methode, die alle Beziehungsfragen einschließt – Selbst, Familie, Freunde: »Die Musiktherapiegruppe konzentriert sich auf das, was in und zwischen den Gruppenmitgliedern geschieht, und dies ist in der Musik hörbar; ein dynamisches Arbeiten hilft den Klienten, mehr von sich zu verstehen.« (1988, S. 58)

Es gibt nicht *die* typische Sitzung; im allgemeinen beginnen Gruppensitzungen mit einer Warming-up-Phase mit Zuhören, Erkunden der Instrumente oder Rhythmikarbeit. Aus dieser offenen Phase können sich eine musikalische Idee, Kernfragen oder Themen entwickeln, die in einer Improvisation erkundet werden. Gemeinsame Themen können auftauchen, die bei vielen Gruppenmitgliedern anklingen. Solche Themen entwickeln sich oft in längeren Improvisationen. Improvisationen können Gespräche über Gefühle auslösen, die durch die Musik hervorgerufen wurden. Manchmal wird eine Musikaufnahme der Gruppe vorgespielt. Die Gruppenmitglieder können Einblicke über ihre Reaktionen, ihr Verhalten in der Gruppe, ihre Beziehungen untereinander und zum Therapeuten erlangen. Es können individuelle Probleme oder Aspekte der Gruppenkultur angesprochen werden. Eine Zusammenfassung oder ein Rückblick auf das Ausgangsthema können das Ende einer Sitzung bilden (oder auch nicht). In ihrer Analyse über das Geschehen in einer Gruppensitzung fügt Odell hinzu:

● Stille in Folge von Widerstand, Vorbereitung, Entspannung, »Fest hängen«, Traurigkeit, Nachdenklichkeit,
● Bewegung, um Energie zu schaffen,
● Rollenspiel in bestimmten Situationen (vgl. ebd., S. 58).

Die Sitzungslänge beträgt normalerweise mindestens 1 Stunde. Die Gruppengröße ist vom Stil des Therapeuten abhängig, üblich sind bis zu 8 Klienten. Der Einsatz qualitativ hochwertiger, gestimmter und ungestimmter Instrumente wird betont, deren Spektrum Erwachsene mit ihren vielfältigen musikalischen Vorlieben und Biografien herausfordern soll.

Projekt 1: Musiktherapie in einer großen Institution

1984 begann ich mit einem Musiktherapiekollegen, Alson Levinge, ein Pilot-Projekt in einem psychiatrischen Großkrankenhaus. (Das Projekt wurde vom Emperor Fine Arts Trust, London, finanziert.) Ziel des Projektes war zu erforschen, wie Musiktherapie Menschen mit der Diagnose Schizophrenie nützt. Wir folgten der Empfehlung, uns auf zwei Personenkreise in dieser großen Einrichtung zu konzentrieren: die auf Langzeitstationen und die in der Kurzzeitrehabilitation. Wir baten Fachärzte um Überweisungen aus diesen beiden Bereichen. Mitglieder des Steuerungskomitees des Projektes schlugen eine Altersgrenze von 60 Jahren vor. Überwiesen wurde, wenn in den medizinischen Unterlagen die Diagnose Schizophrenie stand. Menschen mit anderen Diagnosen wie Affektstörungen oder Hirnschädigung wurden auch bei der Diagnose überlagerte Schizophrenie ausgeschlossen. Insgesamt wurden 21 Menschen mit chronischer Schizophrenie von den Langzeitstationen und 29 von den Kurzzeitstationen überwiesen.

In den ersten Probesitzungen beobachteten wir, dass Mitglieder beider Gruppen Schwierigkeiten hatten auszuwählen. Eine sehr non-direktive Methode sollte die Klienten im Gebrauch der Instrumente und der Musik unterstützen. Die Klienten aus dem Langzeitbereich reagierten mit Lethargie und Verwirrung. Wir hatten das Gefühl, dass diese Reaktion vielleicht von der Institutionalisierung herrührt, und entschieden uns für einen direktiveren Zugang.

Als John (Langzeitbereich) eingeladen wurde, ein Instrument zu wählen, war er überwältigt. Zwei kleine Instrumente wurden ihm präsentiert, um der Gruppe seine Musik zu spielen. Anstatt zu spielen, hielt er die Schlegel sehr starr und wiederholte stereotyp und zusammenhangslos Sätze. Nach einigen sanften Überredungsversuchen konnten wir ihm helfen, einige Klänge zu spielen und die Aufmerksamkeit von seinem Wortschwall auf die musikalischen Klänge zu wenden.

Vom Pflegepersonal wurde mitgeteilt, dass John (Kurzzeitbereich) gerne Musik hörte. Als Teil eines direktiveren Zugangs am Beginn der Sitzung ging oft ein großes Instrument wie ein Xylophon durch die Gruppe, und jedes Gruppenmitglied spielte etwas darauf; das Ganze wurde von Musiktherapeut/innen auf dem Keyboard begleitet. Oft nahm John, wenn er an der Reihe war, seine starre Haltung ein, er hielt die Schlegel weit über dem Instrument. Während eines dieser Augenblicke kommentierte er: »Ich stecke fest, ich stecke fest.« Als ich das Instrument ziemlich nahe vor ihn hielt, hatte ich den Eindruck, dass meine Gegenwart dieses Gefühl noch verstärkte. Ich ging weg. Vielleicht war auch die Klaviermusik zu viel für ihn. So spielte mein Kollege kürzere Phrasen mit vielen Pausen. John begann langsam auf diese unterstützenden Rufe vom Keyboard zu reagieren. Wir versuchten mitzuteilen, dass wir sein Gefühl des Feststeckens verstanden. Er wurde eingeladen, auf Klavier und stimmliche Ideen zu antworten. Er probierte einige Melodiefragmente und suchte die Tonart der gehörten Klänge. Nach ein paar Versuchen fand er sie und begann die Melodiefragmente des Therapeuten zu imitieren. Er entspannte sichtbar, Anspannung in Haltung und Bewegung wurden geringer. Er ließ erkennen, dass er eine beträchtliche Fähigkeit besaß, kurze Tonleiterpassagen und Intervalle bis zu einer Quint akkurat zu imitieren. Am Ende dieser Anfangsphase nachahmender Interaktion – Klavier/Singstimme und Xylophon/Sprechstimme – sagte er: »War doch gut, oder?«

Dass man bei schizophrenen Patienten mit einer gelenkten Methode arbeiten muss, betonte Alison Levinge (1986, S. 22) von den allerersten Sitzungen an:

Als ich z.B. anfänglich mit einer Rehabilitantengruppe in einem Improvisationsstück saß, war der Gesamtgefühlseindruck der von Chaos und völliger Desintegration. Keiner bezog sich auf irgendjemand anders; alle Arten von Tempo, rhythmischen Mustern und Dynamik waren vertreten. Danach fühlte ich mich ausgeleert und ziemlich isoliert.

Diese Gefühle mögen mit widerspiegeln, wie die Patienten sich selbst in dieser Gruppe erfahren haben. Es gab keinen Leiter, kein *Ich*, das die Handlungen auf einen wahrnehmbaren Zweck hin ausrichtete. Rhythmische Übungen hingegen befähigten die Gruppen, sich zu integrieren und gaben den einzelnen musikalischen Persönlichkeiten Gelegenheit, sich zu zeigen. Rhythmus scheint eine sichere musikalische Struktur zu schaffen, die die Patienten brauchten, um Halt zu bekommen.

Auswertung

Aus der Liste der Überweisungen konnten wir zwei »Projektgruppen« von acht Personen bilden, in der Männer und Frauen aus jedem Bereich gleich stark vertreten waren. Wie zu erwarten, war das Altersspektrum unterschiedlich: 42–60 Jahre (Durchschnitt 52) in der Langzeitgruppe und 27–47 (Durchschnitt 36) in der Kurzzeitgruppe. Wir trafen uns mit den klinischen Psycholog/innen, um ein einfaches Evaluationsprozedere für diese Gruppen auszuarbeiten. Jedes Gruppenmitglied wurde an zwei zufällig ausgewählten Punkten während jeder Sitzung beobachtet, eine von der 10. Minute der Sitzung und eine von der 35. Minute. Jedes Mitglied wurde für 10 Sekunden beobachtet, der Beobachtungsbogen wurde dann ausgefüllt. Dieses Zeitprobenprozedere bot die Gewähr, dass die Beobachtungsinhalte zufällig zu Stande kamen und dadurch Vergleichbarkeit erhielten. Beobachtet wurde, ob Patient im Raum/außerhalb des Raums; an der Aufgabe/nicht an der Aufgabe war; seine Bewegungen der Hände und Füße; Richtung der Augen; sowie allgemeine Beobachtungen über Haltung und Gruppenaufgabe. Ein Musiktherapiestudent führte die Beobachtungen abseits sitzend aus.

Die Beobachtungen wurden über eine Zeit von acht Sitzungen bei der Kurzzeitgruppe und sieben Sitzungen bei der Langzeitgruppe gemacht. Wir hätten eine längere Phase bevorzugt, aber die Verfügbarkeit eines konstanten Beobachters verhinderte dies. Die folgenden Ergebnisse basieren auf den wöchentlichen Beobachtungen von sechs festen Mitgliedern in jeder Gruppe:

1. *Im Raum* (Diese Messung erreichte 100 % Interobserver-Reliabilität (s. Tab.4)

Dies war die höchste Stufe der Teilnahme in beiden Gruppen. Die Messung ist ziemlich grundlegend und zeigt, dass die Mitglieder beider Gruppen ausreichend motiviert waren, während des ganzen Kurses an den Sitzungen teilzunehmen und eine große Mehrheit blieb die ganze Sitzung über im Raum. Nur eine geringe Anzahl in der Gruppe oder eine Person, die den Raum verlässt – und ausnahmslos tat dies ein Mitglied der Kurzzeitgruppe nach etwa der Hälfte der Sitzung – würde diese Zahl ziemlich wesentlich ändern.

> Roger (Kurzzeitgruppe) begann oft eine rhythmische Trommelimprovisation. Er entwickelte Interesse am Wechseln der Muster im Verlauf der Wochen. »Als die Gruppe immer mehr eine Einheit wurde und es offensichtlich wurde, dass er eine Führungsrolle bekam, brach er plötzlich ab und verließ körperlich die Gruppe.« (ebd., S. 21)

Dieses sehr deutliche Anwesenheitsergebnis war so überzeugend, dass eine Teilzeitstelle in diesem Krankenhaus eingerichtet wurde.

Tabelle 4: Im Raum
Durchschnitt in Prozenten einer Gruppe über die Sitzungen hinweg

Gruppe	Anfang der Sitzung	Ende der Sitzung
Kurzzeit	81	73
Langzeit	88	75
Anmerkung: Die Messung hat 100% Interobserver-Reliabilität		

2. *An der Aufgabe/Nicht an der Aufgabe*

Drei Beobachter sollten beurteilen, ob eine Verhaltensphase von 10 Sekunden zum größten Teil an der Aufgabe/nicht an der Aufgabe orientiert war; sie erreichten eine 100-prozentige Interobserver-Reliabilität. Bei einer größeren Unterteilung wurden unsere Vorhersagen für geringere Reliabilitätsstufen bestätigt; die beiden höchsten Stufen »hört anscheinend zu« – 71 % und »spielt ein Instrument« – 60 %. Die Details sind trotzdem in Tabelle 5 enthalten. Die Mitglieder des Lenkungskommitees kamen zum Ergebnis, dass Musiktherapie diese Gruppe über einen längeren Zeitraum aktiv halten kann.

Tabelle 5: An der Aufgabe/Nicht an der Aufgabe			
	Kurzzeit		Langzeit
		An der Aufgabe	
	76% der Gesamtzeit		66% der Gesamtzeit
Details:			
spielt ein Instrument 47%			43%
hört anscheinend zu 35%			36%
spricht 18%			14%
singt/setzt Stimme ein -			7%
		Nicht an der Aufgabe	
	24 % der Gesamtzeit		34 % der Gesamtzeit
Details:			
verlässt den Raum 40%			25%
scheint nicht zuzuhören 25%			60%
raucht 15%			5%
liest 15%			-
redet 5%			5 %
spielt (außerhalb der Aufgabe)			

Einige dieser Punkte in der Darstellung für das Komitee umfassten:

● Wenn an der Aufgabe und in der Gruppe engagiert, wurde der größte Prozentsatz an Zeit mit dem Spielen eines Instrumentes verbracht (beide Gruppen).
● Die Menge an »anscheinendem« Zuhören oder Sprechen war in beiden Gruppen ähnlich wie bei »an der Aufgabe«.
● Das, wenn auch geringe, Singen in der Langzeitgruppe wurde auf die Tatsache bezogen, dass in dieser Gruppe mehr Gelegenheiten zum Singen geschaffen wurden.
● Die Passivität war in der Langzeit und älteren Gruppe größer, und der Wert »hört anscheinend nicht zu« lag höher. Dieses Ergebnis wurde durch die allgemeinen Beobachtungen dieser Gruppe bestätigt.
● Das Gefühl von Ruhelosigkeit – Verlassen des Raumes, Lesen und Rauchen – war in der jüngeren Kurzzeitgruppe größer.

Die Aufteilung »an der Aufgabe/nicht an der Aufgabe« ist ziemlich naiv. Es mag ein hohes Maß an »an der Aufgabe«-Verhalten in beiden Gruppen und viel Spielen der Instrumente gewesen sein. Es ist jedoch sehr wohl möglich, ein Instrument in einer völlig unbeteiligten und unverbundenen Weise zu spielen. Wie im vorigen Kapitel angemerkt, können quantitative Analysen von qualitativeren Informationen unterstützt werden. Zum Beispiel war Susans Musik in sich selbst organisiert, aber sie war ziemlich unfähig, in bedeutungsvolle Verbindungen in Gruppenimprovisationen zu treten. In Bezug auf die Qualität ihres Spieles schrieb mein Kotherapeut, Alison Levinge:

Sie hatte eine Melodie, die sie die »Cobbler Tune« nannte, mit einer klaren melodischen Linie und einem angemessenen Gefühl für Zeit, aber sie kehrte oft während einer freien Gruppenimprovisation dazu zurück. S. hielt an ihrer Musik fest, wenn ihr das Setting als potenziell chaotisches erschien (ebd.).

3. *Blickrichtung* (s. Tabelle 6)

Zwischen den drei Beobachtern bestand eine 83 %ige Übereinstimmung über »Blickrichtung zu anderen«, 60 % »auf das Instrument« und keine Übereinstimmung über andere Richtungen. Diese sehr allgemeinen Zahlen weisen in beiden Gruppen mehr auf ein Anschauen des Instruments und der anderen als irgendwo anders hin. Wie in der Projektarbeit mit Kindern festgestellt wurde (voriges Kapitel), bündelt sich beim Musikmachen die Aufmerksamkeit. In diesem Projekt wurde in der Kurzzeitgruppe etwas mehr auf andere Gruppenmitglieder gesehen. Die Frage, ob diese Ergebnisse verallgemeinerbar sind, bleibt offen. Geht mit dem Musikmachen ein wachsendes Bewusstsein füreinander einher? Im Verlauf der Wochen wurde in beiden Gruppen der Trend deutlich, dass mehr auf die Instrumente geschaut wurde. Lässt sich daraus ableiten, dass die Musik und die Musikinstrumente zu einer allgemeinen Zunahme an Aufmerksamkeit und Bewusstheit verhelfen? Alternativ könnte angenommen werden, dass die Ergebnisse aus der gewachsenen Vertrautheit mit den Instrumenten und der Situation resultieren.

Tabelle 6: Blickrichtung		
Richtung	Kurzzeit	Langzeit
auf das Instrument	32 %	38 %
auf andere Mitglieder	36 %	31 %
in andere Richtungen	32 %	31 %
Anmerkung: Gesamtwertung aller Sitzungen		

Graham war Mitglied der Kurzzeitgruppe. Während der ersten Sitzungen saß er neben der Gruppe und las Zeitung, sah weder zu Gruppenmitgliedern noch zu den Instrumenten hin, die wir ihn einluden zu erkunden. Allmählich fühlte er sich mehr in der Lage, in der Gruppe zu sitzen und einige der Instrumente auszuprobieren. Gegen Ende dieser Sitzungsreihe fing er an, wenn er hereinkam, auch wenn er zu spät war, in der Gruppe zu sitzen, Instrumente und andere Gruppenmitglieder anzusehen und sich schnell an der Musik zu beteiligen. Er musste die Zeitung nicht mehr lesen oder neben der Gruppe sitzen. In seiner eigenen Zeit, nur mit sanftesten Einladungen, hatte er beschlossen, sich uns anzuschließen und ein aktives Mitglied der Gruppe zu werden.

4. Bezug zur Gruppe

Mit bipolaren Bewertungen konnte dieser Bereich nicht zuverlässig dargestellt werden. Stattdessen sollte eine frühe und eine späte Sitzung mögliche Muster und Trends aufzeigen:

- In der Kurzzeitgruppe schien die Spannung über die Wochen nachzulassen, und die Atmosphäre wirkte entspannter. Die anderen Wertungen änderten sich nur wenig: aktiv – passiv, offen – geschlossen, interessiert – gelangweilt.
- In der Langzeitgruppe war eine geringe Zunahme an Spannung zu beobachten, eine ähnliche Stufe an Passivität (generell mehr Passivität als in der Kurzzeitgruppe) und eine geringe Zunahme an Offenheit und erkennbarem Interesse.

Wir begannen detailliertere qualitative Fragen zu betrachten und Erfahrungen mit diesen beiden Gruppen in einem Rahmen zusammenzufassen, der die beobachteten sozialen und musikalischen Prozesse zusammenbrachte. Wir betrachteten beide, die sozialen und musikalischen Prozesse, als eine Bewegung von der Beziehung zum Selbst; diese geschieht durch ein Objekt und interaktive Prozesse (die Instrumente und therapeutische Prozesse) bis zum Stadium der Kommunikation von Erwachsenem zu Erwachsenem. Am einen Ende des Spektrums stand ein Gruppenmitglied, das Gruppe und den Raum verlässt, am anderen Ende eines, das aktive Verantwortung für die Richtung und Entwicklung der Gruppe übernimmt. Musikalische Detail-Darstellungen könnten die zugrunde liegenden sozialen Prozesse der Arbeit ergänzen. Es ist offensichtlich, dass Menschen sich zu ein und demselben Zeitpunkt auf mehr als einer Ebene verhalten können, und die Abbildung einer Spirale taucht wieder auf. Zum Beispiel ist es möglich, ein Instrument völlig in sich selbst vertieft zu erkunden, bevor eine Verbindung entsteht und es kommunikativ eingesetzt wird.

Andere Stationen erfuhren von dem Musiktherapieprojekt und baten darum teilzunehmen. So begannen wir mit einigen Sitzungen auf einer Akutstation und in einer Tagesklinik.

Peter, ein erfolgreicher Geschäftsmann, Anfang 50, war sehr bedrückt und ängstlich. Er nahm an einer offenen Sitzung auf einer Akutstation teil. Seine Haltung schien sehr gespannt. Er beschloss, das große Metallophon zu spielen, und begann mit vielen klirrenden Intervallen, besonders mit großen und kleinen Sekunden. Ich versuchte die Gefühle hinter diesen starken musikalischen Gesten mit durchdringenden und lauten Dissonanzen zu spiegeln, wobei ich das Klavier als Schlaginstrument benutzte. Dann wurde unser Musikmachen gelöster, und Bruchstücke fließenderer Melodien kamen auf; die Musik veränderte sich dann erneut und Peter entwickelte Melodien, die von offenen Akkorden unterstützt wurden. Am Ende dieser ziemlich intensiven Begegnung in der Musik kommentierte Peter, dass er nun entdeckt hatte, was er in früheren Gesprächen mit seinem Arzt eigentlich hatte sagen wollen. Er verband diesen Augenblick der Einsicht mit dem

Übergang vom angespannten zum melodischeren Teil der Improvisation. Die musikalischen Muster und Formen schufen den Rahmen, der es ihm ermöglichte, sich schwierigen Fragen zu stellen. Er verließ die Sitzung mit der Absicht, dieses Thema mit seinem Arzt so schnell wie möglich zu besprechen.

Wir lernten viel während dieses Projekts. Eine wiederkehrende Lektion war, dass bei scheinbar sehr passiver Reaktion auf eine Sitzung doch höchste Beteiligung gegeben sein kann:

Martin kam zu einigen der acht Sitzungen auf der Akutstation. Er saß während jeder Sitzung für sich alleine, von der Gruppe entfernt. Er wollte keines der Instrumente spielen. Am Ende der Sitzungsphase baten wir um Feedback über positive und negative Aspekte der Erfahrung. Konträr zu unseren Erwartungen sagte Martin, dass er die Sitzungen als sehr hilfreich empfand. Er gebrauchte die Erinnerung an die Klänge während der Woche, wenn er sich entspannen musste. Er schrieb: »Ich mag die Klänge der verschiedenen Instrumente. Die Geräusche, die sich in meinem Kopf mischen, entspannen mich. Es ist in Zeiten von Stress eine Entlastung, Musik zu hören und zu spielen.«

Am Ende des Projektes stellten wir auf einer Tagung und auf einer Konferenz mit der Klinikleitung unsere Ergebnisse vor. Wir versuchten beides, quantitative und qualitative Aspekte der Arbeit, zusammenfließen zu lassen. Die Krankenhausleitung bewilligte die Mittel für Sitzungen an zwei Tagen, sodass die Musiktherapie weitergeführt werden konnte.

Projekt 2: Musiktherapie in einem Allgemeinkrankenhaus

Teil 1

Wir verfolgen nun die Entwicklung der Arbeit auf einer kleinen psychiatrischen Station an einem Allgemeinkrankenhaus. (Für eine ausführliche Darstellung s. Bunt 1987, S. 3–6.) Die Station versorgte stationär aufgenommene akut Erkrankte und Patienten einer Tagesklinik. Die Anfrage nach einer anfänglichen Versuchsphase von acht Musiktherapiesitzungen kam 1986 vom Leiter der Beschäftigungstherapie. (Die Finanzierung wurde vom Freundeskreis des Krankenhauses gespendet.) Wegen der kurzen Arbeitsphase waren anhaltende Einflüsse nicht nachweisbar; dafür konnte das Projekt aber Aufschluss geben über Wirkungen einer intensiven Kurzzeit-Musiktherapie.

Das Altersspektrum der sechs regelmäßig teilnehmenden, zur Musiktherapie überwiesenen Gruppenmitglieder lag zwischen 24 und 38, es waren vier Frauen und 2 Männer. Die Probleme waren ernst: schwere Depression, Angst, persönliche Schwierigkeiten, Probleme, sich auf andere zu beziehen und Beziehungen aufzubauen. Bei einem Mitglied wurde früher Schizophrenie, bei einem anderen eine manisch-depressive Psychose diagnostiziert. Der Beschäftigungstherapeut, Cotherapeut in der

Gruppe, und der Musiktherapeut trafen sich vor der Maßnahme mit jedem Gruppenmitglied, wobei folgende übergreifende Bedürfnisse hervortraten:

– mitzuteilen, was man will, und mit anderen in Beziehung treten,
– an einer non-verbalen Gruppe teilnehmen, in der kreativer Ausdruck betont wird,
– Vertrauen und Beziehungen in einer angstfreien Gruppensituation entwickeln,
– zu Spontaneität und entspanntem Verhalten ermuntern,
– Gruppenmitgliedern helfen, Verantwortung für Handlungen zu übernehmen und selbstsicherer Entscheidungen zu treffen,
– sich verpflichten, an den acht Sitzungen teilzunehmen, die jede Woche zur gleichen Zeit stattfanden.

Ein Beschäftigungstherapiestudent nahm regelmäßig an der Gruppe teil, und ein Platz wurde von anderen Mitgliedern des klinischen Teams nach Rotationsprinzip besetzt. Die Gruppe hatte nie mehr als 10 Mitglieder.

Der Beschäftigungstherapeut führte eine Teilnehmerliste und verglich die wöchentlich verfassten Aufzeichnungen. Während der Sitzungen machten die Mitarbeiter viele spontane Bemerkungen über den Nutzen der Musiktherapie. Mit Hilfe der klinischen Psycholog/innen wurde ein einfacher Fragebogen für Mitarbeiter wie Klienten erstellt. Er war offen und konnte beliebig ausführlich oder kurz beantwortet werden:

(1)   Was mochten Sie nicht? Warum?
(2)   Was mochten Sie? Warum?
(3)   Was fehlte Ihnen? Warum?
(4)   Gibt es etwas, was Ihnen zu viel war? Warum?
(5)   Gibt es etwas, was Ihnen zu wenig war? Warum?
(6a) Welche Wirkung hatte es auf Sie – wenn überhaupt?
(6b) Welche Wirkung hatten Sie beobachtet? (Mitarbeiterfrage)

Obwohl dieser Fragebogen retrospektiv und insofern also nur auf Gedächtnisleistungen angewiesen ist, hatten wir den Eindruck, dass er eine grobe Analyse der positiven und negativen Feedbacks ermöglichte und hilfreich für die Entwicklung weiterer Fragen war.

Wie im vorhergehenden psychiatrischen Gesundheitspflegeprojekt wurde eine hohe Teilnahme von 73% erreicht; die Gründe für Nichtteilnahme waren bis auf eine Ausnahme angemessen. 13 Fragebögen (6 von Klienten, 7 von Mitarbeitern) wurden innerhalb einer Woche nach der letzten Sitzung ausgefüllt und den Psycholog/innen gegeben. Die Einzelaussagen wurden wie folgt gruppiert:

– positiv (etwas gefiel) – Frage 2
– negativ (etwas, das nicht gefiel oder weniger bevorzugt wurde) – Frage 1 und 4
– Vorschläge – Frage 3 und 5
– Wirkungen – Frage 6

Die Aussagen, die sich auf Wirkungen bezogen, wurden weiter unterteilt in positive, negative und ambivalente. Als ambivalent wurden Aussagen eingestuft, bei denen die drei Bewerter nicht 100-prozentig übereinstimmten. Die Inhaltsanalysen (s. Tabelle 7) zeigen, dass die positiven Bemerkungen die negativen bei weitem überwiegen (92% positive – Frage 2 und 6 – gegen 8% negative – Frage 1 und 4).

Die Anmerkungen der Gruppenmitglieder sprechen für sich; stellvertretend geben wir den Kommentar eines Gruppenmitglieds wieder, der einige wesentliche Kennzeichen der Musiktherapie wunderschön zusammenfasst:

Für mich wurde die Musiktherapie eine alternative Straße zu Bereichen meiner Persönlichkeit und sozialer Interaktion, die hauptsächlich durch Angst vor Ablehnung abgeschnitten waren. Die ersten Risse in meiner äußeren Schutzschale zeigten sich, ehe ich auf die Station kam. Auf der Station, einem »geschützten« Ort, konnte ich die alte Schale abwerfen. Durch Gespräche mit Ärzten, Schwestern und anderen Patienten wurde die erforderliche neue Schale langsam aufgebaut.

Tabelle 7: Inhaltsanalyse der Aussagen

	Negative (Fr.1&4)	Positive (Fr.2)	Vorschläge (Fr.3&5)	Wirkungen (Fr.6)		
				pos.	amb.	neg.
Klienten	3	11	9	7	2	0
Mitarbeiter	2	22	11	18	0	0
Gesamt	5	33	20	25	2	0

Gruppentherapie sowie Kunst- und Musiktherapie haben jeweils Beiträge geleistet, ein echtes Selbstbild wieder aufzubauen. Die einzigartigen Beiträge der Musiktherapie waren dabei:

1. Kooperation innerhalb der Gruppe, alle Versuche sind gleichwertig.
2. Beiträge zu einer einzigartigen Schöpfung.
3. Andere Gruppenmitglieder, Mitarbeiter wie andere Patienten, haben die gleichen Probleme, Instrumente technisch zu beherrschen.
4. Das Gefühl, etwas abhängig vom eigenen Einsatz zu erreichen.
5. Über das Hören Zugang zu abgeschlossenen, »unsicheren« Bereichen der Inspiration.
6. Die Fähigkeit, sich daran zu gewöhnen, etwas aus Spaß und Freude zu machen und ohne verwirrende Analyse.
7. »Geschützte« Interaktionen in einer Gruppe. (Diese und alle anderen Aussagen der Klienten wurden in Bunt/Pick/Wren 1986 veröffentlicht.)

Eine negative Anmerkung eines Klienten bezog sich auf die Problematik, pünktlich zur Gruppe zu kommen, die andere auf die Kürze der Musiktherapie-Phase: »Ich wurde gerade mit den Instrumenten vertraut und beteiligte mich, als die acht Wochen um waren. Das letzte geschaffene Stück war das am wenigsten gehemmte.« Die Frage nach einer längeren Interventionsphase kann in vielerlei Hinsicht als eine positive Aussage betrachtet werden. Die Bitte um mehr Sitzungen war ein Hauptkennzeichen der positiven Anmerkungen der Klienten neben einem allgemeinen Enthusiasmusgefühl für die Gruppe. Man kann argumentieren, dass die positiven Antworten die Mitarbeiter motivieren sollen, die Gruppe weiterzuführen, anstatt zu reflektieren, was wirklich in der Gruppe geschah. Das Ausmaß und die Qualität der positiven Reaktionen scheint diese Tendenz jedoch aufzuwiegen.

Die von den Mitarbeitern hervorgehobenen positiven Aspekte der Gruppe waren eng mit den ursprünglichen Gruppenzielen verbunden und umfassten ohne besondere Rangordnung:

– gemeinsames Musikmachen und ein Team werden,
– Gruppenzusammenhalt,
– Erkunden nonverbaler Kommunikationsaspekte,
– Spontaneität,
– Instrumente als Kommunikationsmittel gebrauchen,
– Möglichkeiten schaffen, um Vorstellungsvermögen/Imagination zu entwickeln,
– mehr Entspannung und Vertrauen in dem Maß, wie die Gruppe sich entwickelt,
– freundliche, angstfreie Gruppe,
– Emotionen mit ungewohnten Methoden ausdrücken,
– Verhaltensmuster werden verändert,
– Lachen und Freude wird freigesetzt.

Die Mitarbeiter beobachteten folgende positive Wirkungen:

– maßlose Menschen erfahren Kontrolle,
– Menschen, die sich nicht mitteilen, erfahren die Wirkungen ihres Schweigens,
– weniger Rückzug und Hemmungen,
– Selbstvertrauen wird aufgebaut,
– hilft ruhigeren Menschen, sich selbst auszudrücken,
– ermutigt jedes Mitglied zur Teilnahme.

Von den Mitarbeitern kamen zwei negative Anmerkungen:

– Menschen mit einer stärkeren Persönlichkeit übernehmen die Führung,
– die ganze Zeit auf einem Platz bleiben müssen.

Obwohl es schwierig ist, die Beiträge dieser Intervention auf den therapeutischen Fortschritt des Einzelnen hin zu begutachten, verbessert die Musiktherapie zweifellos die Stimmung. Bei den meisten Gruppenmitgliedern war eine Stimmungsänderung innerhalb der Sitzungen zu beobachten. Das wollten wir in einer zweiten Sitzungsserie genauer untersuchen. Nach einer kurzen Darstellung vor dem klinischen Team über die leicht zugänglichen Ergebnisse aus dem Fragebogen und einem Bericht bei den Financiers fiel die Entscheidung für die Finanzierung einer weiteren Serie. Zusätzliche Mittel wurden bereitgestellt, damit die Station eigene Musikinstrumente kaufen konnte.

Teil 2

Im ersten Projekt in einer Großinstitution wurden quantitative Daten über eine Interventionsphase mit ergänzenden qualitativen Nachweisen aus Notizen der Musiktherapeut/innen und Eigenberichten der Klienten gesammelt. Der erste Teil des zweiten Projektes an einem Allgemeinkrankenhaus konzentrierte sich – mit Ausnahme des Teilnahmeberichtes – auf subjektive Selbstberichte als Hauptindikator möglicher Wirkungen. Diese Selbstberichte bereichern die »kälteren« Zahlen. Im zweiten Teil dieses Projektes sollten Beiträge der Musiktherapie zu einem allgemeinen Stimmungswechsel nachgewiesen werden.

Eine etwas längere Phase von 10 Sitzungen auf der Station sollte Aufschluss geben über mögliche signifikante Kurzzeitänderungen im Status der Entspannung, den »Glücks«gefühlen und dem Selbstwertgefühl innerhalb der Sitzungen. Das Interesse galt nicht den sich kumulierenden Änderungen während der Gesamtphase. Es ist klar, dass Einflüsse wie Änderungen in der persönlichen Situation, Medikation und andere Therapien hinderlich waren und sich auf solche Muster auswirken können. Es wurden neun Personen zu dieser neuen Gruppe überwiesen. Die Mitarbeiter kannten die Möglichkeiten einer Musiktherapiegruppe und konnten spezifischer überweisen. Sie interviewten jeden, der in Frage kam, erklärten das Wesen der Projektgruppe und die Notwendigkeit, sich zu regelmäßiger Teilnahme zu verpflichten. In Konsultationen mit jedem Klienten wurden die zentralen Probleme gemeinsam begutachtet. Das Spektrum der akuten Probleme entsprach dem der ersten Projektphase, einige Mitglieder hatten psychotische Episoden. Zusätzlich zu dem Eingangsinterview versuchten wir, den Standard Kelly Repertory Grid technique anzuwenden (s. Kelly 1950). Die Klienten wurden gebeten, eine Liste von Schlüsselelementen zu erstellen, z.B. »ich jetzt«, und persönliche Konstrukte, die sich auf die eigene Wahrnehmung dieser Elemente beziehen, z.B. das Kontinuum »isoliert – beteiligt«. Dies erwies sich als eine zu schwere Aufgabenstellung für diese Gruppe. Sie reagierte mit Angst und Rückzug. So wurde dieser Versuch verworfen.

Wir begnügten uns damit, Veränderungen während jeder Sitzung zu betrachten, indem jedes Gruppenmitglied gebeten wurde, am Anfang und am Ende der Sitzung einige Fragen zu beantworten. Die erste Gruppe von Fragen konzentrierte sich auf die drei Dimensionen: Entspannung, Glück, Selbstwertgefühl, wobei eine 7-Punkte-Skala mit 1 – so schlecht wie noch nie – bis 7 – besser als je zuvor – angewandt wurde. Die zweite Fragengruppe sollte den ausschlaggebenden Punkt erfassen, an dem der Klient Änderungen (wenn überhaupt) wahrgenommen hat: andere Gruppenmitglieder,

Instrumente, Gruppenleiter. Diese Dimensionen wurden auch auf einer 7-Punkte-Skala bewertet. Wie zuvor war Raum für zusätzliche Bemerkungen. Jedes Gruppenmitglied füllte einen separaten Bewertungsbogen am Anfang und Ende der Sitzung aus. Zwei Psychologiestudenten an der Universität und der leitende klinische Psychologe der Station werteten die Bögen aus und stellten die Ergebnisse zusammen.

Die Null-Hypothese zur ersten Fragereihe (Entspannung, Glück, Selbstwertgefühl) ging von keinen Veränderungen in der Wertung während jeder Sitzung aus. Es zeigten sich Veränderungen im Vergleich zum Anfang mit einer höheren Wertung am Ende jeder Sitzung. Statistische Tests bestätigten den Trend der Ergebnisse und den Grad der Signifikanz (vgl. Siegel 1956. Mein Dank gilt dem klinischen Psychologen David Pike, der bei der Analyse der Daten und der Erörterung der Ergebnisse half.) In allen drei Dimensionen gab es sehr signifikante subjektive Verschiebungen zum Positiven im Verlauf der Musiktherapie. Die Teilnehmer fühlten sich am Ende der Musiktherapiesitzung tendenziell entspannter, glücklicher und wertvoller als am Anfang und stuften sich selbst in allen drei Dimensionen durchschnittlich um etwa einen halben Punkt höher ein. Dieses Muster ist über alle Sitzungen hinweg konstant. Es gab keinen Einschränkungseffekt, sodass die Patienten sich auch hätten niedriger einschätzen können. Die Untersuchung weist also eine allgemeine und verlässliche Zunahme positiver Stimmungsänderung für jede Sitzung aus.

Bei der Auswertung der Angaben zu den für die Veränderung ausschlaggebenden Faktoren (Gruppenmitglieder, Instrumente, Leiter) ergaben sich folgende generelle Tendenzen:

- Kein Mitglied schätzte alle drei Dimensionen gleich ein; die Skalen wurden also deutlich unterschieden.
- Im Ganzen lagen die meisten Werte über 4; dies weist auf eine positive Bewertung der drei Skalen hin.
- Das Spielen der Instrumente war der Faktor mit der höchsten Relevanz für die Stimmungsänderung.
- Bei Werten von 5 und höher waren drei der Meinung, dass die Gruppe, sechs, dass die Instrumente, und drei, dass der Gruppenleiter dazu beitrugen.
- Bei Werten von 3 und weniger war einer der Meinung, dass die Gruppe, einer, dass der Gruppenleiter nicht dazu beitrugen; keiner empfand die Instrumente als Beeinträchtigung.

Der Beitrag der Musikinstrumente wurde positiv bewertet, obwohl einige Mitglieder sich anfänglich nur zögernd einließen. Einigen half die Gruppe, anderen nicht; der Musiktherapeut wurde ähnlich eingeschätzt. Diese Ergebnisse zeigen, dass die Gruppenmitglieder in der Lage waren, die Instrumente und andere Mitglieder effektiv zu nutzen, um ihre Stimmung während der Sitzung positiv zu beeinflussen. Die Persönlichkeit des Leiters hatte dabei keinen dominierenden Einfluss. Das mag durch die auf dieser Station angewandte klientenzentrierte Musiktherapiemethode bedingt sein.

Der eindeutig nachgewiesene Wirkungszusammenhang zwischen Musiktherapie und temporärem Stimmungsanstieg wurde in mündlichen oder schriftlichen Bemerkungen der Gruppenmitglieder bestätigt. Daraus ist zu schließen, dass Musiktherapie einen positiven Beitrag zum psychiatrischen Gesundheitswesen leisten kann: als eigenständige therapeutische Intervention sowie als ergänzende Therapie zu anderen Behandlungen. Eine positive Stimmungsänderung innerhalb einer Musiktherapiesitzung könnte dazu ermutigen, sich andere Interventionen vorteilhaft zu Nutze zu machen. Es stellt sich die Frage, ob regelmäßigere – oder sogar tägliche – Musiktherapie von mindestens einer Stunde in bestimmten Situationen die Medikamenteneinnahme zur Stimmungsaufhellung ersetzen kann. Ein Projekt zu dieser Frage würde sicherlich beweisen, dass Musiktherapie ein verlässliches Mittel ist, um positive Wirkungen über einen längeren Zeitraum zu schaffen. Sie wird von den Klienten gut angenommen und hat keine Nebenwirkungen.

Uns ist bewusst, dass in beiden Phasen des Projekts das positive Ergebnis von der wöchentlichen Teilnahme und der unterstützenden und aufmerksam zuhörenden Methode der Therapeuten abhing. Die überwältigenden positiven Reaktionen auf die Intervention scheinen diese Tendenz aufzuheben. Wie stets wirft auch dieses Projekt weitergehende Fragen auf: Können individuelle Veränderungsmuster nachgewiesen werden? Wie können z.B. Interaktionen in einer Gruppenberatung und musiktherapeutischen Interventionen analysiert werden? Welcher Art sind die spezifischen musiktherapeutischen Prozesse, durch die solche allgemeinen Ergebnisse und Veränderungen erreicht werden? Wie kann der Gebrauch der Musiktherapiesitzungen mit den persönlichen musikalischen Profilen und Biografien in Verbindung gebracht werden?

Musiktherapie und Geriatrie

Helen Odell führte ein Forschungsprojekt durch über die Wirksamkeit der Musiktherapie bei geriatrischen Patientengruppen. Dieser Begriff wurde vor kurzem verändert zu »elderly-continuing care«. Sie verglich therapeutische Musiktherapiephasen mit Phasen einer gesprächsorientierten Gruppe, der so genannten Lebenserinnerungstherapie. Im ersten Teil des Projektes fanden über einen Zeitraum von 16 Wochen je acht Sitzungen Musiktherapie und Lebenserinnerungstherapie in zufälliger Reihenfolge statt. Im zweiten Teil führte sie zwölf Musiktherapiesitzungen hintereinander durch. Durch zeitorientierte Messungen, sollten in einem ersten Teil Veränderungen in den Beteiligungstufen bei beiden Therapien und im zweiten Teil innerhalb der Musik festgehalten werden. Sie unterteilte den Begriff »Beteiligung« nach folgenden kleineren und beobachtbaren Kriterien: Blickrichtung, Verbalisieren, Gebrauch des Materials, Lächeln, Schlafen oder Abwesenheit. Beobachtungen wurden nach der Musiktherapie und an musiklosen Tagen durchgeführt. Über Schlussfolgerungen und Ergebnisse schreibt sie:

1. Regelmäßig abgehaltene Musiktherapiesitzungen erhöhen die Beteiligung geriatrischer Patienten signifikanter als unterbrochene Sitzungsreihen.
2. Musiktherapie ist eine wirksame Behandlungsweise für geriatrische Patienten.
3. Musiktherapie lässt das Beteiligungsniveau stärker ansteigen als zu Zeiten ohne geplante Aktivitäten oder auch während der Mahlzeiten.
4. Beständigkeit des Therapeuten und der Gruppenmitglieder innerhalb geschützter Grenzen (regelmäßige Zeit, Ort und Methode) sind wichtig, um bei geriatrischen Patienten therapeutische Erfolge zu erzielen.
5. Mit der Zeit sich entwickelnde Beziehungen zwischen Therapeut, Assistent und Gruppenmitgliedern helfen, Erfolge zu erreichen.
6. Musiktherapie, die als Methode auch Improvisation innerhalb der Gruppeninteraktionen einschließt, ist besonders effizient.
7. Die musiktherapeutische Vorgehensweise muss bei geriatrischen Patienten sorgfältig an Diagnosestellung und biografischem Hintergrund orientiert sein (vgl. Odell 1988, S. 112).

Odell zeigte ebenfalls, dass alle am Projekt Beteiligten am Ende der Studie das Niveau an Beteiligung verbessert oder gehalten hatten. Während der Musiktherapie war die Höhe der Beteiligung auch generell höher – mehr Bewusstsein, Interaktion usw. Die Ergebnisse waren, wie zu erwarten, im zweiten Teil des Projektes anhaltender und gleich bleibender. Sie beobachtete, dass diese Veränderungen auftraten – trotz dem Schwerpunkt auf Improvisation. Gewöhnlich werden Volkslieder in dieser Altersgruppe gesungen, wobei nicht immer klar ist, ob es sich um Musiktherapie oder um unterhaltsame Singstunden handelt. Bei Odells Methode werden Volkslieder oder Liederelemente als musikalisches Sprungbrett für interaktive Improvisationen genutzt. Sie zitiert viele Beispiele, wie Musik in dieser freien Weise zum Ventil für Gefühle wird, z.B. bei einem alten Mann, der ein großes Tamburin sehr wirksam und laut benutzte, um seinen Gefühlen von Frustration und Verwirrung eine Stimme zu geben. Er konnte nicht sprechen. Nachdem er seine Gefühle auf diese Weise ausgedrückt hatte, wurde er sichtbar entspannter und konnte sich anderen Gruppenmitgliedern in musikalischem Austausch und bei Improvisationen in kleinen Gruppen anschließen.

Musiktherapie am Krebszentrum Bristol

Musiktherapie ist Teil eines einwöchigen Kur-Programms für die Klienten am international anerkannten Bristol Cancer Help Center. Das Zentrum wird nach ganzheitlichen Grundsätzen geführt. Die Klienten können sich neben den körperlichen Aspekten ihrer Krankheit mit emotionalen und psychologischen Problemen auseinander setzen. Musiktherapie ist Teil der Komplementärtherapien mit dem Ziel, die Lebensqualität der Bewohner zu verbessern.

Die Sitzung ist für 1 1/2 Stunden, nach der Hälfte des Programms, am Mittwochmorgen anberaumt. Die Gruppe findet im Entspannungsraum statt, einem wunder-

schönen Raum mit bequemem Boden. Es gibt eine Auswahl gestimmter und unge-
stimmter Perkussionintrumente. Die Sitzung wird von Musiktherapeut/innen koor-
diniert und vom Berater für die Bewohner begleitet. Am Anfang steht eine allgemeine
Einführung in die Instrumente für Bewohner und ihre Begleiter. Nach dieser kurzen
Eröffnungsphase verlassen die Begleiter den Raum, und die verbleibende Zeit kon-
zentriert sich auf die Arbeit mit den Bewohnern. Die Begleiter haben am späteren
Vormittag ihre eigene Gruppe. Die Anzahl der Bewohner, die das Zentrum eine
Woche lang besuchen, liegt gewöhnlich zwischen acht und zehn.

Evaluation

Nach den ersten Sitzungen entschieden wir, die Beiträge, die die Musiktherapie zu
dem Programm für die Bewohner des Zentrums leistet, auszuwerten. Die Evaluation
wurde von einem auswärtigen Gutachter durchgeführt. Der Kollege war Psychologe
in der Abschlussstufe einer Beraterausbildung. (Mein Dank geht auch an die Asses-
sorin Joanna Marston-Wyld, die auch bei der Bearbeitung dieses Materials geholfen
hat.) Sechs Sitzungen wurden unter drei Hauptzielsetzungen betrachtet:

1. Was geschieht während der Musiktherapiesitzungen in Bezug auf die Gesamteva-
   luation der therapeutischen Arbeit am Zentrum entsprechend seiner therapeutischen Konzeption?
2. Einige Kennzeichen der Musiktherapie herausfinden, die zur Optimierung auf die
   gesamte Dienstleistung übertragbar sind.
3. Prozesse in Musiktherapie und solchen in der Beratung zu vergleichen.

Fragen und Methode

Das umfassende Thema war herauszufinden, wie die Bewohner die Musiktherapiesitzung einschätzten. Es gab drei weitere Fragekomplexe:

1. War die Musiktherapiesitzung am Mittwochmorgen der angemessene Zeitpunkt für die Entwicklung einer Gruppenbeziehung und das therapeutische
   Programm?
2. Was erreicht die Sitzung im Sinn der Gesamtzielsetzung des Zentrums? Half die
   Musiktherapie den Bewohnern, Gefühle auszudrücken, freizusetzen oder Zugang
   zu ihnen zu finden und dann mit ihnen in der Beratung oder durch andere
   Therapien weiterzuarbeiten?
3. Sollte Form und Länge der Sitzung verändert werden? Welches ist die optimale
   oder maximale Gruppengröße?

Um diese Fragen beantworten zu können, wurde folgende Vorgehensweise gewählt:

a) Vor und nach jeder Musiktherapiesitzung führte eine Gutachterin mit der Gruppe ein kurzes Brainstorming zum Thema »Musik und wir« durch. Sie bat die Gruppe um Worte und kurze Sätze, die positive und negative Aspekte der Musik beschrieben.

b) Die Gutachterin begleitete die Sitzungen als teilnehmende Beobachterin und sammelte Eindrücke über Prozesse und Wirkungen der Musiktherapie aus Sicht der Bewohner und der Musiktherapeut/innen.

c) Die Gutachterin sammelte Bemerkungen über die Sitzungen von Bewohnern, den Musiktherapeut/innen und dem Berater. Dies geschah durch informelle Diskussionen und halbstrukturierte Interviews.

Analyse

Das Brainstorming der sechs Sitzungen lieferte Wort- und Satzlisten, die sortiert und gruppiert wurden. Es wurden verschiedene Schlüsselkonzepte erkennbar, denen viele der spontanen Bemerkungen zugeordnet werden konnten; sie wurden als »Konstrukte« bezeichnet. Die Gutachterin analysierte diese Konstrukte nach Häufigkeit. Sie definierte die Häufigkeit als eine Zahl, mit der ein bestimmtes Wort oder eine Gruppe von Worten von einer der sechs Gruppen benutzt wurde, nicht die Gesamthäufigkeit aller Gruppen (s. Tabelle 8 und 9, S. 169).

Beobachtungen in Bezug auf die Analysen der Konstrukte

1. Die Konstrukte, die die Wirkung der Musik auf den Einzelnen beschreiben, wie »gibt Energie«, »entspannend«, »bedrückend«, »traurig«, scheinen sich beim Vergleich der Angaben vor und nach der Sitzung zu Worten zu verschieben, die die Wirkung auf die Gruppe kennzeichnen und wie es sich anfühlt, gemeinsam zu spielen, Kommunikation und Harmonie zu erleben. Die beiden häufigsten Konstrukte vor den Sitzungen waren »gibt Energie« und »entspannend«, am Ende der Sitzungen waren es »Kommunikation« und »Gruppenzusammengehörigkeit«.

2. Worte, die durch die Musik geweckte passive Gefühle wie Freude, Ruhe, Trauer bezeichnen, verschieben sich zu Worten, die bei den Einzelnen auf die aktive Erfahrung oder den Gebrauch von Musik wie Stärkung, positiv, Verbindungen, Verständnis, Mittelpunkt hinweisen.

3. Es gibt eine auffallende Energieverschiebung. Die Worte nach der Sitzung sind dynamischer und beziehen sich oft auf Lösung von Anspannung, Freisetzen von Gefühlen über Katharsis, Rückgang von Hemmung und Zuwachs von Spontaneität.

Tabelle 8: Konstrukte vor der Sitzung

Konstrukt	Häufigkeit (aus 6)
a) gibt Energie/stimuliert	6
b) entspannend, beruhigend	5
c) Spaß/Freude	5
d) Harmonie/spirituell/innerer Friede	4
e) Depression/Trauer	4
f) Dissonanz/Irritation	3
g) sozial/mitteilen	3
h) ausdrucksstark/Bedeutung/wertvoll	2
i) Klang/Rhythmus	2
j) Nostalgie/Erinnern von Bildern/Stimmung	2
k) therapeutisch	2
l) Spontaneität	1
m Schönheit	1

Tabelle 9: Konstrukte nach der Sitzung

Konstrukt	Häufigkeit (aus 6)
a) Kommunikation	5
b) Gruppenzusammengehörigkeit/Harmonie	5
c) Freude/Spaß	5
d) Spontaneität/Unmittelbarkeit	4
e) Katharsis/Befreiung	4
f) laut/geräuschvoll	4
g) Konzentration/Aufmerksamkeit	3
h) frustrierend/schwierig	2
i) Verbindungen/Verständnis	2
j) stärkend/positiv	2
k) Sensitivität/Zartheit	2
l) Fokus/auf den inneren Rhythmus einstimmen	2
m) Reminiszenz	1
n) energietisierend	1
o) Potenzial entdecken	1
p) der Natur nahe	1
q) Rückzug/Hemmung	1
r) Erschöpfung	1
s) Entspannung	1
t) Wunsch nach Form und Gestalt	1
u) zwiespältig	1
v) Individualität	1
w) Interpretation	1
x) Leiden/Drama	1
y) Versuch/Experiment	1

4. Es gibt einige negative Konstrukte nach der Sitzung wie schwierig, frustrierend, Rückzug, Hemmung.

5. Die Worte, die nach der Sitzung benutzt werden, sind gebündelter und spezifischer. Die dritte Gruppe hatte z.B. die Worte »sozial/mitteilen« am Anfang; später sprachen die Gruppenmitglieder über »Interaktion«, »Kooperation« und den »Wunsch nach Harmonie«.

6. Einige Konstrukte erschienen vor und nach den Sitzungen; bemerkenswerterweise »Vergnügungen«, »Nostalgie« oder »Lebenserinnerung«, »sozial/mitteilen«, »gibt Energie«, »Gruppenzusammengehörigkeit«.

7. Einige Konstrukte erscheinen vor und nicht nach den Sitzungen, insbesondere »Depression/Trauer« und »Schönheit«, andere wie »Dissonanz/Irritation«, »spirituell/Friede«, »therapeutisch« erscheinen nach den Sitzungen nicht als solche, sind aber in anderen, gewöhnlich spezifischeren Konstrukten enthalten.

8. Einige Konstrukte erscheinen nach und nicht vor den Sitzungen; die Anzahl der anschließend benutzten Worte und verschiedenen Konstrukte war höher. Einige zeigten völlig neue Ideen wie »Entdecken potenzieller/ungekannter Talente«, »Wunsch, in Harmonie zu sein« (mit der Gruppe im Gegensatz zum individuellen), »Nähe zur Natur«, »Katharsis/emotionale Befreiung«, »sich auf (unseren) inneren Rhythmus einstimmen«, »Sensibilität/Zartheit« (mit uns selbst).

Diskussion

Diese Analyse ist durch das »Vorher-Nachher-Verfahren« konsistent bezüglich intuitiver Gefühle und Erwartungen. Jede Gruppe äußerte sich zu dem Begriff »Musik und wir« quasi im Kaltstart vor der Sitzung und am Ende. Es ist nicht überraschend, dass die Angaben vor der Sitzung eher allgemein sind und nachher spezifischer werden. Die Bewohner hatten eine Sitzung mit Betonung auf aktiver Beteiligung am Musikmachen erlebt. Die Energiezunahme war vorausgesagt. Die Veränderungen der Konstrukte vor und nach der Sitzung sagen etwas über den Prozess der Musiktherapie aus und wie er die Erfahrung der Teilnahme beeinflusste.

Es ergaben sich einige wichtige Punkte: Den meisten Gruppen (fünf von sechs) scheinen ein Gefühl der Gemeinsamkeit und der Wunsch nach Harmonie miteinander bei der Erfahrung, gemeinsam Musik zu machen, geholfen zu haben. Dies wirkt sich auf die Entwicklung der Gruppenkultur und -identität aus und macht für die Gesamtwoche einen großen Teil des therapeutischen Wertes aus. Die Hälfte der Gruppen erwähnte Mitteilen/Geselligkeit zuerst, danach folgen Kommunikation und Gruppenzusammengehörigkeit auf der Liste.

Viele Gruppenmitglieder empfanden die Erfahrung als kathartisch. Obwohl die Konstrukte vor den Sitzungen die gängige Ansicht widerspiegelten, dass Musik Energie geben oder entspannen kann, treten nach den Sitzungen spezifischere und aktivere Konstrukte auf wie emotionale Befreiung, Katharsis, Verlieren oder Überwinden von Hemmungen und Auflösung von Barrieren. Spontane Kommentare wie »ich wusste nicht, dass das in mir ist«, »es ist eine gute Weise, das Gefühl aus meiner Brust zu kriegen«, »das war sehr einfach, aber ich habe es genossen« waren häufig.

Auf der negativen Seite steht ein ähnlicher Umschwung. Die durch die Musik ausgelöste Depression und Trauer, die am Anfang der Sitzung (vier von sechs) genannt wurden, tauchten am Ende nicht wieder auf. An deren Stelle traten aktivere Konstrukte auf, wie frustrierend/schwierig, Rückzug (Zuflucht)/Hemmung, Erschöpfung und sogar Konsternierung.

Die wichtige Funktion der Musik, Zugang zu Erinnerungen und den damit assoziierten Gefühlen zu bekommen, wird in diesen Konstrukten auch widergespiegelt, wenngleich auch überraschenderweise nicht in dem Ausmaß, wie es die Erfahrung in den Sitzungen zeigte. Vor der Sitzung erwähnten zwei Gruppen Nostalgie oder die Fähigkeit der Musik, Bilder und Erinnerungen aufzurühren. Hinterher erwähnte nur eine Gruppe direkt Lebenserinnerungen im »brainstorm«, andere erwähnten aber frühere Erfahrungen und persönliche Beziehungen, die mit Erinnerungen an Vergangenes und Gefühlen zu tun hatten.

Die Konstrukte nach der Sitzung spiegeln ebenfalls, dass Musiktherapie die Klienten zumindest vorübergehend davon entlastet, sich mit Schmerzen, Krankheit und Problemen zu beschäftigen. Spontane Bemerkungen bezogen sich auf: sich neben sich selbst stellen, Probleme einmal beiseite lassen, in der Lage sein, sich selbst zu betrachten und zu lachen, sich auf den inneren Rhythmus einzustellen und sich sammeln.

In den Konstrukten wird auch eine Kernphilosophie des Zentrums erwähnt: Die Bewohner sollen auf sich selbst achten, indem sie ihren Bedürfnissen den Vorrang geben. Dies ist in Statements wie »Sensibilität und Sanftheit« (mit sich selbst), »Stärkung« und »positive Grundhaltung« zu erkennen.

Die Konstrukte nach den Sitzungen spiegeln die Erfahrung mehrerer Bewohner wider, die ihr Talent fürs Musikmachen entdeckten oder wieder entdeckten: »unbekannte Talente«, »Potenzial entdecken« und mehr »Selbstvertrauen« nach dem Spielen in der Sitzung. Für einige Bewohner war die Entdeckung, dass sie Instrumente, die sie in der Sitzung erkundet hatten, spielen konnten, eine unerwartete Freude; andere erinnerte es an früheres Musikmachen. Einige Bewohner gaben an, dass sie ihre private Musikpraxis wieder aufnehmen wollten.

Es folgen Aussagen aus Interviews und Beobachtungen während der Sitzungen, die diese Ergebnisse bestätigen. Viele persönliche Einsichten wurden von den Bewohnern während der Musiktherapie gewonnen:

Bewohnerin A war während des Trommelspielens frustriert; sie lebte mit einem Berufsmusiker zusammen und hatte selbst aufgehört, Violine zu spielen. Sie konnte sich selbst fragen, warum sie aufgehört hatte, und bemerkte, dass etwas Positives in der Frustration lag.

Bewohnerin B erwähnte im Interview, dass sie vor der Sitzung nervös war und »ein Problem mit der Musik« hatte. Während der Sitzung merkte sie, dass sie seit der Entdeckung ihrer Krankheit ihre Liebe zur Musik unterdrückt hatte. Sie erkannte während der Sitzung auch, dass dieses »Abschotten« von Musik sich in der Weise spiegelt, wie sie nicht auf ihren Körper hörte und vor ihren Problemen flüchtete. Die Musik löste viele solcher Gefühle aus und befähigte sie, sich weiter zu öffnen und mit anderen Mitarbeitern im Zentrum zu sprechen.

Bewohnerin C empfand die Musik als einen sehr direkten Weg, mit ihren Gefühlen in Berührung zu sein. Sie weinte, als sie Klänge von einem gestimmten Instrument hörte, die sie an die Zeit erinnerten, als ihr Sohn das gleiche Instrument in der Schule spielte. Zu dieser Zeit pflegte sie ihre eigene Mutter. Sie erzählte mit Einsicht von der Unschuld der Klänge, die sie an den damaligen warmen Kontakt zu ihrem Sohn erinnerte. Sie konnte diese kraftvolle Erfahrung als Schlüsselerlebnis in späteren Visualisierungsübungen nutzen und weitere Erkenntnisse beim Malen und bei anderen Erfahrungen im Zentrum gewinnen.

Zusammenfassung der Auswertung

Die Prozesse und Wirkungen des musiktherapeutischen Inputs am Zentrum wurden über eine Kombination von »Brainstorming« vor und nach den Sitzungen, Teilnehmerbeobachtung und halbstrukturierten Interviews weiter erforscht. Es wurden auch Informationen darüber gesammelt, wie die Bewohner das Zusammenspiel der Musiktherapie mit anderen Therapien am Zentrum einschätzten und den Zeitpunkt der Sitzung.

Diese eine Sitzung während des Programms zeigt etwas von dem Potenzial der Musiktherapie für diese Klientel. In der derzeitigen Form beginnen die Bewohner gerade mit den Instrumenten vertraut zu werden, wenn es Zeit ist aufzuhören. Die tiefreichendsten Erfahrungen sind, wie oft in therapeutischen Situationen, gegen Ende der Sitzung. Es bedarf mehr Zeit für die Entwicklung von Vertrauen, um an individuellen Bedürfnissen zu arbeiten oder z.B. die eigene »Lebensreise« auf den Instrumenten mit Unterstützung anderer Gruppenmitglieder und dem Therapeuten zu spielen, sodass Wachstum möglich wird.

Die zeitliche Anordnung der Musiktherapie in der Mitte der Woche wurde sehr positiv bewertet. Die Gruppenmitglieder kannten sich dann bereits so gut, dass ein Gruppengefühl und eine Gruppenidentität entstanden war. Die Musiktherapiesitzung half, dieses Zusammengehörigkeitsgefühl zu konsolidieren, und ermöglichte es den Bewohnern, emotionale Erfahrungen zu machen, die sie dann in die verbleibende Woche mitnehmen konnten.

Der Einsatz der Musik durch die Lebensspanne – Das Bild der Spirale

Psycholog/innen haben traditionell einen großen Teil ihrer Zeit und Energie darauf verwandt, die körperliche, intellektuelle und emotionale Entwicklung von Kindern zu erforschen. Für die längste Phase des Lebens, das Erwachsenenalter, gab es bis vor kurzem einen Mangel an systematischer Forschung. Das am meisten diskutierte Modell ist das 8-Stufen-Modell der psychosozialen Entwicklung von Erik Erikson (1957, 1973). Es zeigt, wie sich ein Individuum in seiner Lebensentwicklung den verschiedenen Herausforderungen der Gesellschaft anpasst. Er beschreibt, wie vor dem Beginn einer jeden Entwicklungsphase eine Krise entsteht. Eine neue »Tugend« oder »vitale Stärke« entwickelt sich bei der Bewältigung solcher Krisen. Zum Beispiel sieht Erikson die Krise des jungen Erwachsenen (etwa zwischen 20 und 35) in der Polarität von Nähe und Isolation. Der junge Erwachsene hat ein gewisses Selbst-Gefühl entwickelt, mit Hilfe dessen er sich auf intime Begegnungen mit anderen einlassen kann. Für Erikson ist Liebe die neue »Tugend«, diese offensichtliche Krise zu bestehen. Werden intime Beziehungen zu risikoreich, zieht sich der junge Erwachsene zurück und wird zunehmend einsamer. So entwickelt der Erwachsene in dieser Spannung zwischen Intimität und Einsamkeit Beziehungen sowohl zu anderen als auch zu seiner gesamten Umgebung.

Bronfenbrenner zeigt, wie eng miteinander verwoben die verschiedenen Stufen sind. Die erste Stufe ist das »Mikrosystem« – der Beziehungen in der engsten Umgebung: Heim, Arbeit, persönliche Beziehungen. Ein »Mesosystem« bildet die Gruppierung von »Mikrosystemen«: z.B. wie die Arbeit in Bezug zur Privatsphäre steht. Ein »Exosystem« beinhaltet die vorherigen Stufen und ist ein System, das sich selbst beeinflusst: z.B. die Wirkung des Arbeitsmarktes. Die vierte Stufe ist das »Makrosystem«, das die Art und Weise darstellt, in der Grundwerte der Gesellschaft sich in einer dieser ersten drei Stufen widerspiegeln (vgl. 1979, S. 21–27).

Es ist klar, dass jede Betrachtungsweise der Entwicklung aus der Perspektive der Lebensspanne vielschichtig und unterschiedlich gerichtet ist. Es gibt keinen festen Verlauf; jeder hat ein vielfältiges Potenzial für Veränderung und Wachstum. Während ein Individuum sich durch die Erwachsenenjahre bewegt, verändert sich sein Selbstbild wie sich gleichzeitig sein soziales Umfeld und die Gesellschaft, der es angehört, wandelt. Für jeden gibt es wiederkehrende Themen, Schwankungen in der körperlichen Befindlichkeit, die mit Ereignissen im Leben interagieren. In Resonanz auf die uns umgebenden Ereignisse verändern wir ständig unsere Lebensgeschichte, formen sie um und gestalten sie immer wieder neu (vgl. Sugarman 1986). Einige Autoren (z.B. Maslow) schreiben über diese Prozesse der »Selbstaktualisierung« vor dem Hintergrund einer Hierarchie der Bedürfnisse: Am Ende der Skala steht das körperliche Wohlgefühl, Sicherheit, Liebe, Zugehörigkeit, Selbstwertschätzung, Bedürfnis nach Selbstaktualisierung. Maslows Definition der Selbstverwirklichungsprozesse auf den Ebenen dieser Bedarfshierarchie hat die Bewegung der humanistischen Psychologie stark beeinflusst (vgl. 1970).

Poeten und Bühnenschriftsteller beschreiben mit vielen Metaphern diesen Prozess. Bilder aus der natürlichen Welt wurden benutzt, um diese Reise zu versinnbildlichen: z.B. das Fließen eines Stromes, die tägliche Bewegung der Sonne, die wechselnden Jahreszeiten. Musik kann in verschiedenen Lebensstadien benutzt werden, um den verschiedenen Bedürfnissen zu begegnen. Ich möchte dieses Kapitel schließen mit Gedanken über Verbindungen zwischen wichtigen Augenblicken in unserem

Leben und unserem Gebrauch von Musik. Im vierten Kapitel wurde auf das Bild der Spirale (S. 112) hingewiesen, die Tillman und Swanwick als ein Modell für ein Entwicklungsprofil vorstellen. Meines Erachtens gilt dieses Bild auch für das musikalische Profil des Erwachsenen.

Musik ist wie der ständige Wechsel von Ebbe und Flut. Vibrationen bilden ihre Quelle. Aus dieser physikalischen Welt der Klänge bilden sich Melodie, Harmonie und Rhythmus, sie stellen die fließenden und interagierenden Elemente dessen dar, was wir Musik nennen. Musiktherapeut/innen können Kinder und Erwachsene beim Erschaffen musikalischer Gesten beobachten. Ein Erwachsener mag mit den Parametern der Musik vertraut sein, aber in der freien Improvisation kann es sein, dass er durch die Spirale zurücktaucht auf die Ebene frühen sinnlichen Klanggenusses und damit Kontakt zu Kindheitserfahrungen wieder herstellt. Dies haben wir bei Sitzungen am Krebszentrum beobachtet.

Menschen brauchen zu verschiedenen Zeiten des Lebens verschiedene Arten der Musikerfahrung. Eine bestimmte Musik mag in einem bestimmten Stadium noch nicht einmal verstanden werden. Mein Klavierlehrer war ziemlich beunruhigt, seinen 15-jährigen Schüler mit dem Klavierauszug der 5. Symphonie von Sibelius zu sehen – er hielt mich für unfähig, eine so komplexe Arbeit in diesem zarten Alter zu verstehen. Ich erinnere mich, dass mich diese Bemerkung verwirrte, da ich das Stück besonders liebte. Ich nehme an, dass mein Lehrer meinte, dass ein Teil der dem Stück zugrunde liegenden musikalischen Charakteristika zu diesem Zeitpunkt jenseits meines intellektuellen und emotionalen Verständnisses lagen. Beethoven ist beispielsweise ein Komponist, der Musik für die Entwicklung während der Lebensspanne anbietet. Die Reihe der Streichquartette mit ihren verschiedenen Veränderungen deckt die Bedürfnisse ab, die wir im Verlauf der Lebensentwicklung haben. Über die letzten Quartette wurde sehr viel geschrieben, z.B. als Vollendung eines Lebens, das dem Komponieren verschrieben war, als Arbeiten voller Weisheit und spiritueller Einsicht des Alters. Diese Weisheit fühlt sich auch wie die verlorene Unschuld der Kindheit an, liedhafte Melodien von höchster Einfachheit. In späteren Jahren mag man die jugendliche Energie der frühen Quartette als belebend und anregend empfinden. Die Tatsache, dass an Demenz Leidende sich oft besser an ihre Kindheit als an jüngere Ereignisse erinnern können, mag Teil dieses zyklischen Prozesses sein, bei dem Anfänge und Enden sich miteinander verbinden. Das Langzeitgedächtnis bleibt erhalten. Der Hörsinn ist der erste Sinn, der sich entwickelt, und sehr oft der letzte, den wir verlieren.

Durch Musik wird in den verschiedenen Lebensstadien die persönliche und die Gruppen-Identität ausgedrückt. Dies wird uns bewusst, wenn wir auf unser Leben zurückblicken und verschiedene Musikstücke mit den Lebenssituationen verbinden, in denen sie bedeutsam waren. Musik in der Adoleszenz schuf dauerhafte Eindrücke und hat viel mit der Zugehörigkeit zur Peergroup zu tun. Einige der älteren Klienten haben die Umwälzungen zweier Weltkriege durchlebt. Lieder spielten eine sehr wichtige Rolle für das Zusammengehörigkeitsgefühl in diesen turbulenten Zeiten. Diese Lieder können Erinnerungen und den emotionalen Kontext dieser Zeiten aktivieren. Erinnerungen an geliebte Menschen werden oft mit einem bestimmten Lied oder Musikstück verbunden; John Booth nannte dies sehr treffend die »Liebling, sie spielen unsere Melodie«-Theorie (Davis 1985, S. 2). Ich nehme an, dass die Worte allein nicht in dieser unmittelbaren Weise Erinnerungen auslösen können. So kann Musik in der Vorbereitung auf das Lebensende, im Rückblick auf frühere Stadien des Lebens helfen, emotional bedeutsame Augenblicke zu vergegenwärtigen.

Psychotherapie besteht hauptsächlich im Nacherleben vergangener Ereignisse, um Verstehen und Integration zu erreichen. Das gilt auch für die Musiktherapie. Ein Musikstück kann als Ausdruck des gegenwärtigen Gefühls oder der Gruppengefühle improvisiert werden. Aspekte des inneren Lebens können in der Musik nach außen verlagert werden. Insofern kann Musik ein Ausdruck des bronfenbrennerschen »Mikrosystems« sein. Auf einer anderen Stufe kann die gerade moderne Musik, sei es Populär- oder so genannte Ernste Musik, Ausdruck der zentralen Frage sein, die die Gesellschaft bewegt; insofern ist die Musik Ausdruck des »Makrosystems«.

Musik ist vielschichtig und unterschiedlich gerichtet. Ihr Gebrauch ist wunderschön im Bild der Spirale, einer so fundamentalen Lebensform aufgehoben, die uns in vielen verschiedenen Variationen der Natur begegnet: dem Nest der Schlangen und anderer im Wasser lebender Geschöpfe, unserem inneren Hörorgan, der natürlichen Form des Whirlpools und des Wirbelsturms; sogar das Baumaterial unserer Gene, das DNA-Molekül besitzt die Form einer Doppelspirale (vgl. McGlashan 1976, S. 102 f.).

Zu ein und derselben Zeit kann Musik die Bedürfnisse des Einzelnen und der Gruppe repräsentieren. Musiktherapie kann Erwachsenen helfen, ein Risiko einzugehen, sich Veränderungen zu stellen, sich mit Krisen zu versöhnen und vorwärts zu gehen. Erwachsene können in einer Musiktherapiegruppe mit Hilfe der Musik Fragen aus verschiedenen Perspektiven bearbeiten und frühere Probleme bewältigen, um im Zurückgehen vorwärts zu kommen. Diese kreative Flexibilität trägt zur zunehmenden Relevanz der Musiktherapie als einer Quelle der Gesundheit und des Wohlgefühls für Erwachsene bei.

Musiktherapie als Ressource für die Gemeinde

Einleitung

Die Art, in der Musik und Musiktherapie Verbindungen herstellen kann, ist Gegenstand dieses Kapitels. Im ersten Kapitel wurde gezeigt, dass die ersten Musiktherapeut/innen häufig in großen Einrichtungen für geistig Behinderte und psychisch Kranke arbeiteten. Nur 40 Jahre danach sind wir heute Zeugen einer enormen Veränderung, wie sich die Gesellschaft in Großbritannien an Menschen mit diesen Problemen anpasst. Die Terminologie verschiebt sich. Die Fachbegriffe »Lernschwierigkeiten« und »mentale Gesundheitsprobleme« ersetzten die alten. Eine weitere radikale Veränderung liegt in der Schließung der großen Einrichtungen zu Gunsten gemeindeorientierter Tageszentren, kleiner Einheiten und Heime. Wir erleben gerade die mit diesem Wandel verbundenen Folgeerscheinungen im Bedarf zusätzlicher personeller und finanzieller Ressourcen. Anfang der 1990er nahmen auch Arbeits- und Wohnungslosigkeit zu, was weitere Anstrengungen in der Bewährungshilfe und im Justizvollzug erforderte. Wie reagiert ein Musiktherapeut auf alle diese Veränderungen? Der Berufsstand arbeitet intensiv daran, leistungsfähige ambulante Dienste aufzubauen. Die Musiktherapie ist nur ein kleiner Berufsstand, und ihr Markt organisiert sich nach dem Angebot-und-Nachfrage- bzw. Leistungsempfänger-/Leistungsanbieter-Modell. Die geringen Ressourcen müssen wirtschaftlich eingeteilt werden, um der enormen Nachfrage und den Herausforderungen in einer Weise zu entsprechen, die die Unterstützung der Finanzträger im Gesundheitswesen gewinnt. Andernfalls besteht eine reale Gefahr, dass der Berufsstand einen Teil des Bodens, den er in den letzten Jahrzehnten gewonnen hat, unter Richtungs- und Rechtfertigungskämpfen verliert.

Die entwickelte Reise- und Kommunikationstechnologie ermöglicht die Begegnung verschiedenster musikalischer Kulturen in einer bisher noch nie da gewesenen Weise. Auf internationalen Tagungen und Musikfestivals lernen wir, dass jede Art von Musik eine Schlüsselverbindung zu dem ist, was Menschsein ausmacht. Musiktherapie erhält so eine multikulturelle Dimension, deren Humanität es möglich macht, Menschen mit verschiedener Herkunft, mit unterschiedlichen Erfahrungen und einem breiten Spektrum an Fähigkeiten in der Musik zu integrieren.

Dieses Kapitel beginnt mit einem Überblick über die Bereiche, auf denen Musik Menschen unabhängig vom Grad ihrer kognitiven Fähigkeiten helfen kann (Musiktherapie für Erwachsene mit Lernschwierigkeiten – früher geistig Behinderte). Die Musiktherapie kann diese Klientel dabei unterstützen, sich außerhalb hospitalisierter Gettos zu behaupten. Es folgen dann eine Zusammenfassung anderer, in vorhergehenden Kapiteln nicht beleuchteter Arbeitsbereiche und Ausblicke auf die zukünftige Entwicklung. Die Antwort der Musiktherapeut/innen auf die gegenwärtige Musiktechnologie wird kurz betrachtet. Wie kooperieren Musiktherapeut/innen mit anderen Disziplinen? Die Entstehung des gemeindeorientierten Dienstes Music-Space dient als Beispiel dafür, wie Musiktherapie auf die derzeitige Situation reagiert. Wie verbindet sich die Musiktherapie mit Trends in der gegenwärtigen Musik, und wie verändert sie die Rolle des Musikers in der Gesellschaft? Können wir uns vielen musikalischen Herausforderungen anpassen, ohne zu Dilettanten zu werden? Wie kann ein Musiktherapeut Rollen wie Interpret, Lehrer, Forscher und Therapeut miteinander vereinen?

Musiktherapie mit geistig behinderten Erwachsenen

Historisch gesehen hat die Musiktherapie ihre Fachkenntnisse entwickelt, indem sie den Bedürfnissen von Erwachsenen mit schwerwiegendsten kognitiven und körperlichen Einschränkungen begegnete. Musiktherapieabteilungen wurden in vielen der früheren Großinstitutionen eingerichtet, in denen Menschen mit so schwerwiegenden Problemen oft für viele Jahre untergebracht waren. In einem solchen Setting kann sich eine Musiktherapiekultur entwickeln, und die Mitarbeiter gewöhnten sich daran, Johnny und Sarah nicht, »weil sie Musik mögen«, zur Musiktherapie zu überweisen, sondern aus Gründen, die über Musikästhetik, Vergnügen und Freizeitaspekte hinausgehen. Verbindungen mit den kognitiven, emotionalen, körperlichen und spirituellen Bereichen im Leben eines Menschen rückten so zunehmend in den therapeutischen Fokus. Unabhängig vom Grad der Einschränkungen kann ein Musiktherapeut mit dem Menschen hinter den Problemen in Kontakt kommen und über die musikalische Transaktion eine emotionale Verbindung herstellen. Therapeutische Tatsachen können dann besprochen werden, um die körperliche Mobilität oder Aspekte des Lernens, des sozialen oder emotionalen Verhaltens oder sogar um die Bereiche der so genannten »Verhaltensstörungen« zu beeinflussen. Das Spektrum der bestehenden Probleme reicht von sehr zurückgezogen und passiv bis hyperaktiv und stellt für Musiktherapeut/innen eine Herausforderung dar. Isolation scheint viele dieser Schwierigkeiten zu verbinden. Die Situation eines Erwachsenen mit schweren Lernproblemen wird oft durch zusätzliche Probleme kompliziert wie Seh- oder Hörbeeinträchtigungen, körperliche Behinderungen oder psychische Störungen wie eine akute Depression.

Die Geschichte des Berufsstandes zeigt, dass Musiktherapie für Erwachsene mit diesen Schwierigkeiten viel zu bieten hat. Ein Musiktherapeut kann Verbindungen zu wesentlichen persönlichen Kompetenzen herstellen, die hinter den augenscheinlichen Problemen liegen. In welcher Weise beeinträchtigen oder behindern die Probleme den Kommunikationsprozess mit Musik? Wie im dritten Kapitel beobachtet, können Antworten auf Klänge und musikalische Elemente sehr einfach sein und bedürfen nicht notwendigerweise komplexer intellektueller Verstehensprozesse. Indem sie einige notwendige Funktionen, z.B. die Dekodierung von Sprache, umgeht, kann die Musik einen tiefen Eindruck auf Menschen machen, für die eine von Worten bestimmte Umgebung nur Verwirrung schafft und Isolation vertieft. Stephanie Zallik erinnert daran, dass körperliche und geistige Entwicklungsverzögerungen einen Menschen nicht daran hindern, ebenso intensiv Gefühle zu erleben wie jemand, dessen geistige und körperliche Fähigkeiten entwickelter sind (vgl. 1987, S. 13–16). Als Musiktherapeutin will sie die äußeren Schichten verstehen und durcharbeiten, um die innersten Schichten zu erreichen, wo man, wie sie meint, den wirklichen Bedürfnissen eines Menschen begegnet.

Sally, eine 27-jährige Frau mit schwerwiegenden Lernschwierigkeiten, saß norma-lerweise in einer fötalen Haltung zusammengerollt auf ihrem Stuhl. Sie wirkte vollständig in sich selbst zurückgezogen. Sie wurde zur Musiktherapie überwie-sen, um herauszufinden, ob irgendein kommunikativer Zugang zu ihr hergestellt werden könnte. Ich hatte sehr gemischte Gefühle, sie zur ersten Sitzung einzula-den. Wie war es mir möglich, in eine Welt einzudringen, die sie für sich geschaffen hatte, möglicherweise als Schutz gegen eindringende Stationsgeräusche, ein-schließlich des Fernsehers und des Radios? Ich saß neben ihr und begann einige lange und ruhige Klänge auf einer kleinen Flöte zu spielen. Ich sang sanft und langsam ihren Namen. Im Verlauf der Wochen zeigte sie eine gewisse Neugier gegenüber diesen Klängen. Sie rollte sich selbst auf und wandte sich der Klangquelle zu. Ein paar Wochen später streckte sie sich nach den Instrumenten aus und berührte einige von ihnen. Als ich mich ihr gegenübersetzte, begann sie mich anzusehen. Dies geschah alles extrem langsam; bei jeder unerwarteten oder lauten Einmischung zog sie sich zurück. Allmählich begann sie ihre Stimme einzusetzen für lange Klänge und Seufzer. Wir improvisierten lange Klänge zu-sammen. Nach 9 Monaten mit wöchentlichen Sitzungen kam sie in den kleinen Raum außerhalb der Station, saß in einem Stuhl, sah mich an, sang und streckte sich nach Instrumenten aus. Gegen Ende unserer gemeinsamen Arbeit stand sie, sobald ich auf die Station kam, aus ihrem Stuhl auf und führte mich zu dem Raum, um zu singen. Der Logopäde beobachtete und notierte ein breites Spekt-rum von Klängen, die sie sang und die er als Grundlage für irgendeine Art von Kommunikationssystem annahm. Sie begann eine Sprachtherapie.

Das Gespür für Sallys eigenes Zeiterleben half, mit ihr sehr langsam einfache Interak-tionen aufzubauen. Dies war kein einfacher Prozess, und es gab Zeiten, in denen es nicht möglich war, irgendeinen Kontakt herzustellen; dann stimmten wir in unserem Zeitgefühl nicht überein.

Diese Beschreibung passt sehr gut zu der Diskussion im dritten Kapitel. Kritisch kann hier angemerkt werden, dass jede Art verlässlicher Zuwendung über einen längeren Zeitraum ähnliche Veränderungen hervorrufen kann, insbesondere wenn der Klient in einer gleich bleibenden sicheren Umgebung gestützt wird. Forschungs-ergebnisse zeigen aber, dass Musiktherapie bei Menschen mit den tiefreichendsten

Schwierigkeiten wirkungsvoll ist und Effekte liefert, die weit über denen liegen, die von einer längeren Zuwendungsphase zu erwarten sind. Amelia Oldfield untersuchte z.B. die Wirksamkeit der Musiktherapie bezüglich einer Reihe von individualisierten Therapiezielen bei Erwachsenen mit tiefreichenden Lernschwierigkeiten im Vergleich zu den Ergebnissen einer ähnlichen Phase von Spielaktivitäten. Ausführliche Video-analysen bei vier Erwachsenen zeigen bessere Resultate bei der Musiktherapie als bei den Spielaktivitäten. Oldfield weist darauf hin, dass Musiktherapie ein wirksames Mittel sein kann, um die sehr einfachen Therapieziele zu erreichen:

– Bewohner A war aktiver, blieb mehr beim Thema und nahm an der Musiktherapie mehr teil als an den Spielaktivitäten.
– Bewohner B entspannte seinen Arm immer mehr in den Musiktherapiesitzungen. Das trug dazu bei, »dass sich die Zeit verringerte, die er in einer fötalen Haltung aufgerollt zubrachte, mit dem Kopf unter den über die Ohren gehaltenen Armen«.
– Bewohner C ließ sich in der Musiktherapie auf mehr Handlungen ein als in den Spielsitzungen. Er äußerte sich musikalisch weniger oft negativ als im Spiel.
– Bewohner D war der einzige Erwachsene, der in den Spielsitzungen aktiver war als in den Musiktherapiesitzungen (vgl. 1986, S. 64).

Oldfields Studie weist ebenfalls das Sporadische der Veränderungen bei Kurzzeitun-tersuchungen auf. Die Arbeit mit Sally zeigte, dass bei längeren Untersuchungszei-träumen stabile Verhaltensänderungen zu erwarten sind. Darüber war bereits in den Kapiteln über die musiktherapeutische Forschung die Rede.

Tony Wigram berichtete über eine solche Langzeituntersuchung. Er dokumen-tierte die Entwicklung einer Gruppe von fünf höchst verwirrten und zeitweise aggres-siven jungen Erwachsenen. Wöchentliche Sitzungen über einen Zeitraum von zwei Jahren halfen den Mitgliedern der Gruppe, sich gegenseitig besser zu tolerieren, gemeinsames Musik-Erleben und Körperkontakt zuzulassen (vgl. 1988, S. 42–51).

Eindeutige Wirksamkeitsnachweise, Beobachtungen und Berichte helfen dem Berufsstand, bei anderen Berufen ernst genommen und akzeptiert zu werden. Die Musiktherapie hat ihre Existenzberechtigung sowohl im stationären als auch im ambulanten Kontext erbracht. Der Beginn ihrer Geschichte ist gekennzeichnet durch kasuistisches Vorgehen, möglichst genaues Beschreiben beobachtbaren Verhaltens wie bei Amelia Oldfield. Bis heute ist es schwierig, Forschungsprojekte zu entwickeln, die z.B. die fließenden Gefühle und emotionalen Reaktionen, die sich zwischen Therapeut und Klient in der musikalischen Interaktion ereignen, zu erfassen. Feine-res Forschungswerkzeug muss gefunden werden, um diese zentralen Fragen zu un-tersuchen. Genaue Analysen von Veränderungsprozessen auf der Ebene vieler ver-schiedener Parameter werden – so ist zu hoffen – die Effizienz musiktherapeutischer Arbeit in nächster Zeit noch deutlicher zu Tage treten lassen.[1]

---

1 Einen aktuellen Forschungsüberblick zur Musiktherapie bei psychiatrischen Patienten geben Stoff-ler und Weis (1996) sowie Risch (1996).

Kurzer Überblick über andere musiktherapeutische Arbeitsgebiete

Die in diesem Buch aufgeführten Praxisbeispiele waren größtenteils Beschreibungen aus der Arbeit mit Kindern, Erwachsenen mit Lernschwierigkeiten und Erwachsenen mit psychischen Problemen. Die jüngste detailliert beschriebene Entwicklung bezog sich auf die Krebsversorgung. Im neuen Journal of British Music Therapy ist zu beobachten, wie Musiktherapie in andere Bereiche des Gesundheitswesens expandiert.

So entwickelt sie sich gegenwärtig an der Arbeit mit neurologischen Erkrankungen wie Parkinson und Huntingtons Chorea. Jennie Selman beschrieb Musiktherapie mit einem 64-jährigen Mann mit der Diagnose Parkinson. Musiktherapie befähigte ihn, einen Teil seiner Frustrationsgefühle zu kanalisieren und dabei Stress und Angst abzubauen. Die Behandlung brachte ihm auch körperliche Erleichterung, die nach Beobachtung des Klienten für etwa 24 Stunden anhielt. Singen wurde insbesondere in Sitzungen zur Lockerung der Mund-, der Zungen-, Kiefer- und Gesichtsmuskulatur einbezogen und um Atmung und Haltung zu verbessern. Selman beobachtete, dass Worte beim Singen deutlicher artikuliert wurden als beim Sprechen (vgl. 1988, S. 5–9). Diese Fallstudie weist nach, dass Musiktherapie in diesem Bereich nicht nur für die körperliche Entlastung, sondern auch als Hilfe zu verbesserter Kommunikation und emotionaler und geistig-emotionaler Integration relevant ist.

Am Anfang ihrer musiktherapeutischen Laufbahn erforschte Sarah Hoskyns die Kurzzeitwirkung der Musiktherapie bei Erwachsenen mit der Diagnose Huntingtons Chorea. Die positiven Wirkungen der Intervention und die Schlussfolgerungen für die weitere Arbeit an den körperlichen wie auch den Sprach- und Sprechproblemen wurden in medizinischen Zeitschriften veröffentlicht (vgl. 1982).

Sarah Hoskyns hat auch auf einem anderen Pioniergebiet Forschungen initiiert: bei strafrückfälligen Erwachsenen. Sie entwickelte auf Grundlage der Personal Construkt Theorie von Kelly ein Evaluationsraster für die Musiktherapie. Auf diese Weise waren die Klienten als Partner in dem Projekt stark einbezogen (vgl. 1988, S. 25–41).

Sarah Hoskyns führte dieses Forschungsprojekt während ihrer Anstellung als Musiktherapie-Forscherin an der City Universität in London durch, der derzeit einzigen Vollzeitstelle im Fachbereich Musik an der British University, seit 1980 von der Music Therapy Charity finanziert. Colin Lee, ebenfalls auf einem Pionierposten, arbeitete mit HIV- und Aids infizierten Erwachsenen. Bei seiner Arbeit am London Lighthouse brachte er seine Fähigkeiten als Pianist und als Komponist in diesem Arbeitsgebiet ein. Seine Forschung über »bedeutsame Augenblicke« während einer Improvisation entwickelte den von Hoskyns begonnenen Partnerschaftsansatz weiter. Beide, Klient und Therapeut, kommentieren die Musik und diskutieren Momente von Bedeutung (vgl. 1989, S. 11–20; 1990, S. 6–21).

Penny Rogers erweiterte die Arbeit ihres Kollegen um den Bereich des sexuellen Missbrauchs. In einem neueren Überblick hob sie einige wichtige Faktoren dieser Arbeit wie den symbolischen Gebrauch der Instrumente, die Wichtigkeit von Grenzen, und das, was sie »die Macht des Geheimnisses« nennt, hervor (vgl. 1992, S. 5). Sie zeigt ebenfalls auf, wie einige der Fragen auf andere Anwendungsgebiete übertragbar sind, wie etwa Essstörungen und Medikamentenmissbrauch.

Die Komplexität der von Klienten dargebotenen Symptomatik wird genauer erforscht. Eine geistige Behinderung etwa kann von vielfältigen emotionalen Problemen beeinflusst sein. Margaret Heal hat vor kurzem den Begriff »psychoanalytically informed music therapy« (an der Psychoanalyse orientierte Musiktherapie) übernommen, um die Verbindungen zu beschreiben, die sie zwischen der psychoanalytischen Theorie und der Musiktherapie herstellt, wenn sie mit geistig behinderten Menschen arbeitet (vgl. 1989, S. 45–56).

Neue Entwicklungen bietet die Computertechnologie, wie z.B. das MIDIGRID-System, das Kindern und Erwachsenen mit starken Bewegungseinschränkungen kontrollierten Zugriff auf ein weites Spektrum musikalischer Erfahrungen verschafft. Ein Klient mit einer tiefgreifenden körperlichen Behinderung kann beim traditionelleren Gebrauch der Instrumente sehr frustriert sein. Musiktherapeut/innen können gemeinsam mit Musiklehrern und anderen Forschern entdecken, wie diese Technologie die Lebensqualität solcher Menschen verbessern kann, wie es beim Drake Research Projekt geschieht (vgl. Fitzwilliam 1989, S. 45–56). Weitere Fragestellungen betreffen den Gebrauch dieser Technologie bei der Arbeit mit Menschen, die von Seh- oder Hörbeeinträchtigungen betroffen sind.

Beziehungen zu anderen Disziplinen

Viele Musiktherapeut/innen arbeiten in paramedizinischen oder in kunst- oder gestaltungstherapeutischen Teams. Auf viele Weisen kann ein musiktherapeutischer Zugang die Arbeit in anderen Disziplinen ergänzen. Einige Verbindungen werden hier diskutiert. Enge Arbeitsbeziehungen mit Beschäftigungstherapeut/innen, Physiotherapeut/innen, Logopäd/innen und klinischen Psycholog/innen wurden schon in anderen Kapiteln beschrieben.

Musiktherapie und Physiotherapie

Im vierten und fünften Kapitel wurde beschrieben, wie die motivierende und aufmerksamkeitserweckende Wirkung von Klängen und Musik für gemeinsame Interventionen mit Physiotherapeut/innen genutzt werden kann. Bryce und Alvin haben diese Annäherung in der Arbeit mit einem Kind, das an Zerebralparese leidet, beschrieben (vgl. 1978, S. 14–22). Wigram und Weekes haben ein spezielles Arbeitsprogramm für Erwachsene mit schweren psychischen und körperlichen Behinderungen entwickelt und durchgeführt (vgl. 1985, S. 2–12). Sie beschreiben, wie sie Tempo, Stil und Klangfarbe der Musik für eine umfangreiche Anzahl intendierter Bewegungsabläufe gestaltet haben. Körperbewegungen vollziehen wir nämlich nicht in Isolation, sondern in einem Kontext, den in diesem Fall die Musik liefert: Rhythmus und Tempo motivieren und stimulieren Bewegungen; der melodische und harmonische Inhalt stimuliert Neugier, Bewusstheit sowie die Flüssigkeit der Bewegung, wenn Stil und Klangfarbe von den Patienten positiv bewertet werden, d.h. ihrem Musikgeschmack entgegenkommen, unterstützen und ermutigen sie zu Entspannung oder Anspannung. Die Autoren betonen, dass die Geschwindigkeit der Musik mit großer Sorgfalt gewählt werden muss. Schnelle und stimulierende Musik hilft, sehr spastische Gliedmaßen zu bewegen. Übererregung muss jedoch unbedingt vermieden werden, da dabei der schon angespannte Körper zusätzlich verkrampft. Auch kann die Musik Menschen zu unbeabsichtigten Bewegungen, wie z.B. bei Athetose, veranlassen. Ruhigere Musik hilft, Bewegungen zu konzentrieren. In dieser gemeinsamen Behandlung arbeiten Physiologie und Musiktherapie gemeinsam daran, die Bewegungsbedürfnisse und -möglichkeiten jedes einzelnen Patienten zu entwickeln und zu harmonisieren. Im Verlauf der Wochen können Mitarbeiter und Klienten die speziellen Bewegungsabläufe der einzelnen Klienten in Beziehung zu Phrasierung und Struktur der Musik voraussehen. Musik erweist sich als äußerst angemessenes Raster, um Bewegungen zu platzieren und körperliche und mentale Erinnerungsspuren zu legen. Sie erzeugt die Motivation, sich zu bewegen und Bewegungen auszuführen. Wie Oldfield und Pierson in der Beschreibung über ihre gemeinsame Behandlung von Menschen mit körperlichen Behinderungen anmerken, mögen Menschen nicht in der Lage sein, einen Walzer zu tanzen, aber sie können dann immer noch den musikalischen Impuls fühlen und werden von der Musik stark motiviert, sich zu bewegen (vgl. 1985, S. 156–158).

Kevin, 7 Jahre alt, mit schwerwiegenden Körper- und Lernbehinderungen reagierte sehr gut auf den Klang einzelner gesungener oder auf einem Klangstab gespielter Töne. In unserer kombinierten Musik- und Physiotherapie versuchte er stets, zur Klangquelle zu sehen, zu lächeln und mit seiner Stimme zu antworten. Es entstanden kurze vokale Interaktionen. Diese Interaktionen umfassten ein breites Band an Stimmungen von ruhig verinnerlicht bis sehr nach außen gekehrt und aufgeregt. Der Physiotherapeut zielte darauf hin, Kevin zum Stehen zu motivieren. Wir fanden heraus, dass, wenn wir seine Lieblingsklänge über ihm spielten und sangen, er sich aufrichtete und mit Hilfe der Physiotherapeut/innen aufwärts bewegte, um diese Klänge zu erreichen. Zu beobachten, wie dieser so schwer behinderte Junge hart arbeitete und der musikalischen Einladung, zum Stehen zu kommen, folgte, war für alle Beteiligten sehr bewegend; andere Mitarbeiter und seine Eltern haben oft den Sitzungen beigewohnt.

Über eine kombinierte Physiotherapie/Musiktherapie-Behandlung schreibt ein Kollege ganz allgemein:

In jeder Sitzung war deutlich zu erkennen: a) dass der Musiktherapeut die Geschwindigkeit der körperlichen Aktivitäten der Kinder besser verstand und damit den Physiotherapeut/innen half; b) dass die Arbeit mit Musiktherapeut/innen die Kinder ermutigt, mehr körperliche Fertigkeiten zu erlangen, Musiktherapie fördert die Selbstmotivation der Kinder stärker als die bloßen physiotherapeutischen Übungen; und c) dass Musiktherapie bei der Kommunikation mit einem schwer behinderten Kind hilft; manchmal sind Bewegungen anstrengend und ermüden das Kind, die Kombination von Musiktherapie und Physiotherapie macht Bewegungen genussvoller und das Kind glücklicher.

Musiktherapie und Logopädie

Nonverbales Arbeiten mit Klängen kann oft den Boden für eine allmähliche Einführung der Logopädie vorbereiten. In Abteilungen für Vorschulkinder mit Lernbehinderungen, wird es immer üblicher, dass ein Musiktherapeut zu den Mitarbeitern gehört oder zumindest hinzugezogen wird. Die im fünften Kapitel referierte Forschung belegt, dass Musiktherapie Kinder motiviert, ihre Stimme zu gebrauchen. Es bestehen Parallelen zwischen Betonung, Phrasierung und Zeitfolge in der Musik und den Stufen der Sprachentwicklung. Oldfield und Parry haben eine Kombination von Logopädie und Musiktherapie entwickelt, die auf den Bereichen der vorsprachlichen Fähigkeiten basiert: Verklanglichung/Vokalisierung, Artikulation und Intonation (vgl. 1985, S. 117–119). Sie betonen, dass Musik generell Motivation und Bewusstheit für sich und andere fördert. Musik hilft, beim Zuhören Aufmerksamkeit und Konzentration zu bündeln, die Voraussetzung jeder Kommunikation. Ein Kind kann durch Musik motiviert werden, in eine Pause hinein oder während Phasen hoher innerer Beteiligung und musikalischer Präsenz die Stimme einzusetzen. Musik hilft Kindern, Klangfolgen herzustellen und die innere Logik zu verstehen, nach der sich zwei Klänge zu einer musikalischen Geste vereinigen, um später zwei Silben oder zwei Wörter zu verbalen Äußerungen zu verbinden.

Annie, ein zweijähriges Mädchen mit Down-Syndrom, konnte einzelne Klänge gut vokalisieren. Mit einzelnen Klängen konnten wir ein stimmliches Wechselspiel gestalten. Während unserer kombinierten Logopädie- und Musiktherapie-Behandlung folgte sie ihrem Interesse an musikalischen Klängen und erweiterte ihr Spiel auf mehr als einen Klang. Wir fragten uns, ob sie lernen konnte, zwei Klänge zu einer musikalischen Geste zu verbinden, um dies dann auf sprachlichem Gebiet nachzuvollziehen. So definierten wir unser spezifisches Behandlungsziel. Wir untersuchten Kontraste in Tonhöhe und Klangfarbe, um zu sehen, ob Annie die Unterschiede auffassen konnte. Da unsere beiden Namen aus zwei Silben zusammengesetzt waren, erkundeten wir im Verlauf der Wochen eine Vielzahl von Klängen, die wie diese beiden Silben miteinander im Kontrast standen. Ein hoher und ein tiefer Klangstab wurden zu ihren bevorzugten Klangquellen, und sie begann, deren verschiedene Klangqualitäten ausgiebig zu erforschen. Durch räumliche Platzierung des hohen Stabes in der Luft oder umgekehrt erhöhten wir die Kontrastwirkung. Nach drei oder vier Sitzungen begleitete sie die beiden Klänge mit ihrer Stimme und verwendete dann auch die

Laute ihres Namens. Wir gingen von der freien Stimminteraktion mit einem Klang zu zwei Klängen über und hatten damit unser Ziel erreicht. Annie konnte nun eine regelmäßige Sprachtherapie beginnen.

Von großer Bedeutung für die Musiktherapie sind die Erkenntnisse der hirnphysiologischen Forschung, denn hirnorganische Schädigungen können oftmals durch Musikerfahrung kompensiert werden. Ein Erwachsener kann z.B. Artikulations- und Intonationsschwierigkeiten durch Vokalisation und Singen bewältigen. Wie bei Bewegung und Klang sind rhythmisch-melodische Strukturen bei der Aneignung einer klaren Artikulation hilfreich. Es gibt in der musiktherapeutischen Literatur viele Beispiele dafür, daß Menschen nach einem Schlaganfall immer noch Wörter singen können. Forschung auf dem Gebiet der Neurologie hat ergeben, dass sprachliche Fähigkeiten hauptsächlich in der dominanten Großhirnhälfte verarbeitet werden, bei den meisten Menschen ist dies die linke, hingegen läuft die Gesamtverarbeitung der Musik mehr über die untergeordnete Hemisphäre, bei den meisten Menschen die rechte. Die linke Hemisphäre beschäftigt sich mit logischen und analytischen Merkmalen, die rechte mit ganzheitlichen, räumlichen, nonverbalen und intuitiven Kennzeichen. Der Neurologe Hans Borchgrevink hat diese beiden unterschiedlichen Verarbeitungsmodalitäten als »pattern analysis over time«, »Analyse der Muster in zeitlicher Abfolge« (links) und »pattern analysis in an instant«, »Analyse der Muster in zuständlicher Qualität« (rechts) bezeichnet. (Eine Zusammenfassung dieser Funktionen und ihre Bedeutung für die Grundlagen der Musiktherapie, ist zu finden in Ruud 1986, S. 63–97.) Jüngere Forschung hat gezeigt, dass durch musikalische Ausbildung auch Funktionen der Haupthemisphäre an der Verarbeitung des Musik-Erlebens beteiligt werden, insbesondere Rhythmus und Zeit. Zwischen den Hemisphären bestehen vielfältige Verbindungen. Sehr basale Reaktionen auf emotionale und Gestaltbildungsprozesse können auf einer sehr tiefen Ebene des Bewusstseins gespeichert werden. Manche früh und nachhaltig angeeignete Melodie- und Rhythmusmuster können so für lange Zeit auf vorbewusster Ebene gespeichert sein, um irgendwann umfassend mit ihrem gesamten psychosozialen Kontext ins Bewusstsein zu treten. Dies stimmt mit der Forschung von Marin überein, der z.B. einen Menschen mit unklarer Schädigung beider Kortices anführt, der mit guter Aussprache, Intonation und exaktem Rhythmus singen sowie auch automatische Funktionen wie lautes Zählen vorführen kann (vgl. 1982, S. 458). Sehr kleine Kinder, deren Sprech- und Sprachfunktion behindert ist, vermögen trotzdem, einfache rhythmische Muster zu unterscheiden und einen alternativen, nonverbalen Kommunikationskanal zu entwickeln. Detailliertes Wissen über das Ausmaß der hirnorganischen Schädigung kann aber auch vor zu hohen Erwartungen bewahren.

Aufgrund der Plastizität des Zentralen Nervensystems können bei der »melodic intonation therapy« kurze verbale Äußerungen mit Hilfe musikalischer Muster, meist bekannter Lieder provoziert werden (vgl. Krauss/Galloway 1982, S. 102–113; Allen 1981, S. 2–6). Sprach- und Musiktherapeut/innen, die mit dieser Technik arbeiten, betonen ihren Wert, weisen aber Erwartungen zurück, dass insbesondere bei Älteren die Nebenhemisphäre die Sprachfunktionen der Haupthemisphäre übernehmen könne (vgl. Price/DeFosse 1983). Eine Vielzahl neurologischer Fragen könnte die interdisziplinäre Forschung von Musik- und Sprachtherapie aufgreifen und beantworten.

Einwände gegen gemeinsame Behandlungen und kreative Lösungen im psychischen Gesundheitswesen

Es könnte diskutiert werden, ob bei kombinierten Behandlungen nicht gerade das verloren geht, was die Musiktherapie als einmalige Disziplin anzubieten hat. Ist sie als Disziplin genug gefestigt, um gemeinsame Interventionen mit anderen Fächern zu entwickeln? Musik kann zwar mühelos in ihre einzelnen Komponenten unterteilt und für unterschiedliche außermusikalische Intentionen operationalisiert werden, aber vielleicht liegt die größte Stärke der Musiktherapie gerade darin, dass unterschiedlichste Erfahrungsbereiche integriert werden und darin ihr Wesen und ihre Effektivität begründet sind. Dies mag elitär klingen, muss aber bedacht werden. Wie ist es möglich, Teil eines Teams zu sein, eng und effektiv mit anderen Kollegen zusammenzuarbeiten und doch das zentrale Anliegen und das Ethos der Musiktherapie zu erhalten?

Das zunehmende Interesse an Musiktherapie im Bereich psychischer Gesundheit wurde im vorhergehenden Kapitel erwähnt. Davon ausgehend, dass Worte in emotionaler und sozialer Hinsicht oft eher Verwirrung als Klärung stiften, scheint Musiktherapie etwas sehr einmaliges auf dem Gebiet menschlicher Kommunikation anzubieten. Vielleicht liegt eine Antwort darin, etwas von dieser lebenswichtigen Qualität der Musik in gemeinsame Interventionen einzubringen. Dabei zeigt sich die Beziehung zwischen nonverbaler, klanglicher Interaktion und verbaler als eine der kritischen Kernfragen. In Anbetracht der Tatsache, dass Klienten während einer musikalischen Improvisation persönliche Einsichten gewinnen können, stellt sich die Frage, wie und wo sie dieses Material bearbeiten können. Brauchen Musiktherapeut/innen auch eine zusätzliche umfassende Ausbildung in Beratung- oder Gesprächspsychotherapie, um das in der Musik anklingende Thema auch sprachlich zu bearbeiten? Für Odell liegt die Antwort in der Zusammenarbeit mit Cotherapeut/innen – in ihrem Fall sind es besonders Psychodrama-Therapeuten (vgl. 1988, S. 52–62).

David Aldridge und sein Therapeutenteam an der Universität Herdecke in Deutschland haben die Kombination von Musik- und Kunsttherapie erprobt. In einer gemeinsamen Veröffentlichung haben sie eine Einzelmusik- und Kunsttherapie mit einer 36-jährigen Patientin beschrieben, die an einer depressiven Neurose litt. Unterschiedliche Perspektiven wurden von den beiden Therapien beleuchtet. Sie schlussfolgern, dass die Erfahrung sehr positiv sein kann:

> Der Vorteil der kreativen Künste ist, dass sie erlauben, unsere Pathologie auszudrücken, sie erlauben aber auch, das Potenzial, mit der sie bewältigt werden kann, auszudrücken. Beide Pole können kreativ genutzt werden; Gegensätze

können innerhalb der Form versöhnt werden. Dies ist der ästhetische Akt, in dem das negative Bild durch den Akt der Schöpfung in ein positives transformiert wird (vgl. Brandt 1991, S. 17).

Musiktherapie und Musikunterricht

Einige Musiktherapeut/innen waren zuvor ausgebildete Lehrer, einige bilden später Musiklehrer aus oder arbeiten als Lehrer oder als Therapeuten im Britischen Schulsystem. Über Beziehungen zwischen Lehren und Therapie und die Grenzbereiche zwischen Therapie und Pädagogik wird viel debattiert.

Ein Studium in Musikerziehung war bis vor kurzem in den USA Teil des musiktherapeutischen Ausbildungsprogramms. Bei den meisten Musiktherapiestudiengängen der Hochschulen in Deutschland gilt ebenfalls das Musikpädagogik-Studium als Zugangsvoraussetzung für das Musiktherapie-Studium. Nach George Duerksen geht es in beiden Disziplinen um musikalisches Verhalten:

> Musikerziehung versucht künstlerische und ästhetische Tätigkeiten und Haltungen auf dem Gebiet der Musik zu entwickeln; Musiktherapie gebraucht diese künstlerischen Aktivitäten und Haltungen, um Menschen zur Entwicklung der humanen Verhaltensmuster, deren sie fähig sind, zu verhelfen (vgl. 1967, S. 95ff.).

Zehn Jahre später kennzeichnet Jayne Alley die Rolle des Therapeuten im pädagogischen Kontext als die eines »Spezialisten, der individuelle Probleme zu lösen hilft, die den Schüler daran hindern, die Bildungsangebote wahrzunehmen und von ihnen zu profitieren« (1977, S. 54). William Salaman sieht den Unterschied zwischen Musiktherapie und Musikerziehung in der Haltung: Auf einer sehr einfachen Ebene sind Schüler damit beschäftigt, ein Thema zu studieren, während der Klient in der Therapie selbst das Thema ist (1982, S. 38–43).

Trotz dieser offensichtlichen Unterschiede in Herangehensweise und Haltung führt die therapeutische Arbeit bei aller Konzentration auf Pathologie und psychosoziale Entwicklung oft auch zu musikalischen Veränderungen im Sinne musikpädagogischer Förderung. Andererseits arbeiten heute viele Musikerzieher sehr kindzentriert und berücksichtigen die Lebensprobleme der Kinder.[1] Musiktherapeut/innen

---

1 In Deutschland werden seit einigen Jahren Konzepte eines »ganzheitlichen Unterrichts«, insbesondere auch im Fach Musik diskutiert; dabei werden gestaltpsychologische und psychoanalytische Ideen mit fachdidaktischen Zielen verbunden (vgl. Pütz 1989, 20–25; Ribke 1995); Ernst (1982) unterstreicht sozialpädagogische Zielstellungen, die sich im Musikunterricht realisieren lassen, und Kapteina stellt die präventiven Funktionen des Musikunterrichts heraus (1991, 1994, Kapteina/ Hörtreiter 1993). Schwabe und Rudloff haben mit der »Musikalischen Elementarerziehung« ein Generationen und Institutionen übergreifendes Konzept musikalischen Lernens und Erfahrens (1997), Mann u.a. (1995) sowie auch Johannes-Pluto u. a. (1997) Modelle für die Erwachsenenbildung vorgelegt. All diesen Ansätzen gemein ist die angemessene Einbeziehung der psychischen und sozialen Bedürfnisse der Lernenden in den Unterricht, dessen alleiniger Gegenstand nicht mehr nur »die Musik« oder das Kunstwerk ist, sondern der mit gleicher Gewichtung auch mit der Betroffenheit umgeht, die beim Einzelnen durch die musikalische Rezeption und Aktion ausgelöst wird und die mit ihr aktivierten biografischen und aktuellen persönlichen Themen aufnimmt sowie auch die dabei stattfindenden gruppendynamischen Prozesse behandelt und konstruktiv verarbeitet.

werden zunehmend eingeladen, sich an der Lehrerausbildung mit einer grundlegenden Einführung in die Musiktherapie zu beteiligen. John Strange hebt hervor, dass »Bildungs- und therapeutische Arbeit sich ergänzen und nicht Gegensätze sind« (1987, S. 31). Seine Arbeit als Musiktherapeut an einer Schule für Lernbehinderte umfasst neben explizit musiktherapeutischer Arbeit die Beaufsichtigung von Klassen während der Spielphasen, Unterrichtsvertretung, Klavierspiel bei Schulveranstaltungen, Leitung des Schulchors, Mitwirkung bei Schulaktivitäten. Er sieht darin die Effizienz seiner Arbeit gefördert, da er die Reaktionen der Kinder in anderen Kontexten erlebt und sich so sein Verständnis für die Kinder in der Musiktherapie erweitert. Er versteht auch die Bedürfnisse der Lehrer besser. Andere Therapeuten, mich eingeschlossen, stimmen darin überein, dass sich beide Disziplinen ergänzen, und würden in der Arbeit an einer Schule die Rolle des Therapeuten für die an der Therapie beteiligten Kinder nicht als verwirrend im klassischen Sinne einer Rollenkonfusion bezeichnen. Ebenso könnten von Kindern und Kollegium auch Sprachtherapeut/innen, Physiotherapeut/innen oder Vertreter anderer paramedizinischer Disziplinen als in den Schulalltag integriert erlebt werden.

Einige Gedanken über den zukünftigen Status der Musiktherapie im Gemeinwesen

Angehörige einer relativ neuen Profession wie der Musiktherapie haben verständlicherweise einander widersprechende Vorstellungen darüber, wie sich ihr Beruf entwickeln kann. Einige Therapeuten sind daran interessiert, Verbindungen zu anderen »kreativen« Therapien – Kunst, Drama und Tanz – herzustellen, etwa durch den Aufbau lokaler kreativer Therapiezentren. Projekte könnten aus dieser stimulierenden Mischung entwickelt werden, wobei eine schon bestehende gemeinsame Arbeit mit Therapeuten im stationären Bereich fortgeführt würde: Bildende Kunst und Musik, Drama und Musik sowie Tanz und Musik wären natürliche Partner. Diese Form der Integration spiegelt uralte Heiltraditionen wider, bei denen die Aufsplitterung in verschiedene Spezialgebiete nicht notwendig erscheint. Ein Stammesheiler nutzt Tanz, Musik, Drama und Kunst uneingeschränkt.

Andere Therapeuten konzentrieren sich auf die Arbeit in paramedizinischen Teams und vertiefen die bestehenden Verbindungen zu Physiotherapeut/innen, sozialpsychiatrischen Diensten, Logopäd/innen, klinischen Psycholog/innen, Psychotherapeut/innen und ähnlichen Disziplinen. Einige Musiktherapeut/innen schließen sich einem gemeindeorientierten Team an, das für Menschen mit psychischen Gesundheitsproblemen oder geistigen Behinderungen ein ambulantes und gemeindenahes Angebot erbringt. Solche ambulante Musiktherapie-Praxen sind dringend erforderlich für Patienten, die nach stationärem Aufenthalt entlassen sind und für die weiterhin Musiktherapie indiziert ist.

Gegenwärtig bestehen nur wenig Verbindungen zu niedergelassenen Allgemeinmedizinern und Gesundheitszentren. In Großbritannien ermöglichen Veränderungen im örtlichen Management, Budgetierung und finanzielle Kontrollen das Angebot von »Arbeitspaketen« (packages of work) in Verbindung mit der allgemeinmedizinischen örtlichen Versorgung. Behandlungen für spezifische Klientengruppen können Allgemeinmedizinern angeboten werden, und es könnte in absehbarer Zukunft möglich sein, dass der Allgemeinmediziner Patienten an Musiktherapeut/innen in angemessener räumlicher Entfernung überweisen kann. Da die medizinische Praxis die Wirksamkeit komplementärer Behandlung zu prüfen beginnt und sie in ihre Behandlungsplanung einbezieht, ist zu erwarten, dass Musiktherapie in naher Zukunft fester Bestandteil lokaler Gesundheitsfürsorge wird.

Einige Musiktherapeut/innen arbeiten freischaffend auf Honorarbasis für verschiedene Einrichtungen. Die Sitzungen finden an verschiedenen Orten statt, und dort wird ein geeigneter Raum bereitgestellt. Bei dieser Arbeitsweise hat der Musiktherapeut die Freiheit, sich das Umfeld zu suchen, in dem er sich beim Arbeiten wohl fühlt und das seinen fachlichen Bedürfnissen und seinem Selbstverständnis gerecht wird. Ich selbst arbeitete auf dieser Basis und Teil einer Arbeitswoche war z.B. eine Sitzung an einem pädiatrischen Zentrum, eine Sitzung an einer Tagesklinik für psychisch kranke Erwachsene, eine Lehrmusiktherapie, sowie eine Sitzung zum Dokumentieren und Forschen. Andere Therapeuten entscheiden sich für noch radikalere Wege, z.B. das Angebot regelmäßiger Musikgruppen im Abendprogramm eines Jugendclubs. Mary Troup leistete auf diesem Gebiet Pionierarbeit, indem sie ihre Fähigkeiten als Musikerin einer örtlichen Selbsthilfegruppe anbot. (Sie ließ den manchmal abschreckenden Titel »Therapeutin« weg.) Sie dokumentierte, wie diese Gruppen allmählich Vertrauen zu ihr fassten und wie sich verschiedene Musikprojekte entwickelten, wobei ihre Sensibilität und ihre Fähigkeiten als erfahrene Therapeutin bei der Anpassung an diese Situationen schwer geprüft wurden.

Der Aufbau eines musikalischen Lebensraumes (»MusicSpace«)

Eine weitere Antwort auf gegenwärtige Bedürfnisse ist der Aufbau gemeindenaher Musikzentren, mit Musiktherapie als Herzstück ihres Angebots. Ansatzweise gibt es das in Deutschland in Form von Jugendmusikschulen oder Bürgerhäusern in privater oder kommunaler Trägerschaft. Nichtbehinderte und Behinderte könnten durch aktive Teilnahme an Musik zusammenkommen. Dies ist eine Kernphilosophie der Wohltätigkeitseinrichtung »MusicSpace«, einer Vereinigung, die anerkennt, dass Musik ein kraftvolles sozial stabilisierendes Potenzial besitzt. Die Einrichtung war das praktische Ergebnis eines zweijährigen Projekts, das sich damit beschäftigte, wie ein Musiktherapieservice in der Kommune innerhalb des Country of Avon entstehen könnte. (Dieses Projekt wurde innerhalb des Institute of Child Health an der Universität Bristol durchgeführt und vom Barnwood House Trust und dem Emperor of Fine Arts finanziert.) Das erste MusicSpace-Zentrum wurde offiziell im November 1991 in Bristol eröffnet. Das Hauptziel des MusicSpace ist der Aufbau eines nationalen Netzwerkes, das:

- Menschen jeden Alters Einzel- und Gruppenmusiktherapie anbietet,
- bei Ausbildung von Musiktherapiestudenten mitwirkt,
- Tagesfortbildungen und Workshops über den Einsatz von Musik im Gesundheitsdienst für Kinder und Erwachsene und
- Forschung über die Wirkungen und Prozesse der Musiktherapie durchführt und koordiniert sowie
- Proben und Aufführungen eines möglichst breiten Spektrums unterschiedlicher Musikarten fördert.

Nach den ersten 18 Monaten der Arbeit kamen über 250 Kinder und Erwachsene wöchentlich zu den Musiktherapeut/innen im Bristol Zentrum. Sie kamen entweder ins Zentrum oder besuchten die dezentralen, mobilen Angebote. Drei Vollzeit-, ein Halbzeit- und zwei Musiktherapeut/innen mit Zeitverträgen waren bis Ende 1993 angestellt.

In Verbindung mit der Universität Bristol begann »MusicSpace« mit dem ersten berufsbegleitenden Diplom-Ausbildungsgang für Akademiker in Musiktherapie in England. Die erste Studentengruppe startete ihre Ausbildung im Januar 1992. Die Ausbildung stellt eine Alternative zum Vollzeitstudium dar und könnte als ein Modell für die Entwicklung anderer berufsbegleitender Weiterbildungen dienen.

Während des ersten Jahres bot »MusicSpace« spezielle musikalische Ausbildungs- und Tagesworkshops für Mitarbeiter und Eltern an, die mit geistig behinderten oder psychisch kranken Erwachsenen, Senioren sowie lernbehinderten Kindern arbeiten. Weitere Workshops, auch Sitzungen für Erwachsene mit Hörbeeinträchtigungen, wurden entwickelt.

»MusicSpace« wurde vom Regionalen Wessex Gesundheitsdienst beauftragt, die Wirkungen der Musiktherapie bei geriatrischen Bewohnern in einem der regionalen Krankenhäuser zu untersuchen. Das Projekt wurde in Zusammenarbeit mit den leitenden klinischen Psycholog/innen des Krankenhauses aufgebaut, und drei Einheiten von 15 Sitzungen wurden sorgfältig begleitet und ausgewertet.

Ebenfalls hat »MusicSpace« schon vielfältige Konzerte gefördert, die dazu beitrugen, die Finanzierung verschiedener Projekte zu sichern, und auch mehr Menschen in Kontakt zu unterschiedlichen Musikrichtungen brachten. Einige Förderer von Wohltätigkeitseinrichtungen waren an diesen Darbietungen beteiligt.

»MusicSpace« ist als regionale Musiker-Agentur wirksam. Auch ist beabsichtigt, ein kleines elektronisches Studio einzurichten, das als Aufnahme-Studio und als Experimentierlabor zur Entwicklung technischer Hilfen für Menschen mit Behinderungen dient.

»MusicSpace« wird von einem Gremium geleitet, dem führende Personen des Gemeinwesens aus Musik, Wissenschaft und Wirtschaft angehören. Gruppen engagierter Ehrenamtler übernehmen einen Teil der Verwaltungsarbeit und der Sponsoren-Werbung. Der wachsende Kreis bekannter Förderer und Schirmherren unterstützt die Entwicklung der Stiftung zusätzlich.

Weitere Herausforderungen an Musiktherapeut/innen von heute

Musiktherapeut/innen sind hart arbeitende und hingebungsvolle Musiker; einige haben finanziell abgesicherte und feste Anstellungen als Berufsmusiker aufgegeben, um ihre musiktherapeutischen Erfahrungen und Erkenntnisse weiterzuentwickeln. Sie stehen vor vielen Herausforderungen, und das könnte sich etwa in folgendem wöchentlichen Arbeitspensum darstellen:

- regelmäßige Einzel- und Gruppenmusiktherapie-Termine mit Erwachsenen und Kindern,
- Therapie-Dokumentation,
- regelmäßige Supervision der Arbeit,
- Gutachten und Begründungen zur Finanzierung von Therapeuten verfassen,
- die Arbeit von Studenten supervidieren,
- Vorlesungen und Lehraufträge vorbereiten,
- eine eintägige praktische Mitarbeiterfortbildung planen,
- spielen und üben für Darbietungen auf dem Instrument.

Ein solches Pensum erweitert musikalische und persönliche Fähigkeiten. Das breite Spektrum musikalischer Verhaltensweisen auf Seiten des Klienten erfordert empathische und authentische musikalische Antworten. Zeit zum Nachdenken und Schreiben über die musiktherapeutische Arbeit ist notwendig. Gespräche mit Kollegen sind hilfreich, um sich über seine Arbeit Klarheit zu verschaffen. Im heutigen Klima leerer öffentlicher Kassen ist es erforderlich, die Arbeit so anzubieten und darzustellen, dass sie für mögliche Finanzgeber akzeptabel erscheint. Alles in allem also keine bequeme Berufswahl, sondern eine umfassende Beschäftigung, die viele Aspekte der Person fordert. Ich vergleiche diese Herausforderungen gerne mit denen der früheren Minnesänger und Troubadure oder der geschäftstüchtigen Hof- und Kirchenkomponisten des 17. und 18. Jahrhunderts. Jeder Tag brachte neue musikalische und persönliche Herausforderungen, auf die praktisch und konkret reagiert werden mußte, um die finanzielle Entlohnung zu erlangen.

Betrachtet man Musiktherapeut/innen aus dieser Perspektive, kann Musiktherapie Teil einer sehr zeitgemäßen Sichtweise von Musik darstellen. Auch gut etablierte Gruppen von Musikern, wie die Mitglieder führender Orchester, müssen sich heute bei der Arbeit außerhalb der Konzerthalle in Aufnahmestudios, bei kommuneorientierten Programmen, in Schulen, Tageszentren, Krankenhäusern und Gefängnissen bewähren. Viele fruchtbare Verbindungen können zwischen Musikern und Musiktherapeut/innen zu gemeinsamen Lernprozessen führen, von denen im folgenden Abschlusskapitel die Rede ist: der Synthese von künstlerischen und wissenschaftlichen Aspekten der Musiktherapie als Antwort auf die Herausforderungen der gegenwärtigen Musikkultur und des Gesundheitswesens.

Musiktherapie als Synthese von Kunst und Wissenschaft: Orpheus als Symbol

Einleitung

Benjamin Britten wählte Thomas Manns Novelle »Tod in Venedig« als Stoff für seine letzte Oper. Hier begegnet uns der Schriftsteller Gustav von Aschenbach, der unfähig ist, seine tiefsten Gefühle sprachlich direkt mitzuteilen. Die zwei Protagonisten der Geschichte, Aschenbach und der Junge Tadzio, kommunizierten nie verbal, wodurch sich die Geschichte für eine Opernbearbeitung besonders anbietet, zumal der Junge Tänzer ist und einer Tänzerfamilie entstammt. Es kommt zu einer Krise, als Aschenbach versucht, Tadzios Mutter vor der Gefahr der sich ausbreitenden Choleraepidemie zu warnen. Sie begegnen sich in der Hotelhalle, Aschenbach geht auf sie zu, wie um sie anzusprechen, wendet sich aber im entscheidenden Augenblick ab, wobei in der Oper durch die Musik die unausgesprochenen Emotionen artikuliert werden: Wir hören zwei in Aschenbach gegeneinander kämpfende Mächte, personifiziert durch die Stimme des Apoll (Contratenor) und die des Dionysos (Bariton).

Aschenbach wird zum Opfer der Launen der Götter. »Lass die Götter tun, was sie mit mir machen wollen«, singt er. Was repräsentieren die Protagonisten, diese beiden polaren Gegensätze, Dionysos und Apoll? Traditionell steht der griechische Gott Dionysos für zügellose Energie, freien Instinkt, alles Irrationale, alles Körper- und Gefühlszentrierte: »Wer Gott verleugnet, der verleugnet seine Natur«, singt Dionysos. Im Gegensatz dazu strebt Apoll nach Klarheit des Geistes, rationaler Ordnung und Kontrolle des im dionysischen Chaos liegenden potenziellen Wahnsinns: Er besingt Liebesvernunft, Schönheit und Form, wobei die Melodie eine alte delphische Hymne bildet.[1] Apoll versucht die überwältigenden und orgiastischen Emotionen, die Dionysos hervorruft, zu disziplinieren. Der ungezügelte Dionysos führt die Anarchie herbei, und als Apoll geht und Dionysos bleibt, erleben wir die letzte Katastrophe: Aschenbachs vollkommenen Zusammenbruch und den folgenden Tod.

Die widerstreitenden Kräfte dieser beiden griechischen Götter sind Herzstück dieses Kapitels. An ihnen kann die Bedeutung moderner Musiktherapie veranschaulicht werden. Apoll und Dionysos können als Repräsentanten der karthesischen Geist- und Körperteilung gelten, die immer noch das Selbstverständnis der Musiktherapie und anderer Disziplinen im Gesundheitswesens bestimmt. In Kapitel 2 wurde Freuds spätere Ansicht über das Ego diskutiert, derzufolge der kreative Prozess die Möglichkeit darstellt, sich vom Zentrum des emotionalen Konflikts zu lösen.

---

1 Vgl. Mitchells Einleitung zu Decca Aufnahme. Danach ist die delphische Hymne die Nr. 7 in Davisons und Apels Historical Anthology of Music, London 1946.

Demnach ist Kunst nicht Flucht, sondern die Bewältigung von ungezügelter dionysischer Energie in angenehmen apollinischen Formen und Strukturen. Im dritten Kapitel wurde erwähnt, dass Musik ihren Ursprung in inneren Rührungen und körperlichen Bewegungen hat, die sich äußerlich in musikalischen Mustern und Formen artikulieren. Dies ist ein handlungsorientierter und ausgewogener Prozess, bei dem emotionale Energie ins Gleichgewicht gebracht und integriert wird. Gleichgewicht und Integration sind Thema vieler zeitgenössischer Theoretiker. Autoren wie Capra verbinden Aspekte aus der Physik, Medizin, Psychologie, Politik und Ökologie zu einer neuen Fusion (1982), die auch die Musiktherapie bestimmen kann. Künstlerische und wissenschaftliche Prozesse kommen in der Forschung und Praxis der Musiktherapeut/innen zusammen, und ihre scheinbar widerstrebende Gegensätzlichkeit kann in der Musiktherapie aufgelöst werden.

Ausdruck und Ordnung in der Musiktherapie

Musikalische Prozesse sind reich an Wechselwirkungen zwischen diesen beiden polaren Gegensätzen. Es ist klar, dass das Musikmachen uns und unsere Klienten in Berührung mit irrationalem Material bringt. Das ist einerseits sehr befreiend und positiv, wenn auch zuzeiten schmerzhaft, aber die Überbetonung des irrationalen Selbstausdrucks in der Musik kann auch zu weiterem Chaos und Fixierung auf eine introspektive Richtung führen. Der dänische Philosoph Hans Siggard Jensen sieht diese Gefahr in der Art und Weise gegeben, wie Menschen, die ihre Identität über die einseitige Kommunikation der Computer bestimmen, die dabei frustrierten Anteile ihrer Person in der passiven, narzisstischen Freude an einer Musikform befriedigen, die nur zur Erfüllung dieser Bedürfnisse geschaffen wird (1986, S. 185). Musik wird in einer Art romantischen Sichtweise allein als Ausdruck einer verwöhnenden Selbstverwirklichung verstanden. Jensens hält einige Popmusik-Videos für den äußersten Ausdruck von solch verwöhnendem Narzissmus, wobei schwere Rhythmen und Bilder überwiegen. Wollen wir als Musiker und Musiktherapeut/innen diesen Musikgebrauch fortsetzen?

Bei Musik und Kunst geht es auch um Struktur, Logik und Ordnung. Apollinische Klarheit ist notwendig, um Sinn zu finden in dem, was geschieht:

> *Kunst ist nicht nur ein emotionaler Ausdruck, sondern auch, und hauptsächlich, ein Weg, Realität zu verstehen. Über künstlerische Aktivität und Wahrnehmung von Kunst sehen und verstehen wir Dinge, die wir anders nicht verstehen können (ebd., S. 178).*

Nietzsche erkannte, dass wir die Welt, insbesondere auch mit ihrem Schrecken in der Wahrnehmung von Kunst, verstehen können. Er war sich der wechselseitigen Beziehung zwischen den Gegensätzen bewusst, wonach auch das Schmerzhafte und Tragische in der Musik lebensbejahend sein kann. In einer Abhandlung über das Musikverständnis bei Nietzsche weist Anthony Storr (1992, S. 166) darauf hin:

Musik macht Leben nicht nur möglich, sondern sie macht es auch aufregend. Er versteht Musik als ein Mittel, durch das die Leidenschaften »sich selbst erfreuen«; nicht eskapistisch oder aus einer anderen Welt, sondern als eine Kunst, die das Leben verherrlicht, wie es ist, und seine ursprüngliche Tragödie transzendiert.

Es gibt so viele Realitäten und Dimensionen, wie es künstlerischen Ausdruck gibt. Die Betonung der kognitiven Aspekte der Musik, die Organisation des Ausdrucks in Formen und Strukturen trägt unserer Suche nach der Wahrheit Rechnung. Wie McNiff sagt, »erlaubt Kunst den Ausdruck des inneren Chaos' und Schmerzes durch Wiederversicherung äußerer Ordnung« (1981, vii). Diese rückversichernde Balance ist notwendig. Selbstausdruck innerhalb lebendiger Formen eines künstlerischen Mediums kann deshalb gleichzeitig befreiend und informativ sein. »Ein essenzielles Merkmal von Kreativität ist, dass sie beides, irrationale Fantasien und die Notwendigkeit einer rationalen, objektiven Aufgabe in einem einzigen Bild oder einer einzigen Struktur verbindet.« (Dally 1987, S. 10) Die kognitive und sozial orientierte, interaktive und kommunikative Position stellt deshalb eine radikale Alternative zu den Massenprodukten des kommerziellen Musikgeschäftes dar. Die Arbeit der Musiktherapeut/innen hilft Menschen zu verstehen, dass eine solche ausbalancierte und zentrierte künstlerische Aktivität kein Luxus ist, keine pure Zerstreuung oder müßiger Zeitvertreib, sondern unverzichtbarer Teil unseres Lebens. Musik hilft, das Leben lebenswert zu finden; vielleicht war dies nie notwendiger als heute. Nach Karl-Heinz Stockhausen (1989, S. 34) ist Musik das Medium, das Menschen am tiefsten berührt. Sie rufe feinste innere Schwingungen hervor, und unsere Kultur in Zentraleuropa brauche eine allgemeine Empfindsamkeit für Musik mehr denn je. Was das bedeutet, würden wir in seinem ganzen Ausmaß erst in ein paar Jahrzehnten nach der Krise der Wissenschaftsgläubigkeit erkennen. Dann werde eine Zeit kommen, in der die musikalischen Aspekte der menschlichen Natur – die Resonanz aller menschlichen Rhythmen und ihre Harmonisierung durch die Musik – die ganze Kultur prägen würden .

Wir arbeiten mit dem Medium Musik, das in der Lage ist, alle Aspekte eines komplexen Ganzen auf ein gemeinsames Maß zu bringen, sodass gegensätzliche Emotionen gleichzeitig ausgedrückt werden können. Von diesem Musikverständnis ausgehend, erscheint die sich in der Musiktherapie vollziehende Fusion von Kunst und Wissenschaft plausibel. Bruscia (1989, S. 8) kennzeichnet die Musiktherapie:

als Kunst, die sich mit Subjektivität, Individualität, Kreativität und Schönheit beschäftigt, als Wissenschaft, die sich mit Objektivität, Allgemeingültigkeit, Reproduzierbarkeit und Wahrheit beschäftigt, und als interpersonalen Prozess von Empathie, Intimität, Kommunikation, gegenseitigem Einfluss und Rollenbeziehungen.

Diese Aspekte in der Musiktherapie interagieren miteinander in der Synthese von objektivem Wissen und subjektiven Gefühlen. Weitere Wechselbezüge sind denkbar. Es gibt sicherlich viele kreative Wissenschaftler, die auch nach Schönheit streben, wie es Künstler gibt, die nach Objektivität und Wahrheit streben. Aber um Bruscia zu wiederholen, ist es offensichtlich, dass Musiktherapeut/innen beides in seiner ganzen Vielfalt und Unterschiedlichkeit umfassen und dabei ihre Integrität und Identität bewahren.

Forschung als Synthese von Kunst und Wissenschaft

Die Entwicklung einer Forschungsmethodologie und -praxis gehört in die späte Adoleszenz und das frühe Erwachsenenalter einer Profession. Ein Lehrling muss lernen, Probleme aus verschiedenen Richtungen zu betrachten, Lösungen auszuprobieren und viele fassettenreiche Fragen zu stellen. Ein reichhaltiger beschreibender Wissens- und Erfahrungsschatz ermöglicht Verständnis und den Aufbau von Hypothesen, Theorien und Modellen. Interpretationen und Interferenzen entstehen in Phasen ausführlicher und detaillierter Beschreibung. Sarah Hoskyns merkt an, dass in der Musiktherapie »die Dichotomie Kunst/Wissenschaft die größte Hürde in der Entwicklung wirksamer Forschung zu überwinden hat. Wir fürchten, die Bedeutung der Kunst über die Entfaltung von Forschungsstrategien zu verlieren.« (1989, S. 14) Eine andere Auffassung wäre die, dass die Kunst-Wissenschaft-Synthese eine der größten Herausforderungen ist, denen musiktherapeutische Forscher gegenübersehen. Ihr könnte mit der Vereinigung folgender fünf Gegensatzpaare begegnet werden:

1. Ergebnis versus Prozess

Musiktherapie kommt in die Jahre, aber immer noch muss ihre Wirksamkeit nachgewiesen werden, insbesondere für neue Anstellungsträger. Es kann argumentiert werden, dass es ihre Aufgabe ist, wie ja auch die Klienten, die Eltern und sonstige Interessenten selbst herausfinden müssen, was durch die Behandlungen erreicht wird. Ihnen sind positive Ergebnisse offensichtlich willkommen. Jedoch auch aus negativen Ergebnissen können wir lernen; aus ihnen können weitere Fragen und Untersuchungen abgeleitet werden. Es kann sein, dass die falschen Fragen gestellt, zu grobe Messungen oder Methoden angewandt wurden. Musiktherapie befindet sich in einem Stadium, in dem »Funktioniert es?«-Fragen eher bedeutungslos sind im Hinblick auf die komplexe Interaktion der vielen Variablen, die an jeder therapeutischen Arbeit beteiligt sind (vgl. Sloboda 1988, S. 27). Diese Frage unterscheidet sich von spezifizierten Ergebnismessungen, bei denen der komplexe Strang an beobachtbarem Verhalten in Musiktherapiesitzungen auf Fragen handhabbarer Größe reduziert wird, um Wirksamkeit und Verhaltensänderungen aufzuzeigen. Dies war Hintergrund der Ergebnisstudien, die im fünften bis siebten Kapitel beschrieben wurden, insbesondere diejenigen von Oldfield, Odell und Bunt. Wir können dabei auf bewährte Messinstrumente, standardisierte Vorher-Nachher-Tests zurückgreifen und diese mit eigens für die musiktherapeutische Situation entwickelten Testverfahren kombinieren. In jedem Fall aber sind wir hierbei auf verlässliche Messungen angewiesen.

Solche empirische Ergebnisforschung ist anerkannt, bewährt und weit verbreitet. Sie wird aber auch immer wieder von Therapeuten kritisiert, die mehr an musikalischen Prozessen interessiert sind als an den zentralen musiktherapeutischen. Die empirische Forschung, so die Kritiker, sage wenig darüber aus, wie sich Menschen zu den Ergebnissen hinbewegen, und über die Natur der dabei wirksamen Musik. Die detaillierte Forschung der musikalischen Prozesse kann sehr viel über die inneren Prozesse der musikalischen Reisen, die Patient/innen in der Musiktherapie unternehmen, lehren und zum Verständnis musikalischer Techniken und Strukturen beitragen. Jedoch besteht dabei die Gefahr, sich in der musikalischen Innenschau zu verlieren, auch in Spezialproblemen wie z.B. dem Gebrauch geeigneter Notationsverfahren. Beides müsste doch in einer sinnvollen Synthesebildung verbunden werden können: empirische Wirksamkeitsforschung und hermeneutische Prozessanalyse, die quantitative und die qualitative Würdigung musiktherapeutischer Arbeit. Das ist allerdings noch Zukunftsmusik, und in diesem Buch stehen noch klinisches Fallmaterial und Spekulationen mehr oder weniger getrennt quantitativen Forschungsergebnissen gegenüber.

2. Externale versus internale Validität

Eindeutige Ergebnisforschung schafft der sich entwickelnden Disziplin Musiktherapie zunehmende externe Validität. Ergebnisse können in einer Sprache veröffentlicht werden, die von Mitgliedern anderer Professionen und Menschen außerhalb der Musiktherapie verstanden wird. Das trägt zu mehr professioneller Glaubwürdigkeit und akademischer Anerkennung bei. Diese Ergebnisstudien belegen, dass Musiktherapie auch unter Anwendung etablierter Forschungsmethoden Relevanz für spezifische Klientengruppen besitzt, wenn auch bisher nur eng begrenzten Fragestellungen nachgegangen wurde.

Auf der anderen Seite des Kontinuums kann die Veröffentlichung detaillierter Analysen aller beteiligter musikalischer Prozesse nur die begrenzte Leserschaft der Musiktherapiekollegen, Studenten und andere musikalisch orientierte Menschen erreichen. Diese detaillierten Diskussionen tragen zur Zunahme der internalen Validität der Disziplin bei. Ich plädiere nun für eine neue Synthese, in der beide, externale und internale Validität, in einer Veröffentlichung nebeneinander stehen können und der Leser sich aus dem Material herausnimmt, was von persönlichem Interesse ist (vgl. Bunt/Hoskyns 1987, S. 3–6).

Ein Teil der jüngeren britischen Forschung versucht, eine solche Synthese zu bilden. Über Improvisation in der Musiktherapie schreibt Mercedes Pavlicevic: »Ich schlage vor, dass Improvisation in der Musiktherapie eine Kardinalsynthese schafft, in der die Dualität der Musik und grundlegende emotionale Reaktionen demon-

striert werden, und unterstütze dies mit experimenteller Arbeit.« (1991) Ihre erste
Studie evaluiert, wie ernste psychische Gesundheitsprobleme, wie etwa Schizophrenie, die reziproken Prozesse in der musikalischen Improvisation beeinflussen. Ihre
zweite Studie analysiert die Verbindungen zwischen Veränderungen in den musikalischen Prozessen und dem klinischen Status des Klienten.

3. Quantität versus Qualität

Damit werden die Konzepte der »harten« (quantitativen) und der »weichen« (qualitativen) Forschung angesprochen. Einige der im vierten und sechsten Kapitel beschriebenen Projekte verwenden Statistiken als Mittel, Stufen der Signifikanz (oder
Nichtsignifikanz) für Ergebnisse einzuführen, und als Methode, um weiterführende
Fragen zu entwickeln. Ich könnte mit später Einsicht zugeben, dass in meiner Projektarbeit teilweise Statistiken übermäßig betont wurden. Das führte aber nicht dazu,
dass ich den Kontakt zur Kunst der Musiktherapie verloren hätte oder ein »Zahlen-
mensch« geworden wäre. Es mag so aussehen, dass die Komplexität eines reichhaltigen künstlerischen Prozesses durch die Versuche, Ergebnisse zu quantifizieren auf fast
primitive Proportionen reduziert wird. Trotzdem ist es, wie früher erörtert, möglich,
Forschung unter strikten Strategien zu organisieren und trotzdem nicht den Kontakt
zum Klienten und die Empathie mit ihm zu verlieren. Die Sensibilität in der musiktherapeutischen Praxis leidet nicht unter harten Fragestellungen über das Wie, Warum und Was der Arbeit. Genaue Fallbeschreibungen spielen hierbei eine wichtige
Rolle. David Aldridge weist darauf hin, dass Gedanken über Jahrhunderte in Ge-
schichtenform überliefert wurden. Die Fallstudie ermöglicht die genaue Wiedergabe
von beobachteten Verhaltensweisen und Gruppenprozessen sowohl während als auch
außerhalb der musiktherapeutischen Intervention. »Die Ausführung einer Einzelfall-
studie ist der Versuch, klinische Geschichten mit Hilfe von Faktoren einer strikten
experimentellen Konstruktion zu formalisieren, die auf den klinischen Prozess auf-
gepfropft werden.« (o.J., S. 3) Praktizierende Musiktherapeut/innen brauchen ihre
derzeitige Praxis nicht zu ändern, um die Formen der Beobachtung und Dokumentation durchzuführen. Immer mehr Musiktherapeut/innen wählen die Einzelfallstu-
die, um über ihre Arbeit zu schreiben, ohne dabei in anekdotenhaften Jargon oder
Überinterpretationen zu verfallen (s. u. a. im Journal of British Music Therapy z.B.:
F. Ritchie 1991, Davis und A.R.K. Mitchell 1990, Agrotou 1988).[1] Sarah Hoskyns
erinnert daran, dass diese Arbeit ressourcen-, zeit- und personalökonomisch ist
(Introduction to The Case Study Research). Oliver Sacks ist ein herausragendes

---

1 Eine Fülle von Fallstudien liegt in der deutschen musiktherapeutischen Fachliteratur vor, insbeson-
   dere in den Ausgaben der Musiktherapeutischen Umschau seit 1980, und in Sammelbänden wie
   denen von Petzold (1989), Frohne-Hagemann (1990), Decker-Voigt und Escher (1994), Müller und
   Petzold (1997) herausgegebenen und Monographien wie denen von Hegi (1986), Loos (1986),
   Tüpker (1988), Decker-Voigt (1991), Kapteina und Hörtreiter (1993), Schröder (1995), Rotter und
   Mayerle-Eise (1996) und anderen.

zeitgenössisches Beispiel für einen Autor, der in der Lage ist, so peinlich genaue Geschichten zu schreiben. Er mischt medizinisch-neurologisches Hintergrundwissen mit aufschlussreichen, teilweise ziemlich fantasiereichen Interpretationen. Seine »Geschichten« geben Gelegenheit, zugrunde liegende Phänomene zu untersuchen. Weitere Fragestellungen können aus der detaillierten Untersuchung solcher Geschichten abgeleitet werden (1985).

Wieder können unterschiedliche Annäherungen in einem zunehmenden Verständnis des Gesamtbildes zusammenfließen. »Weichere« Methoden wie Interviews, Selbstevaluationen und Fragebögen bereichern das, was an der Oberfläche als harte Zahleninformation erscheint. Zählen ist immer noch notwendig – Untersuchungen, wo Therapeuten arbeiten, Ausbildungsnachweise, Anzahl der Therapeuteneinsätze. Diese Arbeit lässt die äußere Validität wachsen. Dann ist es möglich, sich von »harter« und »weicher« Forschung abzuwenden und über die auftretenden unterschiedlichen und sich ergänzenden Forschungsstrategien nachzudenken.

4. Individuum versus Gruppe

Einzelfall- und Gruppenstudien haben sowohl Vorteile als auch Nachteile. Einerseits enthalten Einzelfallstudien ergiebige Details, es mangelt ihnen aber an verallgemeinerbaren Wirkungen. Andererseits gewinnen Gruppenstudien durch Verallgemeinerung, verlieren aber detaillierte Ergiebigkeit. Es wäre interessant, spezifische Studien über individuelle Fortschritte in einer Gruppe zu machen und dabei die beiden Annäherungen zu integrieren. Damit stellt sich das heiße Thema der Kontrolle, um effektive Forschung durchzuführen. Sicherlich sind die streng kontrollierten Strategien, mit denen neue Medikamente in der medizinischen Forschung getestet werden, auf die aktionsorientierte Forschung in der Musiktherapie nicht anwendbar; jedoch sollte deren Striktheit und Konstanz auch bei der am Menschen orientierten Forschung gelten. In jüngeren Arbeiten über Fallstudienmuster werden auch die Individuen als eigene Kontrolleure genutzt.

5. Subjektivität versus Objektivität

Wir stehen bei dieser Erörterung den griechischen Protagonisten gegenüber. Die direkte Synthese dieser Polarität ist zunehmend zu beobachten. Sie wird in dem Begriff »objektive Subjektivität« in der neuen Paradigmenforschung verbunden (vgl. Reason 1981). »Es gibt keine einzige Realität in dem Sinn, dass es verschiedene subjektiv gehaltene Perspektiven einer objektiven Realität gibt.« (Chesney 1987, S. 21)

In einem Teil der jüngeren britischen Forschung versucht man, subjektive und objektive Zugänge zu mischen. Sarah Hoskyns verwendet bei ihrer Arbeit mit Delinquenten Selbstberichte von Klienten, in denen diese über Erwartungen und Reaktionen auf eine Sequenz von Musiktherapie-Interventionen berichten. Daneben greift sie auf die bewährten und verlässlichen Methoden aus der Persönlichkeitspsychologie zurück (vgl. 1988, S. 25–41). Subjektive Berichte werden zunehmend als Mittel akzeptiert, um Nachweise mit mehr Bedeutung und Ergiebigkeit zu untermauern. Die Klienten selbst können signifikante Beiträge zu einem Forschungsprozess liefern; Forscher, die sich am Paradigmenwechsel orientieren, beteiligen Klienten an der Planung, Durchführung und Interpretation der Forschung.

Dieser Gruppe fünf offensichtlicher Polaritäten können noch weitere hinzugefügt werden, z.B.: rechte Gehirnhälfte/linke Gehirnhälfte, aktive/passive Musiktherapie-techniken, verbal/nonverbal, direktiv/nondirektiv, innere/äußere Formen, Hinter-grund/Vordergrund, Beobachter/Beobachtete. Die Treffpunkte zwischen den Gegen-sätzen können sich als Quelle wahrer Inspiration erweisen. Es muss nicht von einem oder dem anderen Gegensatz aus gegeneinander gekämpft werden, wir können lernen, das Paradoxe zu genießen. Positive und negative Merkmale scheinen in jeder Forschungsmethode gegenwärtig zu sein. Gleichzeitiges Arbeiten in verschiedenen Dimensionen und die Anwendung verschiedener Prozeduren kann Mängel einzelner Forschungsmethoden kompensieren.

Das Problem der Sprache

Die Arbeit auf dem Gebiet der Musiktherapie integriert viele Faktoren: praktische und therapeutische Ziele, das Setting, die beteiligten Menschen, die Komplexität des Mediums Musik. Dem Ganzen soll in seiner reichen Vielfalt Gerechtigkeit wiederfah-ren. In Brittens Oper findet Aschenbach nicht die Worte, um seine Gefühle auszudrücken. Worte sind nach einer tief bewegenden musikalischen Erfahrung oft äußerst zudringlich. Wir geben oft in Augenblicken der Ekstase und Augenblicken intensiver ausdrucksstarker Kommunikation wie beim Lieben nur die elementarsten Laute von uns. Die Tatsache, dass Musiktherapeut/innen sich einem solchen Feld verschrieben haben, kann in gewisser Weise mit der Unzulänglichkeit der Sprache zu tun haben, unsere tiefsten und persönlichsten Gefühle zu artikulieren. Vielleicht erwarten wir zu viel von uns beim Schreiben über die Kunst und Wissenschaft der Musiktherapie. Wie können wir das Unübersetzbare übersetzen?

Der Kreis schließt sich. Die frühen anekdotenhaften Berichte über die ursprüng-liche Heilkraft der Musik führten uns zur hochlaborierten Wissenschaftssprache von Forschern, die verschiedene Konstruktionen und Messungen entwickelt haben, um das komplexe Geschehen zu quantifizieren und zu objektivieren. Diese Phase führte wiederum in ein Stadium, in dem diese Striktheit auf objektive Analysen und subjek-tive Selbstberichte angewandt wird.

Es wäre passender, in Bildern, Metaphern und Gesten zu denken, als in komplexen Interpretationen die Verbindungen zwischen Mensch und Musik zu beschreiben. James Hillman ist überzeugt, die psychologische Standardsprache sei »verarmt, ohne Vorstellungskraft und ungeeignet, Phänomene gut zu beschreiben. Die klinische Sprache ist zu abstrakt geworden, zu professionell und in der Konsequenz immer weniger geeignet, die Sinne ansprechende Erfahrungen zu beschreiben.« (McNiff 1987, S. 290) Gefordert wird eine »imaginative Untersuchung«, die konkret und klar und gleichzeitig warm, sensibel und sehr gut lesbar sein soll. Beschreibende Literatur kann multidimensional sein; sie kann nicht-linear sein; sie kann vielfältige Formen annehmen. Hillman verweist auf Joyce Ulysses, die die Vielfältigkeit klar anerkennt. Joyce liefert viele Details über das Leben einiger Menschen an einem bestimmten Tag in einer Stadt, schließt aber auch ausgedehnte und universelle Themen ein. Hillman und Joyce führen uns in das antike Griechenland zurück und zu den tiefen Verbindungen zwischen Mythos und Kultur.

Es kann sein, dass die Musiktherapie in ein Stadium eintritt, in der Sprachformen die Einmaligkeit der Arbeit und die Verbindungen mit anderen Disziplinen unterstreichen. Diese Sprachformen können sich aus einer Antithese zu der weitschweifigen Sprache der Psychotherapie entwickeln. Wird Musiktherapie als eine Form der Psychotherapie betrachtet, besteht die Gefahr, dass das Entstehen neuer Beschreibungsformen verhindert wird. Probleme der Bedeutung, des Symbolismus, die Suche nach Wahrheit scheinen z.B. für die Psychoanalyse sehr wichtig zu sein. Neue Bezugsformen könnten für die Musiktherapie aus der Arbeit selbst entstehen, aus frühen musikalischen und kulturellen Traditionen und müssen damit nicht von bestehenden Modellen abhängen. Bedeutung scheint in der Musik nachrangig zu sein. Es ist nicht möglich, Begriffe wie »wahr«, »richtig« und »falsch« zu verwenden. Es scheint hier mehr um Metaphern und poetische Formen zu gehen. Es kann sein, dass eine angemessene Sprache noch nicht entdeckt wurde, dass wir aber wie Janus an der Schwelle stehen: Wir akzeptieren zwar das Bestehende, erhalten aber immer wieder quälend-flüchtige Einblicke in das, was sein könnte.

Ein Raum-Zeit-Zugang zur Gesundheit

Die Art und Weise, wie Physiker die Welt sehen, unterliegt zur Zeit großen Veränderungen. Für die klassische Physik ist die Natur objektiv, die Zeit linear, Materie, Energie und Raum sind absolut. Für den modernen Physiker nach Einstein ist die Natur nicht vollkommen objektiv, Materie, Energie, Raum und Zeit sind nicht absolut. Auf der subatomaren Ebene sind Ursache und Wirkung nicht mehr die Grundlage allen Geschehens. Wird Musiktherapie vom Blickwinkel Determinismus oder Ursächlichkeit nach Freud oder der Verhaltenstherapie aus betrachtet, bleiben früher festgesetzte Positionen weiter lebendig. Vielleicht bewegt sich die Musiktherapie zusammen mit anderen Kunsttherapien in noch nicht erkundete Gewässer der nichtlinearen Raum-Zeit. Die ständig sich verändernde, mit offenem Ende verbundene und interaktive Natur dieser künstlerischen Prozesse ist sehr verwandt mit diesen neuen Konstrukten. Eine Vielfalt an Verbindungen besteht in musikalischen Transaktionen und auf einer höheren Ebene des Heilens. Körper und Geist sind hier nicht geteilt, sondern es besteht ein dem Tanzen ähnliches Wechselspiel von mechanischen und geistigen Mustern. In seinem Buch »Space, Time and Medicine« stellt

Larry Dossey dar, dass viele unserer Probleme und Krankheiten mit einer Fehlwahrnehmung oder Missordnung von Zeit einhergehen. Sein Konzept des »biodance«, bei dem sich Menschen in ständiger Interaktion untereinander und gleichzeitig in größeren oder sogar kleineren universalen Mustern befinden, ist wunderschön musikalisch (vgl. 1985, S. 72–81). Dossey verwirft die großen Fortschritte in der Medizin nicht; er setzt sie aber in Synthese zu anderen komplementären und nichtmechanistischen Behandlungsformen.

Eine offene, zyklische und der Spirale ähnliche Betrachtungsweise von Gesundheit stellt für Musiktherapeut/innen eine Herausforderung dar. Es ist für einen Teil der derzeitigen Musiktherapierichtungen symptomatisch, dass ein Allgemeinarzt mit einer Sichtweise wie Larry Dossey den Hauptvortrag bei der jährlichen Musiktherapietagung 1988 in Atlanta hielt. Die Konzepte, die er vorstellte, lagen jenseits eines holistischen Gesundheitsmodells in einer neuen Ordnung der Wirklichkeit. Eine solche Ordnung ist in nichtwestlichen Kulturen geläufig, in denen numinose, mysthische und unerklärliche Elemente des Lebens vorbehaltloser akzeptiert werden. Diese Haltung ist in der Wiederentdeckung der spirituellen Qualitäten der Musik in jüngerer Zeit zu sehen. Ein Stück wie John Traverners »A Protecting Veil« wird zum Bestseller, und die eher mysthischen Kompositionen eines Arvo Pärt z.B. werden vor großen Zuhörerschaften aufgeführt. Das Interesse an alten Heiltraditionen, in denen Musik eine zentrale Rolle spielt, nimmt zu, und einige Texte wurden hierzu vor kurzem veröffentlicht (vgl. McClellan 1991). Das Interesse am Selbstheilungspotenzial von Klängen und Musik scheint Teil einer tieferen Suche nach Bedeutung und Zugehörigkeit zu sein. Alternativen zum schnellen, hektischen Lebensstil werden gesucht. Nachrichten können fast unmittelbar um die Welt gesendet werden, aber wir finden, es ist weiterhin schwierig, mit Familie, Freunden und Kollegen zu kommunizieren.

Musik wird in einem Raum-Zeit-Kontinuum gemacht; es wird dabei eine höchst subjektive Kunstform benutzt, die durch die Übersetzung innerer Impulse in erkennbare Muster, objektive Form und Struktur Bedeutung gewinnt. In das Musikmachen wird viel aus der Vergangenheit eingebracht, das in den gegenwärtigen Augenblick übersetzt wird. Zur gleichen Zeit sagt dieser Augenblick sofort das nächste Ereignis voraus. Dies lässt das Heilungspotenzial der Musik für alle von uns und nicht nur für die traditionelle Klientenpopulation, die bisher zur Musiktherapie überwiesen wurde, deutlich werden. Wird Musiktherapie so betrachtet, kann sie als menschenverbindendes Potenzial und spiritueller Integrator gelten.

Über das Antike und das Neue in der Musiktherapie

Die Rolle des Musikers als aktive Heilkraft in der Gesellschaft ist nicht neu. Musiktherapeut/innen wie Joseph Moreno lehren, dass es eine historische Verbindung zwischen Musik und Heilen in den alten schamanistischen Traditionen gibt (vgl. 1988, S. 271–280).[1] Diese Traditionen werden in nicht-technisierten und Stammes-

Kulturen noch praktiziert. Auch Musikethnologen informieren über diese alten Traditionen und beschreiben die in ihnen wirksamen allgemeinen musikalischen Prozesse. So können sie eine Verbindung zwischen der heutigen Musiktherapie und diesen sehr alten Wurzeln herstellen. Moreno beobachtete, dass der anhaltende, stimulierende und organisierende Aspekt des Rhythmus sowohl bei den Schamanen als auch bei Musiktherapeut/innen angewandt wird. Rhythmisches Trommeln in einer hypnotisierenden und wiederholenden Weise hilft dem Schamanen, in einen Trancezustand zu kommen oder seinen Bewusstseinszustand zu ändern. Dieser Status verhilft dem Schamanen dazu, aus einem anderen Wirklichkeitsrahmen heraus Erkenntnisse zu gewinnen, die der behandelten Person helfen. Es ist für den Schamanen üblich, mit einem Musikassistenten zu arbeiten, der für die rhythmische Begleitung sorgt. Dieses triadische Arrangement hat Parallelen zu einigen musiktherapeutischen Konzepten, bei denen ein Therapeut den Klienten unterstützt und ein anderer mit dem musikalischen Material arbeitet. Ich erinnere mich lebhaft an einen Workshop von Jo Moreno bei einer Musiktherapie-Tagung, bei dem durch rhythmisches Trommeln ein anderer Bewusstseinszustand herbeigeführt wurde.

> Das Ziel des Workshops wurde am Anfang erklärt. Er sollte eine Einladung sein, die Verbindungen zwischen verschiedenen Bewusstseinszuständen zu erkunden. Wir teilten uns paarweise auf, eine Person war Führer für den anderen bei seiner Reise nach Innen. Jo Moreno spielte einen gleichmäßigen und hypnotisierenden Rhythmus auf einem großen Tamburin und lud uns ein, den Rhythmus zu benutzen, um in unserer Fantasie einen Ort aufzusuchen, an dem wir uns sehr wohl fühlen oder einmal gefühlt haben. Das konnte ein tiefes Schwimmbecken sein, ein Feld oder sonst etwas sein. Einmal wurden wir eingeladen, nach einem Tier zu suchen und ihm zu folgen. Wir sollten darauf achten, wohin uns das Tier führte, wie es aussah, wie es uns begegnete usf. Der Führer sollte sich währenddessen von allen unwesentlichen Gedanken befreien, um die innere Reise des Partners unterstützen zu können. Ich hatte ein lebendiges und sich wiederholendes Bild von einem Vogel, der von einem Berggipfel zum anderen flog und dabei flach über die Täler strich. Beim Auftauchen aus dieser inneren Reise stellte ich mit zweifelndem Erstaunen fest, dass mein Partner ein sehr ähnliches Bild hatte. In der Gruppendiskussion kamen sehr viele dieser Verbindungen zwischen Führer und Geführtem auf. Nach diesem Workshop waren wir weniger zynisch und hatten mehr Respekt vor dem nicht Bekannten als zu Beginn des Workshops.

Die Musik als Auslöser für geleitete Fantasiereisen ist zentraler Bestandteil für einen speziellen Ansatz, der als »Guided Imagery in Music« (kurz GIM) bekannt ist. Bei tiefer Entspannung und Konzentration auf die Musik werden Klienten durch innere Reisen geführt. Der Therapeut schreibt die Bilder auf, die vom Klienten während des Musikhörens erzählt werden. Die Bilder werden dann besprochen. Auf solchen

---

3   Vgl. auch die deutschsprachige Arbeit von Moreno 1987, S. 108.

Reisen können persönliche Probleme oder Schwierigkeiten aktualisiert werden, die Thema des Gesprächs und der weiteren Arbeit sein können. Dieser Ansatz beruht stark auf der Arbeit und der Literatur von Helen Bonny, die die Musik, die in der Arbeit benutzt wurde, umfassend erforschte (vgl. 1973).

In der gegenwärtigen Musiktherapie werden ermutigende Schritte unternommen, um ihre präventiven Möglichkeiten als Selbsthilfe-Instrument zu untersuchen. Das kam etwa in folgenden Beiträgen eines Symposiums auf der Tagung in Atlanta 1988 zum Ausdruck:

1. Gesundheitskommunikation: die Beziehung zwischen Immunsystem, Bildvorstellungen, Entspannung und Musikwirkung
2. Musik, Gedächtnis und Immunität
3. Der Einfluss von bevorzugter Entspannungsmusik auf das Maß des Angstzustandes, wahrgenommener Entspannung und autonomer Reaktion (NAMT 1988).

Hier tauchen wieder Faktoren wie affektive Reaktionen, autonome Reaktionen, Entspannung auf, die das ursprüngliche Interesse an der Musiktherapie wegen ihrer engen Beziehung zu grundlegenden physiologischen Funktionen betreffen. Die Probleme, die der heutige Lebensstil schafft, können paradoxerweise durch dieselbe hoch entwickelte Technologie untersucht werden, durch die Stressprobleme erzeugt werden. Es gibt immer noch viele Kontroversen, wie Musik, insbesondere das Musikhören zur Stressreduktion eingesetzt werden kann. Susanne Hanser weist darauf hin, dass viele Faktoren persönlicher Präferenz bei der Musikauswahl zu Entspannungszwecken berücksichtigt werden müssen (vgl. 1988, S. 211–217). Probleme sind auch mit den Stimmungsänderungen verbunden, denn was an einem Tag entspannend wirkt, kann am nächsten Tag irritieren. Über allgemeine Erkenntnisse hinaus, z.B. dass lange, langsame und sanfte Melodien eher entspannend und schlaffördernd wirken, lassen sich die Wirkungen der Musik kaum generalisieren.

Berieselungsmusik wird heute zunehmend in der Geburtshilfe und der Kieferchirurgie eingesetzt, und es scheint, dass die meisten Menschen in diesen Stresssituationen sehr positiv auf Musik reagieren (vgl. Standley 1988, S. 9–61). Hier gibt es ein breites Forschungsgebiet, um individuelle Reaktionen und Vorlieben angemessen zu erfassen. Versuche, Rezepte für den allgemeinen Gebrauch zu erstellen, dürfen individuelle Profile nicht übergehen.[1]

---

1 Hinweise auf die Entspannungsfunktion von Musik und ihren gezielten Einsatz auf verschiedenen medizinischen Gebieten u.a. bei Spintge und Droh (1985, 1983), Decker-Voigt und Escher (1994), Pratt und Spintge (1996) sowie Müller-Busch (1997).

Orpheus – der rationale Schamane

»Orpheus' Laute hieß die Wipfel,
Wüster Berge kalte Gipfel,
Niedersteigen, wenn er sang.
Pflanz und Blut und Frühlingssegen
Sprosst, als folgten Sonn' und Regen
Ewig nur dem Wunderklang.
Alte Wesen, so ihn hörten,
Wogen selbst, die sturmempörten,
Neigten still ihr Haupt herab.
Solche Macht ward süßen Tönen;
Herzensweh und tödlich Sehnen
Wiegten sie in Schlaf und Grab.«[1]

Die griechischen Protagonisten am Anfang dieses Kapitels waren Dionysos und Apoll. Zum Abschluss verbindet der Mythos von Orpheus in einer wunderschönen Synthese die scheinbar unvereinbaren Paradoxien, die in diesem Kapitel und das ganze Buch hindurch beleuchtet wurden. Es geht im Mythos um einen Sohn des Apoll, der historisch ebenso ein dionysischer Priester gewesen sein mag. Er bringt die freie Energie des Ausdrucks unter die bändigende Kraft der Form und vereinigt so die Elemente beider Gottheiten. Es ist eine Mischung des Sakralen und Profanen, des Rationalen und Irrationalen. In seinem Buch »The Masks of Orpheus« gibt Wilfrid Mellers das Lied Shakespears wieder und erinnert, dass Orpheus als Schamane und Heiler mit seinem Singen und seiner Kunst Bestien erregt und wieder besänftigt und Schatten (einschließlich der inneren) vertreibt (vgl. 1987, S. 4). Er überwindet die Schwerkraft, verschiebt die Zeit und konfrontiert die Götter mit der Überwindung des Todes. Er strebt nach der Balance zwischen den objektiven Forderungen des rationalen Apoll und den subjektiven und zügellosen Leidenschaften des Dionysos. Nach dem Tod seiner geliebten Eurydice steigt er in den Hades herab (in psychologischer Symbolik der Abstieg in das Unbewusste). Er bleibt bei alledem ganz Mensch und scheitert, indem er zurücksieht, um sich zu vergewissern, ob Eurydice immer noch ihrer Reise aus dem Hades folgt. Daraufhin wird sie von Pluto, dem Wächter der Unterwelt, wieder dorthin zurückgeholt. Er konnte nicht für die Liebe sterben und vollkommen erlöst werden, wie es in Legenden über eine vollendete Erlösung wie bei Tristan und Isolde oder in der Christus-Überlieferung geschieht. Er verliert Eurydice ein zweites Mal (weil er zweifelt?) In jungscher Therminologie: die Integration von anima und animus gelingt nicht vollständig. Orpheus selbst bleibt unvollständig. Wenn es ihm möglich gewesen wäre, die Balance zwischen rationalem Apoll und leidenschaftlichem Dionysos zu vollenden, dann wäre er, wie Mellers sagt, »ganz

---

1 William Shakespeare: Heinrich der Achte, 3. Akt, 1. Szene. Übersetzt von August Wilhelm von Schlegel.

und heilig und nicht weit von Gott selbst entfernt« (4) Einige Mythen enden mit weiblichen Nachfolgern des Gottes Dionysos, die ihn zerstückeln und seine Überreste im Fluss Hebros zerstreuen, sein Kopf (Geist) jedoch singt weiter. Vor einigen Jahren arbeitete ich an einem Striggio-Text, den Monteverdi in seiner Oper »Ofero« benutzte. Dort ist das Ende erfreulicher: als Deus-ex-Machina-Figur fordert Vater Apoll seinen Sohn zurück. Der wird mit seinem Vater vereinigt und steigt mit ihm gen Himmel. Für Mellers gewinnt hier Orpheus die geistige Wirklichkeit seiner Kunst zurück. Die Musik wird zunehmend lebhaft, als er mit Apoll gen Himmel schwebt. Orpheus übernimmt an einer Stelle den höheren Gesangspart. Es geht um eine spirituelle Integration, die aber keineswegs den Abschluss der Geschichte bildet. Der Mythos schickt uns auf die Suche, im ständigen Kampf um die Vereinigung von Dionysos und Apoll das Ganze zu entdecken, ein Paradies auf Erden. Folglich endet die Oper, Mellers erinnert daran, wie sie begann: Wieder singen die Schafhirten und tanzen mit der gleichen dionysischen Energie und Freiheit, und das sich ewig wiederholende Menschheitsdrama beginnt von vorn.

Orpheus ist für Musiktherapeut/innen eine Symbolfigur. Wie Orpheus kann der Musiktherapeut heute Wissenschaft und Kunst in Praxis und Forschung zusammenbringen. Wie Orpheus suchen wir nicht unbedingt die einzige Wahrheit, aber Aspekte der Wahrheit. Es können nicht alle Fragen auf einmal beantwortet werden, und jeder Fragenkomplex greift in einen nächsten über. Aber wir können unseren Teil dazu beitragen, dass das Verständnis für das Ganze wächst.

Musik und Musikmachen kann Brennpunkt wahrer Schönheit und Transformation sein und uns helfen, uns in unserem Menschsein zu verstehen. Der große Sufimeister Hazrat Inayat Kahn sagt: »Das ganze Leben in allen seinen Aspekten ist eine einzige Musik; und die wahre geistige Fertigkeit ist, sich selbst in die Harmonie dieser perfekten Musik einzustimmen.« (1988, S. 129) T. S. Eliot (1944) schrieb sinngemäß, am Ruhepunkt der sich drehenden Welt möge wohl der Tanz stehen; die Quelle des Tanzes jedoch ist die rhythmische Vibration, in der alle mikro- und makrokosmischen Welten schwingen und in gegenseitiger Resonanz verbunden sind.

Adressen

Allgemeine Informationen über Musiktherapie im United Kingdom und Adressen von Ausbildungsstellen sind zu erhalten bei:

The Administrat
British Society for Music Therapy
25 Rosslyn Road
East Barnet
Hertfordshire EN4 8DH

Spezielle Informationen über lokale Musiktherapieangebote und andere Berufsthemen sind zu erhalten bei:

The Administrator
The Association of Professional Music Therapists
Chestnut Cottage
38 Pierce Lane
Fulborn
Cambridge CB1 5DL

Informationen über Musicspace sind zu erhalten bei:

The MusicSpace Trust
The Southville Centre
Beauley Road
Bristol BS3 1QG

(Bitte fügen Sie innerhalb des Landes einen ausreichend frankierten Rückumschlag bei[1])

---

1 Informationen über Musiktherapie in Deutschland sind bei der:
   Deutschen Gesellschaft für Musiktherapie, Libauer Straße 17, 10245 Berlin, erhältlich.

Literaturverzeichnis

Agrotou, A.: A Case Study: Lara, in: Journal of British Music Therapy 1988, vol. 2, no. 1, S. 17–24.

Ainlay, G.W.: The Place of Music in Military Hospitals, in: Schullian, D.M./Schoen, D.: Music and Medicine, New York 1948.

Aldridge, D.: The Single Case in Clinical Research, in: The Case Study as Research: Proceedings of the Fourth Music Therapy Day Conference, London 1988.

Allen, D.: An Exploration into Musical Speech Therapy, in: British Journal of Music Therapy 1981, vol. 12, no. 1, S. 2–6.

Alley, J.M.: Education for the Severely Handikapped: the Role of Music Therapy, in: Journal of Music Therapy 1977, vol. 14, no. 2, S. 54.

Altschuler, I.M., The Past, Present and Future of Music Therapy, in: Podolsky, E.: Music Therapy, New York 1954.

Alvin, J.: Music Therapy, London 1975.

Alvin, J.: The Musical Instrument as an Intermediary Object, in: British Journal of Music Therapy 1977, vol. 8, no. 2, S. 7–13.

Alvin, J./Bryce, J.: Physiotherapy and Music Therapy for Physical Handikap, in: Music Therapy for Mental and Physical Handikap, London 1978, S. 14–22.

Ansdell, G.: Limitations and Potenzial: A Report on a Music Therapy Group for Clients Referred from a Council Group, in: Journal of British Music Therapy 1990, vol. 4, no. 1.

APMT: Broschüre 1990.

Arrington, G.E.: Music in Medicine, in: Podolsky, E. (Hrsg.): Music in Therapy, New York 1954, S. 264–273.

Austin, J.W.: The Use of Music in the Education of the Deaf, in: British Journal of Music Therapy 1970, vol. 2, no. 1, S. 2–10.

Behne, K.-E.: EEG-Korrelate des Musikerlebens, in: Musikpsychologie 4/1987, S. 49–63 und 5/1988, S. 95–105.

Behne, K.-E.: Wirkungen von Musik, in: Musik und Unterricht 18/1993, S. 4–9.

Benenzon, R.O.: Music Therapy Manual, Springfield, Illinois 1981.

Berendt, J.-E.: The Third Ear, Shaftesbury 1988, s. deutsche Ausgabe: Das dritte Ohr, Reinbek 1985; s. auch ders.: Nada Brahma. Die Welt ist Klang, Reinbek 1983.

Bernstein, L.: The Unanswered Question, Cambridge, Massachusetts 1979.

Blacking, C.J.: How Musical is Man?, Seattle 1973.

Blacking, J.: A Commonsense View of All Music, Cambridge 1987.

Blackman, D.E.: Images of Man in Contemporary Behaviourism, in: Chapman, A.J./Jones, D.M. (Hrsg.): Models of Man, Leicester 1980, S. 99–112.

Blair, D.: Arts in Society: Music Therapy, in: New Society, 30 January 1964.

Bonny, H.L./Savary L.M.: Music and your Mind, New York 1973.

Borchgrevink, H.M.: The Brain Behind the Therapeutic Potenzial of Music, in: Ruud, E. (Hrsg.): Music and Health, London 1986.

Brandt, G./Wohler, D./Aldridge, D.: Working Together: A Comparative Study of Music Therapy and Art Therapy, in: Journal of British Music Therapy 1991, vol. 5, no. 1.

Bronfenbrenner, U.: The Ecology of Human Development, Cambridge, Massachusetts 1979.

Brower, T.G.R.: A Primer of Infant Development, San Francisco, California 1977.

Brown, J.: The Psychological and Physical Responses to Music Therapy of Very Young Retarded Children, in: British Journal of Music Therapy 1974, vol. 5, no. 3, S. 2–8.

Brunner, J.S.: Early Social Interaction, in: Schaffer, H. R.: Studies in Mother-Infant Interaction, London 1977.

Bruscia, K.E.: A Survey of Treatment Procedures in Improvisational Music Therapy, in: Psychology of Music 1988, vol. 16, no. 1, S. 10–24.

Bruscia, K.E.: Defining Music Therapy, Spring City, Pennsylvania 1989.

Bruscia, K.E.: Improvisational Models of Music Therapy, Springfield, Illinois 1987.

Bullowa, M.: Before Speech, Cambridge 1979.

Bunt, L.: From Individual to Group Music Therapy with Very Young Children in a Nursery Unit, in: Music Therapy for the Young and the Aged, London 1979.

Bunt, L.: Music Therapy and the Child with a Handikap: Evaluation of the Effects of Intervention, unpublished Ph.D. thesis, London 1985.

Bunt, L.: Music Therapy in Psychiatry, Arbeitspapier; Kopien erhältlich bei: The MusicSpace Trust, The Southville Centre, Beauley Road, Bristol BS 3 1QG, Bristol 1986.

Bunt, L.: Research in Music Therapy in Great Britain: Outcome Research with Handikapped Children, in: Journal of British Music Therapy 1984, vol. 15, no. 3, S. 2–8.

Bunt, L./Alberman, D.: The Role of Music Therapy with Handikapped children in a London District – a Pilot Study, in: British Journal of Music Therapy 1981, vol. 12, no. 2, S. 2–10.

Bunt, L.; Clarke, E.; Cross, I.; Hoskyns, S.: A Discussion on the Relationship between Music Therapy and the Psychology of Music, in: Psychology of Music 1988, vol. 16, no. 1, S. 62–71.

Bunt, L./Pike, D./Wren, V.: Music therapy in a General Hospital's Psychiatric Unit – An Evaluation of Pilot Eight Week Programme, in: Journal of British Music Therapy 1/1987, S. 3–6.

Bunt, L.G.K./Hoskyns, S.L.: A Perspective on Music Therapy Research in Great Britain, in: Journal of British Music Therapy 1987, vol. 1, no. 1, S. 3–6.

Capra, The Turning Point, New York 1982.

Carr, J./Collias, M.: A Controlled Study of the Effects of Music Therapy with Severely Subnormal Children using Blind Assessments, unpublished paper.

Carroccio, D.F./Carroccio, B.B.: Towards a Technology of Music Therapy, in: Journal of Music Therapy 1972, vol. 9, no. 2, S. 51–56.

Chatwin B.: The Songlines, London 1987.

Chesney, J.: Is Psychotherapy Research Possible?, in: Starting Research in Music Therapy: Proceedings of the Third Music Therapy Day Conference, London 1987.

Chesney, J.: Keeping in Tune with the Patient: Choosing Music for Therapy, in: British Journal of Music Therapy 1980, vol. 11, no. 2, S. 8–15.

Collis, G.M./Schaffer, H.R.: Synchronisation of Visual Attention in Mother-Infant Pairs, in: Journal of Child Psychology and Psychiatry 1975, vol. 16, S. 315–320.

Condon, W.S.: A Primary Phase in the Organisation of Infant Responding Behaviour, in Schaffer, H. R.: Studies in Mother-Infant Interaction, London 1977, S. 153–176.

Cooke, D.: The Language of Music, London 1959.

Copland, A.: Music and Imagination, Cambridge, Massachusetts 1952.

Critchley, M./Henson, R.: Music and the Brain, London 1977.

Dally, T. (Hrsg.): Images of Art Therapy, London 1987.

Davis, G.A./Mitchell, A.R.K.: Music Therapy and Elective Mutism: a Case Discussion, in: Journal of British Music Therapy 1990, vol. 2, no. 1, S. 10–15.

Davis, J.B.: The Psychology of Music, London 1978.

Davis, W.B.: Music Therapy in Victorian England, in: Journal of British Music Therapy 1988, vol. 2, no.1, S. 10–17.

Davison/Apel: Historical Anthology of Music, London 1946.

Decker-Voigt, H.H.: Aus der Seele gespielt, München 1991.

Decker-Voigt, H.H./Escher, J. (Hrsg.): Neue Klänge in der Medizin 1994.

Dileo, C.L.: The Use of a Token Economy Program with Mentally Retarded Persons in a Music Therapy Setting, in: Journal of Music Therapy 1975, vol. 12, no. 3, S. 155–160.

Dossey, L.: Space, Time and Medicine, Boston, Massachusetts 1982.

Dowling, W.J.: Melodic Information Processing and its Development, in: Deutsch, D. (Hrsg.): The Psychology of Music, London 1982.

Duerksen, G.L.: Some Similarities between Music Education and Music Therapy, in: Journal of British Music Therapy 1967, vol. 4, no. 3, S. 95–99.

Eliot, T.S: Burnt Norton, in Four Quartets 1944.

Ellis, D.S./Brighouse, G.: Effects of Music in Respiration and Heart-Rate, in: Podolsky, E.: Music Therapy, New York 1954.

Erikson, E.H.: Childhood and Society, Harmondsworth 1965.

Erikson, E.H.: Identity and the Life Circle: A Reissue, New York 1980.

Ernst, A.: Musik und Sozialpädagogik – Zur Neuorientierung der Schulmusik. In: Zeitschrift für Musikpädagogik 18/1982, S. 44–49.

Evers, E.: Musik als biologische Droge? Medizinische Anmerkungen zur berauschenden Wirkung der Musik, in: Musik und Unterricht 27/1994, S. 40–42.

Evers, E.: Was geschieht beim Musikhören im menschlichen Körper? Zur Physiologie des Musiker-lebens, in: Musik und Unterricht 7/1991, S. 16–18.

Evers, S.: Wenn Musik krank macht ..., in: Musik und Unterricht 18/1993, S. 54–56.

Feder, E./Feder, B.: The Expressive Arts Therapies: Arts, Music and Dance as Psychotherapy, New Jerey 1981.

Fitzwilliam, A.: An Assessment of the Benefits of Micro Technology, in: Music Therapy 1988, vol. 2, no. 1, S. 24–31.

Fleshman, B./Fryrear, J.L.: The Arts in Therapy, Chicago 1981.

Fraiberg, S.: Intervention in Infancy: A Program for Blind Babys, in: Journal of the American Academy of Child Psychiatry 1971, vol. 10, S. 381–405.

Fraisse, P.: Rhythm and Tempo, in: Deutsch, D. (Hrsg.): The Psychology of Music, London 1982, S. 150–155.

Frohne-Hagemann, I.: Musik und Gestalt, Paderborn 1990.

Fromm, E.: The Creative Attitude, in: Anderson, H.: Creativity and its Cultivation, New York 1959.

Funk, J./Whiteside, J.: Developmental Theory and the Psychology of Music, in: Psychology of Music 1981, vol. 9, no. 2, S. 44–54.

Furman, C.E.: The Effect of Musical Stimuli on the Brainwave Production of Children, in: Journal of Music Therapy 1978, vol. 15, no. 3, S. 108–117.

Gardner, H.: Frames of Mind, London 1984.

Gaston, E.T.: Music in Therapy, New York 1968.

Gilbert, J.P.: Published Research in Music Therapy 1973–1978: Content, Focus and Implications for Future Research, in: Journal of Music Therapy 1981, vol. 16. No. 3, S. 102–110.

Goldmann, J.: Heilende Klänge. Die Macht der Obertöne, München 1994.

Goodman, K.D.: Music Therapy, in: Arieti, S./Brodie, H.K.H. (Hrsg.): American Handbook of Psychiatry: Volume 7 – Advances and New Directions, New York [2]1981, S. 564–583.

Gustorff, D.: Musiktherapie mit komatösen Patienten auf der Intensivstation, Dissertation, Universität Witten/Herdecke 1993.

Hamel, P.M.: Durch Musik zum Selbst, München 1976.

Hanser, S.: Controversy in Music Listening/Stress Reduction Research, in: The Arts in Psycho-therapy 1988, vol. 15, S. 211–217.

Hargreaves, D.: The Developmental Psychology of Music, Cambridge 1986.

Harrer, G. (Hrsg.): Grundlagen der Musiktherapie und Musikpsychologie, Stuttgart [2]1982.

Hauck, L.P./Martin, P.L.: Music as a Reinforcer in Patient Controlled Duration of Time Out, in: Journal of Music Therapy 1970, vol. 7, no. 2, S. 43–53.

Heal, M.: Mutual Respect: Therapeutic Approaches to Working with people who have Learning Difficulties, in: Brandon, D. (Hrsg.): Tune with the Mind, Surbiton 1989, S. 45–56.

Hegi, F.: Improvisation und Musiktherapie, Paderborn 1986.

Hinde, R.A.: On Describing Relationships, in: Journal of Child Psychology and Psychiatry 1976, vol. 17, S. 1–19.

Hitchcock, D.H.: The Influence of Jung's Psychology on the Therapeutic Use of Music, in: Journal of British Music Therapy 1987, vol. 1, no. 2, S. 17–21.

Hoskyns, S.: Huntington Chorea: Striking the Right Chord, in: Nursing Mirror 1982, vol. 154, no. 22, S. 14–17.

Hoskyns, S.: Introduction, in: The Case Study as Research: Proceedings of the Fourth Music Therapy Day Conference, London 1988.

Hoskyns, S.: Music Therapy, in Arts Therapy Research: Proceedings of the First Arts Therapy Research Conference, London 1989.

Hoskyns, S.: Studying Group Music Therapy with Young Offenders: In: Research in Progress 1988, vol. 16, no. 1, S. 25–41.

Hutt, C./Ounsted, C.: The Biological Significance of Gaze Aversion with Particular Reference to the Syndrome of Infantile Autism, in: Behavioural Science 1966, vol. 11, S. 346–356.

James, M.R.: Sensory Integration: A Theory for Therapy and Research, in: Journal of Music Therapy 1984, vol. 16, no. 2, S. 79–88.

Jellison, J.A.: The Frequency and General Mode of Inquiry of Research in Music Therapy 1952–'72, in: Council for Research in Music Education Bulletin 1973, vol. 35, no. 3, S. 114–129.

Jensen, F./Jung, C.G./Jung, E./Wolff, T.: The Analytical Klub, San Francisco, California 1982.

Jensen, H.S.: Music and Health in Postmodern Society, in: Ruud, E. (Hrsg.): Music and Health, London 1986.

Johannes-Pluto, I. u.a.: Musik praktisch erfahren. Ein Elementarkurs für Erwachsene, Regensburg 1997.

Jorgenson, H.: The Use of Contingent Music Activity to Modify Behaviours which Interfere with Learning, in: Journal of Music Therapy 1974, vol. 11, no. 1, S. 41–46.

Jung, C.G.: On the Relation of Analytical psychology and Poetry (1922), in: The collected Works of C. G. Jung, London, Bd. 15.

Kahn, H.I.: The Music of Life, New York 1988.

Kapteina, H./Hörtreiter, H.: Musik und Malen in der therapeutischen Arbeit mit Suchtkranken, Stuttgart 1993.

Kapteina, H.: Das Musikpädagogische in der Musiktherapie, Musiktherapeutische Umschau 1991, S. 298–307.

Kapteina, H.: Musikunterricht und Suchtprävention, Musik und Unterricht 27/1994, S. 12–15.

Kaye, K.: The Mental and Social Life of Babys, London 1984.

Kelly, G.A.: The Psychology of personal Contracts, 2 Bde., New York 1950.

Kenny, C.: Conference Presentation, NAMT, Atlanta 1988.

Kenny, C.: The Mythic Artery: The Magic of Music Therapy, Atuscadero, California 1982.

Klausmeier, F.: Die Lust, sich musikalisch auszudrücken, Reinbek 1978.

Kohler, C. (Hrsg.): Musiktherapie, Theorie und Methodik, Jena 1971.

Kohut, H.: Introspektion, Empathie und Psychoanalyse, Frankfurt am Main 1977.

Krauss, T./Galloway, H.: Melodic Intonation Therapy with Language-Delayed Apraxic Children, in: Journal of Music Therapy 1982, vol. 19, no. 2, S. 102–113.

Kümmel, W.F.: Musik und Medizin, Freiburg, München 1977.

Langer, S.K.: On Significance in Music, in Philosophy in a Key, Cambridge 1942.

Langer, S.: Feeling and Form, London 1953.

Lathom, W.: Music Therapy as a Means of Changing the Adaptive Behaviour Level of Retarded Children, in: Journal of Music Therapy 1964, vol. 1, no. 4.

Lathom, W.: Role of Music Therapy in the Education of Handikapped Children and Youth, Report to National Association of Music Therapy 1980.

Lee, A.: Music Therapy and the Handikapped, in: British Journal of Music Therapy 1981, vol. 12, no. 1, S. 6–12.

Lee, C.A.: Structural Analysis of Post-Tonal Therapeutic Improvisatory Music, in: Journal of British Music Therapy 1990, vol. 4, no. 1, S. 6–21.

Lee, C.A.: Structural Analysis of Therapeutic Improvisatory Music, in: Journal of British Music Therapy 1990, vol. 3, no. 2, S. 11–20.

Levigne, A.: Music Therapy in Psychiatry, in: Bunt 1986.

Lewis, M./Rosenblum, L.A.: The Effect of the Infant on its Caregiver, New York 1974.

Licht, S.: Music in Medicine, Boston, Massachusetts 1946.

Linke, N.: Heilung durch Musik, Wilhelmshaven 1977.

Loos, G.: Spiel-Räume, Stuttgart 1986.

Luce, G.G.: Body-Time – The Natural Rhythms of the Body, St. Albans 1973.

Madsen, C.K./Cotter, V.M./Madsen, C.H.: A Behavioural Approach to Music Therapy, in: Journal of Music Therapy 1968, vol. 5, no. 3.

Mann, Chr. u.a. (Hrsg.): Selbsterfahrung durch Kunst. Methodik für die kreative Gruppenarbeit mit Literatur, Malerei und Musik, Weinheim 1995.

Marin, O.S.M.: Neurological Aspects of Music Perception and Performance, in: Deutsch, D. (Hrsg.): The Psychology of Music, London 1982.

Maslow, A.H.: Motivation and Personality, New York, [2]1970.

May, R.: The Courage to Create, New York 1975.

May, R.: The Nature of Creativity, in: Anderson, H. (Hrsg.): Creativity and its Cultivation, New York 1959.

McClellan, R.: The Healing Forces of Music, Shaftesbury 1991.

McElwain, J.M., The Effect of Spontaneous and Analytical Listening on the Evoked Cortical Activity in the Left and Right Hemispheres of Musicians and Non-Musicians, in: Journal of Music Therapy 1979, vol. 16, no. 4, S. 180–190.

McGinty, J.K.: Survey of Current Functions of a Music Therapist, in: Journal of Music Therapy 1980, vol. 17, no. 2, S. 148–166.

McGlashan, Gravity and Levity, London 1976.

McIntosh, G.C./Thaut M.H./Rice, R.R.: Rhythmic Auditory Stimulation as an Entertainment and Therapy Technique: Effects on Gait of Stroke and 'Parkinson's Patients, in: Pratt et al. (Hrsg): MusicMedicine, Bd. 2, St. Louis 1996; dieselben haben ebenda 1994 einen Video-Film zum selben Thema herausgegeben.

McLaughlin, T.: Music and Communication, London 1970.

McNiff, S.: Research and Scholarship in the Creative Arts Therapies, in: The Arts in Psychotherapy 1987, vol. 14, S. 290.

McNiff, S.: The Arts and Psychotherapy, Springfield, Illinois 1981.

McQueen, J.C.: Two Controlled Experiments in Music Therapy, in: British Journal of Music Therapy 1975, vol. 6, no. 3, S. 2–8.

Mellers, W.: The Making of Orpheus, Manchester 1987.

Meyer, A.-E. u.a.: Forschungsgutachten zu Fragen eines Psychotherapeutengesetzes, Hamburg (Universitätskrankenhaus Hamburg Eppendorf) 1991.

Meyer, L.B.: Emotion and Meaning in Music, Chicago 1956.

Michel, D.E.: Music Therapy – an Introduction to Therapy and Special Education through Music, Springfield, Illinois 1976.

Miller, D.M./Dorow, L.G./Greer, R.D.: The Contingent Use of Art for Improving Arithmetic Scores, in: Journal of Music Therapy 1974, vol. 11, no. 2, S. 57–64.

Miranda, S.B./Fantz, R.L.: Visual Preferences of Down's Syndrome and Normal Infants, in: Child Development 1973, vol. 44, S. 555–561.

Möller, H.-J.: Musik gegen »Wahnsinn«, Stuttgart 1971.

Möller, H.-J.: Psychotherapeutische Aspekte in der Musikanschauung der Jahrtausende, in: Revers, W.J. u.a. (Hrsg): Neue Wege der Musiktherapie, Düsseldorf 1974, S. 53–160.

Moog, H.: The Musical Experience of the Pre-School Child, London 1976, deutsche Ausgabe: Das Musikerleben des vorschulpflichtigen Kindes, Mainz 1968 s. auch: Beginn und erste Entwicklung des Musikerlebens im Kindesalter, Ratingen [2]1967.

Moreno, J.: Der Musiktherapeut als moderner Schamane, Musiktherapeutische Umschau 1987, S. 108–123.

Moreno, J.: The Music Therapist: Creative Arts Therapist and Contemporary Shaman, in: The Arts in Psychotherapy 1988, vol. 15, S. 271–280.

Morgenstern, F.: Music Therapy for the Mentally Handikapped: Some Theoretical Considerations, in: British Journal of Music Therapy 1974, vol. 5, no. 1, S. 9–16.

Müller-Busch, H.C.: Schmerz und Musik, Stuttgart 1997.

Müller, L./Petzold, H. (Hrsg.): Musik in der klinischen Arbeit, Stuttgart 1997.

NAMT: Broschüre zur Berufslaufbahn 1980.

NAMT National Conference, Atlanta, Georgia 1988.

NAMT: Standards of Clinical Practice 1983.

Nöcker-Ribeaupierre, M.: Auditive Stimulation nach Frühgeburt, in: Musiktherapeutische Umschau 1992, S. 239–248.

Nöcker-Ribeaupierre, M.: Auditive Stimulation nach Frühgeburt, Stuttgart 1995.

Nordoff, P./Robbins, C.: Creative Music Therapy, New York 1977 (deutsch: Schöpferische Musiktherapie, Stuttgart 1986).

Nordoff, P./Robbins, C.: Music Therapy in Special Education, London 1975.

Nordoff, P./Robbins, C.: Therapy in Music for Handikapped Children, London 1971.

Noy, P.: The Psychodynamic Meaning of Music, in: Journal of Music Therapy 1966, vol. 3, no. 4, S. 126–135; vol. 4, no. 2, S. 45–52; vol. 4, no. 3, S. 81–95; vol. 4, no. 4, S. 117–126.

Ockelford, E.: Response to Rhythmical Sound in Pre-Term infants and Term Neonates, in: Journal of Reproductive and Infant Psychology 1984, vol. 2, S. 92–96.

Ockelford, E.M./Vince, M.A./Layton, C./Reader, M.R.: Response of Neonates to Parents' and Others' Voices, in: Early Human Development 1988, vol. 18, S. 27–36.

Odell, H.: A Music Therapy Approach in Mental Health, in: Psychology of Music 1988, vol. 16, no. 1, S. 52–62.

Odell, H.: An Investigation into the Effects of Music Therapy with Elderly Mentally Ill People, unpublished M.Phil. thesis, London 1988.

Oldfield, A.: The Effects of Music Therapy on a Group of Profoundly Mentally Handikapped Adults, unpublished M.Phil. thesis, London 1986.

Oldfield, A./Parry, C.: Using Music in Mental Handikap – 1. Overcoming Communication Difficulties, in: Mental Handikap 1985, vol. 13, S. 117–119.

Oldfield, A./Pierson, J.: Using Music in Mental Handikap – 2. Facilitating Movement, in: Mental Handikap 1985, vol. 13, S. 156–158.

Ornstein, R.: On the Experience of Time, Harmondsworth, 1969.

Ostwald, P.: Music in the Organisation of Childhood Experience and Emotion, in: Wilson, F. R./Roehmann, F. L. (Hrsg.): Music and Child Development, St. Louis, Missouri 1990.

Ostwald, P.F.: Music and Emotional Development in Children, in: Wilson, F. R./Roehmann, F. L.: Music and Child Development, St. Louis, Missouri 1990, S. 11–27.

Pavlicevic, M.: Music in Communication: Improvisation in Music Therapy, unpublished M.Phil. thesis, University of Edinburgh 1991.

Pawlby, S.J.: Imitative Interaction, in: Schaffer, H. R.: Studies in Mother-Infant Interaction, London 1977, S. 203–224.

Petsche, H. (Hrsg.): Musik – Gehirn – Spiel, Basel 1989.

Petzold, H. (Hrsg.): Heilende Klänge, Paderborn 1989.

Pflederer, M.R.: The Responses of Children to Musical Tasks embodying Piaget's Principle of Conservation, in: Journal of Research in Musical Education 1964, vol. 12, S. 251–268.

Plato, in Jowett's Translation: The Republic, Book Three, section 399, London 1970.

Podolsky, E.: Music Therapy, New York 1954.

Ponath, L.H./Bitcon, C.H.: A Behavioural Analysis of Orff-Schulwerk, in: Journal of Music Therapy 1972, vol. 9, no. 2, S. 56–63.

Pratt, R.R./Spintge, R. (Hrsg): MusicMedicine, Vol. 2, St. Louis 1996.

Price, R.D./DeFosse, C.: Music and Language Processing in the Central Nervous System: State of the Art, in Second International Symposium of Music Education for the Handikapped, Bloomington, Indiana 1983.

Priestley, M.: Music Therapy in Action, London 1975, deutsche Ausgabe: Musiktherapeutische Erfahrungen, Stuttgart 1982; s. auch dies.: Analytische Musiktherapie, Stuttgart 1983.

Pütz, W.: Auf der Suche nach der verlorenen Ganzheit. Anmerkungen zur Rolle des Subjekts im Umgang mit Musik, in: Zeitschrift für Musikpädagogik 49/1989, S. 20–25.

Pütz, W.: Neue Musik handelnd erfahren, in: Musik und Bildung 5/1985, S. 350–358.

Racker, H.: Psychoanalytic Considerations on Music and the Musician, Psychoanalytic Review 1965, vol. 52, S. 75–94.

Reaks, B.: The Physically Handikapped Child, in: British Journal of Music Therapy 1971, vol. 2, no. 2, S. 31–35.

Reason, P./Heron, J.: Human Inquiry, London 1981.

Ribke, J.: Elementare Musikpädagogik, Regensburg 1995.

Richter, J.: Human Ethology and Mental Handikap, in: Corson, S. A. (Hrsg.): Ethology and Nonverbal Communication in Mental Health, Oxford 1979.

Rider, M.S.: The Assessment of Cognitive Functioning Level through Musical Perception, in: Journal of Music Therapy 1981, vol. 18, no. 3, S. 110–119.

Rider, M.S.: The Relationship between Auditory and Visual Perception on Tasks Employing Piaget's Concept of Conservation, in: Journal of Music Therapy 1977, vol. 14, no. 3, S. 126–138.

Rider, M.S.: Treating Chronic Disease and Pain With Music-Mediated Imagery, in: The Arts in Psychotherapy 1987, vol. 14, no. 2, S. 113–120.

Rieber, M., The Effect of Music on the Activity Level of Children, in: Psychonomic Science 1965, vol. 3, no. 8.

Risch, M.: Forschungsansätze zur Musiktherapie in der Erwachsenenpsychiatrie, Musiktherapeutische Umschau 1996, S. 88–95.

Ritchie, F.: Behind Closed Doors, A Case Study, in: Journal of British Music Therapy 1991, vol. 5, no. 2, S. 4–10.

Robson, K.S.: The Role of Eye-To-Eye Contact in Maternal-Infant Attachment, in: Journal of Child Psychology and Psychiatry 1967, vol. 8, S. 13–25.

Rogers, C.: Becoming a Person, London 1976.

Rogers, P.: Issues in Working with Sexually Abused Clients in Music Therapy, in: Journal of British Music Therapy 1992, vol. 6, no. 2.

Roskam, K.: Music Therapy as an Aid for Increasing Auditory Awareness and Improving Reading Skill, in: Journal of Music Therapy 1979, vol. 16, no. 1, S. 31–42.

Rotter, F./Mayerle-Eise, R.: Therapeutischer Diskurs und musikalische Improvisation, Stuttgart 1996.

Ruud, E.: Music Therapy and its Relationship to Current Treatment Theories, St. Louis, Missouri 1980.

Ruud, E. (Hrsg.): Music and Health, London 1986.

Sacks, O.: Awakenings, revised Edition, London 1991.

Sacks, O.: The Man who mistook his Wife for a Hat, London 1985.

Salaman, W.: The Elusive Jewel of Music Therapy: Psychological and Other Factors, in: Journal of Education Section of the British Psychological Society 1982, vol. 6, no. 1, S. 38–43.

Salk, L.: The Effect of the Maternal Heartbeat Sound on the Behaviour of the Newborn Infant: Implications for Mental Health, World Mental Health 1960.

Scaife, M./Bruner, J.S.: The Capacity for Joint Visual Attention in the Infant, in: Nature 1975, vol. 253, S. 265–266.

Schaffer, H.R.: Studies in Mother-Infant Interaction, London 1977.

Schneider, E.H./Unkefer, R.F./Gaston, E.T./Introduction, in: Gaston, E.T.: Music in Therapy, New York 1968.

Schneider, R.: Musikzeit, in: Musik und Unterricht 14/1992, S. 4–11.

Schott, E./Schott, U.: Die Tomatismethode – ihr therapeutischer Wert und ihre wissenschaftliche Basis – die Audio-Psycho-Phonologie, in: Musik-, Tanz- und Kunsttherapie 1996, S. 67–81.

Schröder, W.C.: Musik. Spiegel der Seele, Paderborn 1995.

Schullian, D.M./Schoen, D.: Music and Medicine, New York 1948.

Schwabe, C.: Musiktherapie bei Neurosen und funktionellen Störungen, Jena 1969.

Schwabe, Chr./Rudloff, H. (Hrsg.): Die Musikalische Elementarerziehung, Crossen 1997.

Scott, J./Williams, J.M.G./Beck, A.T. (Hrsg.): Cognitive Therapy in Clinical Practice, London 1989.

Scott, T.J.: The Use of Music to Reduce Hyperactivity in Children, in: American Journal of Orthopsychiatry 1970, vol. 40, no. 4, S. 677–680.

Sears, M.L./Sears, W.W.: Abstracts of Research in Music Therapy, in: Journal of Music Therapy 1964, vol. 1, no. 2, S. 33–60.

Sears, W.W.: Processes in Music Therapy, in: Gaston, E. T. (Hrsg.): Music in Therapy, New York 1968.

Selman, J.: Music Therapy with Parkinson´s Disease, Journal of British Music Therapy 1988, vol. 2, no. 1, S. 5–9.

Sessions, R.: The Musical Experience of Composer, Performer, Listener, Princeton, New Jersey 1971.

Shakespeare, W.: King Henry VIII, Act III.

Sheppard, T.: Relationship Therapy through Music with Maladjusted Boys, in: British Journal of Music Therapy 1977, vol. 8, no. 3, S. 6–10.

Sher, A.: Year of the King, London 1985.

Shetler, D.J.: The Inquiry into Prenatal Musical Experience, in: Wilson, F.R./Roehmann, F.L. (Hrsg.): Music and Child Development, St. Louis, Missouri 1990.

Shuter-Dyson, R./Gabriel, C.: The Development of Musical Ability, London 1981.

Siegel, S.: Non-Parametric Statistics for the Behavioural Sciences, New York 1956.

Sigerist, H.E.: Tarantism, in Schullion, D.M./Schoen, D.: Music and Medicine, New York 1948.

Skille, O./Wigram, T./Weekes, L.: Vibroacoustic Therapy: The Therapeutic Effect of Low Frequency Sound on Specific Physical Disorder and Disabilities, in: Journal of British Music Therapy 1989, vol. 3, no. 2, S. 7.

Sloboda, J.: A Discussion of Case Study Research in Psychology of Music: Implications for Music Therapy, in The Case Study as Research: Proceedings of the Fourth Music Therapy Day Conference, London 1988.

Sloboda, J.: Empirical Studies of Emotional Response to Music, in: Riess-Jones (Hrsg.): Cognitive Bases of Musical Communication, Washington DC, 1991, S. 33–46.

Sloboda, J.: The Musical Mind, Oxford 1985.

Soibelman, D.: Therapeutic and Industrial Uses of Music: a Review of the Literature, New York 1948.

Spender, N., Psychology in Music, in: Sadie, S. (Hrsg.): New Grove Dictionary of Music and Musicians, London 1980.

Spintge R./Droh, R. (Hrsg.): Musik in der Medizin, Basel 1983.

Spintge R./Droh, R. (Hrsg.): Musik Medizin, Stuttgart 1992.

Standley, J.M.: Music Research in Medical/Dental Treatment: Meta-Analysis and Clinical Applications, in: Furman, C. E. (Hrsg.): Effectiveness of Music Therapy Procedures: Documentation of Research and Clinical Practice, Washington 1988, S. 9–61.

Steele, A.L.: Application of Behavioural Research Techniques to Community Music Therapy, in: Journal of Music Therapy 1977, vol. 14, no. 3, S. 102–115.

Steele, A.L.: Programmed Use of Music to Alter Uncooperative Problem Behaviour, in: Journal of Music Therapy 1968, vol. 5, no. 4, S. 131–139.

Steele, P.: Forward, Journal of British Music Therapy 1988, vol. 2, no. 2.

Stockhausen, K.: Towards a Cosmic Music, Shaftesbury 1989.

Stoffler Chr./Weis, J.: Musiktherapie bei psychiatrischen Patienten. Eine methodenkritische Übersicht der Forschungsliteratur, Musiktherapeutische Umschau 1996, S. 72–87.

Storr, A.: Music and the Mind, London 1992.

Storr, A.: Psychoanalyses and Creativity, in: Storr, A.: Churchill's Black Dog, and Other Phenomena of Human Mind, Glasgow 1989.

Storr, S.: Music in Relation to Self, in: Journal of British Music Therapy 1991, vol. 5, no.1, S. 5–14.

Strachey, J. (Hrsg.): The Standard Edition of the Complete Psychological Works of Sigmund Freud, London 1953–63.

Strange, J.: The Role of the Music Therapist in Special Education, in: Journal of British Music Therapy 1987, vol. 1, no. 2.

Streeter, E.: The Role of Music Therapy in the Assessment and Treatment of a Pre-School Language Delayed Child, in: British Journal of Music Therapy 1978, vol. 9, no. 1, S. 2–6.

Strobel W./Huppmann, G.: Musiktherapie. Grundlagen, Formen, Möglichkeiten, Göttingen 1991.

Sugarman, L.: Life-Span-Development, London 1986.

Swanwick, K./Tillman, J.: The Sequence of Musical Development: A Study of Children's Composition, in: British Journal of Music Education 1986, vol. 3, no. 3, S. 305–339.

Swanwick, K.: Mind and Education, London 1988.

Tilly, M.: Music Therapy, in: Notes for Californian Music Libraries, vol. 1, no. 9, S. 1–9.

Tomatis, A.: Das Ohr und das Leben, Düsseldorf 1995.

Tomatis, A.: Der Klang des Lebens, Reinbek 1987.

Tomatis, A.: Der Klang des Universums, Düsseldorf 1997.

Trevarthen, C.: Descriptive Analysis of Infant Communicative Behaviour, in: Schaffer, H.R.: Studies in Mother-Infant Interaction, London 1977.

Troup, M.: Music – A Resource for Mental Health in the Community, unpublished M.Phil. thesis, The University of Glasgow 1986.

Tüpker, R.: Ich singe, was ich nicht sagen kann, Regensburg 1988.

Underhill, K.K./Harris, L.M.: The Effect of Contingent Music on Establishing Imitation in Behaviourally Disturbed Retarded Children, in: Journal of Music Therapy 1974, vol. 11, no. 3, S. 156–166.

Van de Wall, W.: Music in Institutions, New York 1936

Vogel, B.: Lebensraum Musik, Stuttgart 1991

Wagner, M.J.: Brain Waves and Biofeedback: a Brief History – Implications for Music Research, in: Journal of Music Therapy 1975, vol. 12, no. 2, S. 46–58.

Wagner, M.J./Menzel, A.: Effect of Music Listening and Attentiveness Training on the EEG's of Musicians and Non-Musicians, in: Journal of Music Therapy 1977, vol. 14, no. 4, S. 151–155

Ward, D.: Hearts and Hands and Voices, Oxford 1976.

Ward, D.: Sing a Rainbow, Oxford 1979.

Warwick, A.: Questions and Reflections on Research, in: Journal of British Music Therapy 1988, vol. 2, no. 2.

Warwick, A.: The role of Music in the Treatment and Education of the Autistic Child, in: British Journal of Music Therapy 1984, vol. 15, no. 1, S. 6–10.

Weidenfeller. E.W./Zimny, G. H.: Effects of Music upon GSR of Children, in: Child Development 1962, vol. 33, S. 891–896.

Weidenfeller, E.W./Zimny, G.H.: Effects of Music upon GSR of Depressives and Schizophrenics, in: Journal of Abnormal Psychology 1962, vol. 64, S. 307–312.

Wigram, A.L./Weekes, L.: Music and Movement, in: British Journal of Music Therapy 1985, vol. 16, no. 1, S. 2–12.

Wigram, T.: Die Wirkung von tiefen Tönen und Musik auf den Muskeltonus und die Blutzirkulation, in: Zeitschr. D. Österr. Berufsverb. D. Mthp. 2/1991, S. 3–12.

Wigram, T.: Music Therapy, Developments in Mental Handikap, in: Psychology of Music 1988, vol. 16, no. 1, S. 42–51.

Willms, H.: Umgang mit der Zeit und musikalisches Verhalten bei Zwangsneurotikern, in: Behne, K.-E. (Hrsg.): Musikwissenschaft als Kulturwissenschaft, Regensburg 1991, S. 157–166.

Wilson, C.V.: The Use of Rock Music as a Reward in Behavioural Therapy with Children, in: Journal of Music Therapy 1976, vol. 13, no. 1, S. 39–48.

Winnicott, D.W.: Playing and Reality, London 1971.

Wolf, F.M.: Music Therapy with the Blind, in: British Journal of Music Therapy 1978, vol. 9, no. 3, S. 6–9.

Yalom, I.D.: The Theory and practice of Group Psychotherapy, London [3]1985.

Zallik, S.: In Search of the Face – An Approach to Mental Handikap, in: Journal of British Music Therapy 1987, vol. 1, no. 1, S. 13–16.

Persönlichkeitsentwicklung durch Kunst und Fotografie

Christine Mann / Erhart Schröter /
Wolfgang Wangerin

Selbsterfahrung durch Kunst

Methodik für die kreative Gruppenarbeit mit Literatur, Malerei und Musik.
Edition Sozial 1995.
248 Seiten, 18 Abbildungen. Gebunden.
ISBN 3-407-55778-7

Ein neues, kreatives Gruppenkonzept,
das es möglich macht, mit Kunstwerken
auch unter individuellen und sozialen
Zielsetzungen zu arbeiten. Ein Metho-
denbuch mit zahlreichen Beispielen.

Im Mittelpunkt steht das Konzept der
»kreativen Rezeption«: Die Gruppenmitglieder beschäftigen sich mit
Kunstwerken, indem sie – methodisch
gelenkt – selbst spielen, schreiben,
malen, sich bewegen usw. Damit wird
das Kunstwerk an die eigene Erfahrungs-
welt angeschlossen, und der Gruppe
werden ganz neue Erfahrungsspiel-
räume eröffnet.

»Um die Methode der Krativen Konzeption als einen Weg des kreativen
Umgangs mit Kunstwerken kennenzu-
lernen, ist das Buch empfehlenswert.«
Sozialtherapie

Liliane Schafiyha

Fotopädagogik und Fototherapie

Theorie, Methoden, Praxisbeispiele.
Edition Sozial 1996.
224 Seiten, 65 Abbildungen. Gebunden.
ISBN 3-407-55791-4

Eine anschauliche Anleitung für
kreatives Arbeiten mit Fotografie im
sozialen und therapeutischen Bereich
zur Selbsterfahrung und Selbstreflexion.

Das Buch beschreibt den fotografischen
Prozeß als pädagogisches und therapeutisches Medium. Die Konfrontation
mit dem Selbstbild als Mittel zur Selbsterfahrung und -reflexion ist die zentrale
Methode des fotopädagogischen An-
satzes. In Praxisbeispielen aus der
Kinder-, Jugend- und Altenarbeit wird
anschaulich, wie dies aussehen kann.

»Hier hat eine Praktikerin (Diplom-
Sozialpädagogin, Gruppenleiterin in
einem Kinder- und Jugendheim) ihre
Erfahrungen und Kenntnisse in einem
Buch für den praktischen Gebrauch
zusammengefaßt. Das ist lesbar, nach-
vollziehbar und imWortsinne anschau-
lich – der Text wird von Fotos aus der
Praxis begleitet.«
Arbeiterfotografie

Beltz Verlag · Postfach 100154 · 69441 Weinheim

B0310